KB042433

한국경찰사
연구
- 총론, 사료 그리고 함의

이윤정 지음

박영사

지은이 **이윤정**

한국외대 불어과를 졸업(1988)하고, 프랑스 파리 쉬드 에스트대학교에서 현대문학석사1(Maîtrise, 1992)과 유럽교류학석사2(DEA, 1994)를, 성신여대 대학원에서 문학박사(한국사)를 받았다(2018). 현재 경찰대학 경찰학과 교수로 재직하면서 한국경찰사연구원장으로 있다. 논문으로 「한국전쟁기 경찰의 주민 감시와 계몽－전라북도 김제군을 사례로」(2019), 「금산경찰서 한 경찰관의 '교양수부' 와 '교양자료집'(1955~56년)을 통해 본 사찰 활동」(2020) 등이 있으며, 저서로 『한국경찰사』(증보판, 2021), 『경찰사, 발굴과 공개』(2020), 『식민도시 경성, 차별에서 파괴까지』(공저, 2020) 등이 있다.

paris－12@hanmail.net

일러두기

1. 본문의 2장 '한국경찰사 총론'은 저자의 『한국경찰사』(증보판, 소명출판, 2021)와 한국근현대사학회가 경찰청의 연구용역을 수주하여 발간한 보고서 「대한민국 임시정부 경찰활동의 의의와 그 계승·발전에 관한 연구－임시정부 경찰의 성립과 활동을 중심으로」(2018)의 내용 등을 요약한 것이다.
2. 본문의 3장은 저자가 학술지 등에 게재한 논문을 수정·보완한 것이다.
3. 문장은 한글표기를 원칙으로 하였고, 이해를 돕기 위하여 필요한 경우 한자·영문을 사용하였다.
4. 용어사용에 있어 당시 용어를 우선적으로 사용하였고 필요한 경우 설명하였다. 또한 공식화되지 않은 용어, 견해에 따라 달리 사용되는 용어들에 대해서는 가능한 중립적으로 표현하였다.
5. 본서에 실린 사진자료 가운데 '총순 구종명 영세불망비'와 '무안보첩'을 제외한 모든 것은 저자가 소장하고 있는 것이며, '총순 구종명 영세불망비'의 사진도 저자가 촬영한 것이다.

 본서는 저자가 경찰대학에서 '한국경찰사 연구'를 강의하면서 가장 효과적으로 이들에게 이해시킬 수 있는 내용이 무엇인가에 대한 깊은 고민 끝에 교재로 만든 것이다.

 저자가 진행하는 강의 내용을 소개하면 다음과 같다.

 먼저, 학기 초반 학생들에게 '역사와 한국사, 경찰사의 개념과 가치', '사학 연구방법론' 등을 이해시킨 후 '한국경찰사'를 통사적으로 알 수 있도록 한다.

 다음, '한국경찰사'를 제도사, 지역사, 인물사, 문화사, 전사(戰史) 등으로 세분하고, 사학적 연구방식에 따라 그 이해를 심도 있게 한다.

 그리고 현재까지 이루어진 연구 성과에 대한 비판과 성찰을 통해 '한국경찰사'를 새로이 해석하여, 미래의 바른 '한국경찰사' 주역으로 서게 한다.

 이를 위해 본서는 다음과 같이 구성되었다.

 서론에서는 연구사 검토와 함께 기존 『한국경찰사』에서 대한민국 임시정부의 경찰 활동에 관한 내용이 소홀이 다루어졌던 문제점을 살펴봤다.

 제2장에서는 '한국경찰사'를 제도사적 관점에서 간략하게 고찰하였다. 너무 요약한 감이 있지만 본서가 '한국경찰사'를 상세히 알기 위한 것이 아니기 때문에 부족한 내용은 이미 출간된 『한국경찰사』를 참조하면 될 것이다.

 제3장에서는 '한국경찰사 연구'라는 과목명에 맞게 학계에 발표한 연구 성과와 사료 해석을 위한 사례를 제시하여 학생들이 재해석과 비판은 물론, 직접 실습도 할 수 있도록 하였다.

>>>

　　결론에서는 이상의 논의를 통해 '한국사 속의 경찰사'라는 함의를 고찰하여, 학생들이 '한국경찰사'에 관한 새로운 시각을 가질 수 있도록 노력하였다.

　　오늘날 우리가 보는 역사는 정답이 아니라 사료를 해석하는 과정에서 나타난 해답이다. 앞으로 더 많은 사료가 발굴되고, 정확한 해석과 철저한 검증을 통해 한국경찰사가 새로이 써지는 파천황(破天荒)의 날이 오길 기대한다.

　　아울러 이 책을 출판하는데 큰 도움을 준 박영사의 안종만 사장님, 오치웅 대리님, 한두희 선생님께 감사드린다. 또한 본서를 자세하게 교정한 사랑하는 셋째 다정에게 한결같은 사랑과 깊은 감사를 전한다.

2021년 2월
황산 기슭에 있는 연구실에서
저자

P·A·R·T Ⅲ 사료 해석과 실습

P·A·R·T Ⅳ 결론

PART **I**

서론
연구사 검토와 문제 제기*

* 본 글은 2019년 3월 28일 경찰대학 한국경찰사연구
원이 개최한 '대한민국 임시정부의 경찰활동의 경
찰사적 조명'의 발표 내용을 수정·보완한 것이다.

01
· · · ·

한국경찰사라는
개념의 정의

　오늘날 '경찰'은 '국민의 생명과 재산보호 및 사회 공공의 질서를 유지하기 위해, 일반통치권에 기반해 국민에게 명령·강제함으로써 그의 자연적인 자유를 제한하는 행정작용'[1]이라는 의미를 갖고 있다. 그 발전 과정을 역사적으로 기술한 것을 '경찰사'라 할 수 있으며, 다시 우리나라 경찰에 관한 역사를 '한국경찰사'라 한다.

　이와 같은 '경찰'은 선사시대에는 인류가 속한 사회 내 질서를 유지하는 '질서유지 활동(秩序維持 活動)'과 외부로부터 오는 각종 위험을 막아내는 전반적인 '집단보호 활동(集團保護 活動)'을 오늘날 '경찰활동(警察活動)'으로 볼 수 있다. 고대국가시대부터 조선시대 후기까지 '경찰활동'은 각 시대별로 중앙집권적인 체제가 구축되고, 일반행정, 사법행정, 군사행정이 혼합된 구조 속에서 국가권력이 분화되면서 '국가보위', '권력유지', '치안'을 위한 수단으로 복잡하게 발전하여 갔다.[2] 이를 담당한 기관들도 당시 시대상에 따라 국왕, 군대, 중앙·지방행정기관, 지방자치기관 등으로 다양하고 중첩되게 나타났다. 저자는 이와 같은 경찰활동의 변천을 '군사경찰(軍事警察)',[3] '정치경찰(政治警察)', '치안경찰(治安警察)'로 표현한다. 그 이유는 다음과 같다.

　첫째, '군사경찰(軍事警察)'은 경군일치(警軍一致)의 제도로 일정한 지역에서 외부로

1　이종수, 『행정학사전』, 대영문화사, 2009, 42쪽.

2　이윤정, 『한국경찰사(증보판)』, 소명출판, 2021, 607쪽.

3　국방부가 2020년 2월 5일 「군사법원법」 개정을 통해 군의 사법업무를 수행하는 '헌병'을 '군사경찰'로 개칭한 것과 다른 의미이다.

3

부터 오는 각종 위협을 막아 국가를 수호하면서 해당 지역의 질서유지 활동도 병행하였기 때문이다.

둘째, '정치경찰(政治警察)'은 국왕 또는 절대 권력자에 반(反)하는 정치활동 및 사상 등을 단속·탄압하거나 절대군주체제 또는 절대 권력자의 안정 등을 목적으로 행한 모든 활동이기 때문이다. 물론 국왕 자신과 측근을 위한 호위(扈衛·護衛)·숙위(宿衛)·시위(侍衛)·배종(陪從)·호종(護從) 등 군사경찰 활동과 중복되며, 각급 기관, 관직자 또는 백성에 대한 사찰(査察)과 감찰(監察) 등도 이에 포함된다.

셋째, '치안경찰(治安警察)'은 사회의 질서유지 또는 평온을 위한 순작(巡綽)·감순(監巡)·포도(捕盜)·금폭(禁暴)·금란(禁亂)·행순(行巡 또는 순행巡行)·금화(禁火)·순라(巡邏) 등 모든 경찰활동을 말하기 때문이다.[4]

1874년 갑오개혁 이후 오늘날 「경찰법」과 비슷한 「경무청 관제」와 「행정경찰장정」이 제정됨으로써 '한국경찰사'는 근대시기를 맞이한다. 그러나 당시 경찰권은 제국주의의 팽창과 그에 따른 복잡한 국내외 정세 등으로 불안정하게 행사되었다. 일제강점기에는 당시 경찰이 식민지 정책을 관철시키는 중추적인 역할을 수행함으로써 부정적인 이미지가 고착화되기도 하였다. 게다가 현대사에서 경찰은 민주주의에 역행하는 많은 활동을 함으로써 정치, 경제, 사회, 문화 등 각 방면에 크나큰 부정적 영향을 주었다. 하지만 경찰 내부에서는 새로운 경찰상인 '민주경찰상'을 정립하고 실천하기 위해 많은 노력을 기울였으며, 일부 성과도 있었다.

그렇다면 '한국경찰사란 무엇인가'에 관해 현재까지 '한국경찰사'를 출간한 발행기관 또는 저자는 어떻게 서술하고 있을까?

먼저, 치안국의 『한국경찰사Ⅰ』은 "한국사의 범주에 들어가는 특수사의 일분야로 우리 민족의 성장과정 속에서 특히 경찰제도의 발전과정을 학문적으로 추구함에 그 목적을 두고 있다"[5]고 설명하고 있다. 다음, 서기영은 경찰행정의 역사적 변천을 기술하면서 폭 넓게 관방학, 경찰법, 경찰행정학 등의 영역까지 접근하였으나 '경찰사'에 관해서는 별도로 정의하지 않았다. 이현희 역시 '한국경찰사'란 개념을 설명하지 않고, '경찰의 개념과 의의'를 설명하였다.[6] 이어 박범래는 앞에 쓴

---

4 앞의 책, 607−608쪽.

5 치안국, 『한국경찰사Ⅰ』, 1972, 15쪽.

6 이현희, 『한국경찰사』, 덕현각, 1979, 25−27쪽.

치안국의 서술을 그대로 인용하였다.[7] 다만 그는 "경찰의 역사적 연구는 그 작용과 조직의 변동을 주대상으로 한다"[8]면서 경찰사의 범위를 경찰작용으로까지 확대하였다. 이와는 별도로 김성수 외 7인은 "경찰학의 한 분야로 그 내용에는 경찰의 조직·제도 및 경찰활동(업무)에 대한 역사와 경찰사상에 관한 역사가 포함되어야 한다"고 경찰학과 연계하고 있다.[9] 또한 허남오는 '한국경찰사'의 개념을 설명하지 않고, 경찰의 개념과 경찰제도의 변천에 관하여 시대·시기별로 기술하였다.[10] 이윤정 역시 별도로 개념을 정립하지 않고 "한국경찰사가 한국사 연구의 한 분야로 아주 중요하다"며 '한국사 속의 경찰사'를 강조하였다.[11] 그리고 김형중은 한국경찰사의 개념에 대해 일반론적으로 서술하면서 "(한국경찰사는: 인용자) 정상과학으로서의 학문성을 위한 이론적 개발단계에 있다"[12]고 '한국경찰사'의 학문성을 지적하였다.

이처럼 발행기관이나 집필자들이 '한국경찰사'의 개념을 설명하지 않았거나 지극히 간략하게 기술한 이유는 '우리나라 경찰활동의 사실(史實)을 기록한 것이 한국경찰사'라는 공감대가 형성되어 별다른 이견이 없었기 때문으로 보인다.

---

7 서기영, 『한국경찰행정사-경찰행정구조의 변천과 특질』, 법문사, 1976.

8 박범래, 『한국경찰사』, 경찰대학, 1988, 48쪽.

9 김성수 외 7인, 『한국경찰사』, 경찰대학, 2015, 3쪽.

10 허남오, 『한국경찰제도사』, 지구문화사, 2013.

11 이윤정, 『한국경찰사(증보판)』, 소명출판, 2021, 15쪽.

12 김형중, 『한국경찰사』, 박영사, 2020, 3쪽.

02
• • •

공간사로서의
『한국경찰사』

　해방 후 처음 '경찰사'로 발간된 것은 수도관구경찰청의 『해방이후 수도경찰발달사』이다. 이후 한국전쟁이 발발하자 1952년 경찰전투사를 정리한 치안국의 『대한경찰전사 제1집 민족의 선봉』을 시작으로 전사 중심의 '경찰사'가 출간되었다.[1] 그리고 1972년 통사인 『한국경찰사 I』을 시작으로 '한국경찰사'가 본격 발간되었다. 이를 유형별로 구분하면 다음과 같다.

▌표 1-2-1. 『한국경찰사』 발간 현황(1945년 8월 15일~2020년 8월)

연번	구분	서명	발행기관	연도	쪽수	비고
1	통사	대한경찰연혁사	치안국	1954	343	철필본
2		한국경찰제도사	경찰전문학교	1955	200	현규병 저
3		한국경찰 10년사[2]	치안국	1958	645	
4		한국경찰사 I	치안국	1972	1066	원시사회부터 기술
5		한국경찰사 II	치안국	1973	1429	1948~1961
6		한국경찰사 III	치안국	1985	1513	1961. 5~1979. 10

---

1 개인이 발간한 경찰전사로 유관종의 『한국경찰전사』(1982), 유장호의 『호국경찰전사』(1995) 등이 있다. 그리고 언론사가 발행한 월간조선사의 『아~살아있다! 대한민국 경찰의 혼』(2003), 경찰신문사의 『사진으로 본 국립경찰 반세기』(2004) 등이 있다.

2 『경찰10년사』는 『한국경찰사 II』의 목차와 비슷하게 제1편 총론 제1장 국립경찰의 연혁, 제2장 법령의 발포 및 개폐, 제2편 경찰행정 제1장 경무행정, 제2장 경찰교육, 제3장 보안경찰, 제4장 경비경찰, 제5장 수사경찰, 제6장 사찰경찰, 제3편 중요경찰통계, 제1장 경무관계, 제2장 보안관계, 제3장 경비관계, 제4장 수사관계, 제4편 경찰일지, 그리고 부록으로 구성되어 있다.

연번	구분	서명	발행기관	연도	쪽수	비고
7		한국경찰사 IV	치안본부	1994	1533	1979. 10~1993. 2
8		국립경찰 50년사	경우장학회	1995	1149/816	일반·사료편
9		경찰 50년사	경찰청	1995	583	
10		한국경찰사 V	경찰청	2006	2072	1993. 3~2005. 12
11		한국경찰사 IV[3]	경찰청	2015	1505	2006~2014. 12
12	지방경찰사	해방이후 수도경찰사발달사	수도관구 경찰청	1947	323	
13		경기경찰 10년사	경기경찰국	1955	약 500쪽	필사본 복사
14		(충북)경찰연혁사	충북경찰국	1958 (추정)	335	철필본
15		서울경찰연혁사	서울경찰국	1974	134	
16		제주경찰사	제주경찰국	1990/2000	932/554	
17		충남경찰사	충남경찰국	1986	841/762	1~3집[4]
18		전남경찰사	전남경찰국	1992	1021	
19		부산경찰사	부산경찰청	2000	868	
20		경북경찰발전사	경북경찰청	2001	1319	
21		강원경찰발달사	강원경찰청	2002	1060/809	상·하권
22		전북경찰사	전북경찰청	2005	1034	
23		경기경찰사	경기경찰청	2008	1218	
24		울산경찰사	울산경찰청	2009	681	
25		대구경찰 30년사	대구경찰청	2011	765	1981~2011
26		서울경찰사	서울경찰청	2018	971	
27	경찰서사	마산동부경찰 15년사	마산동부 경찰서	2000	284	
28		서울 성동경찰 60년사	성동경찰서	2001	212	
29		영동경찰백년사	영동경찰서	2002	439	
30		보은경찰사	보은경찰서	2002	218	
31		음성경찰 60년사	음성경찰서	2006	376	

3 VI권은 전편 발간 10주년인 2016년에 편찬하는 것이 맞으나, 경찰청이 창경 70주년을 맞이한 2015년에 대한 역사적 의미를 더하기 위하여 이 해부터 10년주기로 정기 발간할 것을 결정한데 따른 것이다.
4 『충남경찰사』는 1986년 상·하권, 2013년 3집을 출간하였다.

연번	구분	서명	발행기관	연도	쪽수	비고
32		청주 상당경찰서사	청주 상당경찰서	2007	712	1945. 10. 21~ 2006. 12. 31
33		김제경찰 100년사	김제경찰서	2007	452	
34		괴산경찰 60년사	괴산경찰서	2008	539	
35		제주 동부경찰서사	제주 동부경찰서	2008	719	
36		장흥경찰백년사	장흥경찰서	2012	563	
37		고성경찰사	고성경찰서	2014	631	
38		군산경찰 100년사	군산경찰서	2020	585	
39	전사	대한경찰전사 제1집 민족의 선봉	치안국	1952	265	
40		영광의 서곡1	강원경찰국	1952	290	
41		영광의 서곡2	강원경찰국	1954	302	
42		꽃피는 산하	전북경찰국	1980	378	증언집
43		아! 무주	무주경찰서	2009	342	증언집
44		호국충남경찰사	충남경찰청	2012	609	
45		전라북도 호국경찰사	전북경찰청	2012	586	
46		강원경찰전사	강원경찰청	2013	652	
47	기타	경찰교육사	경찰전문학교	1956	204	
48		해양경찰대 30년사	해양경찰대 (치안본부)	1984	437	
49		경찰종합학교 50년사	경찰종합학교	1994	709	
50		사진으로 본 경찰대학 10년	경찰대학	1989	184	사진첩
51		한국여자경찰 50년사	대한민국 여경재향경우회	2000	263	
52		경찰반세기 그 격동의 현장	경찰청	2001	533	사진첩
53		경찰대학 20년사	경찰대학	2001	711	
54		해양경찰대 60년사	해양경찰청	2003	640	
55		중앙경찰학교 20년사	중앙경찰학교	2007	699	
56		한국여자경찰 60년사	대한민국 여경재향경우회	2007	473	

　위 표를 보면 치안국이 발간한 통사인 『한국경찰사』는 1972년 처음 발간된 이후 비정기적으로 발행되다가 1985년부터 「경찰역사 편찬 업무규칙」(경찰청훈령 제890호)에 의해 10년을 주기로 발행되었음을 알 수 있다. 그 내용을 간략하게 보면 다음과 같다.

　Ⅰ권은 사서와 문헌을 기초로 경찰제도와 기구를 중심으로 기술하였으나 조직사의 범위를 벗어나지 못하였고, 근·현대경찰도 구분하지 않았다. 하지만 경찰활동의 변천을 원시사회부터 상세하게 기술한데 가치가 있다.

　Ⅱ권은 현대사 속의 경찰사를 다루었기 때문에 경찰활동을 기능별로 구분하여 기술하였다. 제주 4·3사건, 여순사건, 3·15부정선거 등 사회적 이슈가 되는 사건에 대해 경찰 입장에서 서술하였다.

　Ⅲ권은 제3공화국의 국가정책을 정부 기조에 맞춰 경찰의 근대화로 연계하여 기술하였다. 그러나 Ⅰ, Ⅱ권과 마찬가지로 외부평가가 없어 객관성이 미흡하다고 판단된다.

　Ⅳ권은 전 권보다 목차가 세분화되는 등 구성상 일부 개선이 있었으나, 여전히 경찰의 발전을 제3공화국 국가정책과 연결하며 기술하였다. 복제사에 있어서도 1946년 제정된 모장(帽章)의 도안이 비둘기가 아닌 독수리로 되어 있는 등 부정확하게 설명하였다.

　Ⅴ권과 Ⅵ권은 경찰백서와 사료연감에 치중하여 기존 자료를 나열하는 형식으로 구성하였으나 사진화보집을 수록하는 등 일부 개선된 점이 있었다. Ⅵ권은 당시 새로이 발굴된 자료를 화보로 구성하여, 좀 더 내용을 풍부하게 구성하였다.

　지방경찰사는 1958년 경기경찰국이 발행한 『경기경찰 10년사』가 최초이다. 이 책은 인쇄본이 아닌 경찰국과 관하 경찰서의 연혁이나 주요 사건 등을 필사한 자료를 복사하여 편철한 것이다. 비록 복사본이지만 1차 자료로서 가치가 있다. 이후 많은 시간이 지난 1990년부터 제주경찰국을 시작으로 다른 지방경찰사가 출간되었다.

　경찰서사는 2001년부터 마산동부경찰서를 시작으로 발간되었으나 대부분 기술 연대가 해방 이후부터이다. 내용 역시 대부분 발간 당시의 조직과 인원을 소개하는 데 치중하고 있다. 그 이유는 대부분 경찰서 인력으로 이루어진 발간팀을 구성하다보니 역사학적 연구방식을 따르지 못했기 때문이다. 그렇지만 경찰서나 지역 경찰관서의 『기본대장』 등 1차 자료를 근거로 작성되었고, 지역사 연구에도 도움이 되고 있다. 또한 『고성경찰사』, 『장흥경찰백년사』, 『강릉경찰 70년사』 그리고 『군산경찰 100년사』 등은 지역 문화원과 향토사학자 등과 협력, 역사적 관점에서 기술되어 좋은 사례가 되고 있다.

그리고 경찰전사는 1952년 치안국이 『대한경찰전사 민족의 선봉 제1집』을 시작으로 전투사를 정리하여 연속 발간하려 하였으나 단 1권 밖에 발행하지 못하였다. 이에 반해 강원도경찰국은 1952년과 1954년 『영광의 서곡』 1·2권을 발간하였다. 이는 오늘날 강원 지역의 경찰전사가 타 지역에 비해 비교적 상세하게 정리될 수 있었던 기반이 되었다. 2015년 경찰청은 창경 70주년을 기념하여 『구국경찰 연구 총서』 발간을 계획하여 『구국경찰사1: 편찬방향, 개관 그리고 자료』를 출간하였으나 역시 1권 밖에 발행하지 못했다. 그 이유는 지속적이지 못했던 경찰청 지휘부의 관심, 전문 연구기구의 부재, 연구 용역을 발주하지 못한 예산상 문제점, 문헌 및 구술자료의 확보 어려움 등으로 판단된다.

03

『한국경찰사』에 기술된 대한민국 임시정부의 경찰활동에 관한 문제점

1919년 4월 11일 중국 상해의 프랑스 조계지에서 대한민국 임시정부[1]가 수립되고, 같은 달 25일 경무국이 창설되었다. 이후 경무국은 8월 12일 김구가 초대 경무국장으로 취임한 후 조계 역내에서 요인 경호, 교민 보호 등의 활동을 시작하였다. 그와 같은 활동을 2018년 4월 발족한 경찰청의 임시정부 100주년 기념사업추진팀[2]은 대한민국 경찰의 시원으로 보고, 대내외적으로 활발하게 홍보를 전개하였다.

또한 대한민국 임시정부 경찰 연구용역팀[3]이 2018년 12월 경찰청에 제출한 「대한민국 임시정부 경찰활동의 의의와 그 계승·발전에 관한 연구 – 임시정부 경찰의 성립과 활동을 중심으로」라는 보고서를 통해 임정의 경찰활동에 관한 학술적 근거가 제시되었다. 본 연구보고서에 의하면 임정의 경찰활동은 "대한민국 임시정부가 영토를 점령당한 상태에서 수립된 망명정부였기 때문에 여러 가지 제약 속에서 정부역할을 수행할 수밖에 없었지만 경찰활동은 국민주권을 실현하고, 임시정부를 수호하며, 교민을 보호한다는 목적에서 이루어졌다"[4]는 것이다.

그리고 같은 해 12월 17일 경찰청 임정사업팀이 백범기념관에서 한국근현대사학회와 공동으로 '경찰역사 속 바람직한 경찰정신 정립방안'이라는 주제로 학술세

---

1 이하 '임정'으로 기술한다.

2 이하 '경찰청 임정사업팀'으로 기술한다.

3 책임 연구원은 김광재, 공동연구원은 황선익·최기영이다. 이하 '임정 연구팀'으로 기술한다.

4 대한민국 임시정부 경찰 연구용역팀, 「대한민국 임시정부 경찰활동의 의의와 그 계승·발전에 관한 연구 – 임시정부 경찰의 성립과 활동을 중심으로」, 2018, 88 – 90쪽.

미나를 개최하였다. 이 세미나에서 "(임정의 경찰활동이: 인용자) 비록 현실적 제약으로 그 규모와 활동은 미약할 수밖에 없었다 하더라도, 임시정부 경찰 이전까지 민주적 근대경찰제도가 없었던 우리 민족의 역사에서 결국 최초의 민주공화제 경찰이었던 임시정부의 경찰이 한국경찰의 정신적 뿌리라고 할 수 있다"[5]면서 임정의 경찰활동을 높이 평가한 바 있다.

이와 같은 연구경향의 기반에는 치안국의 『한국경찰사Ⅰ』이 자리잡고 있다고 볼 수 있다. 근거는 경찰청 임정연구팀이 이 책에 대해 "임시정부 경찰에 대한 최초의 연구이자 체계적인 서술"[6]이라는 의견을 제시하였고, 또한 "1972년 처음 편찬될 때부터 임시정부 경찰을 경찰역사의 한 부분으로 분명히 기록하고 있다"[7]고 기술한데서도 찾을 수 있다. 그렇다면 공간사(公刊史)로 출간된 모든 『한국경찰사』를 정밀하게 분석할 필요가 있다. 나아가 개인이 출판한 것도 파악하여야 한다. 그 이유는 임정의 경찰활동에 관한 연구사 검토가 반드시 이루어져야 후속 연구가 진행될 수 있기 때문이다.

1. 공간사 『한국경찰사』를 중심으로

1954년 철필본으로 인쇄된 『대한경찰연혁사』에는 저자가 나와 있지는 않으나 같은 해 현규병이 경찰전문학교[8] 교과서[9]의 하나로 저술한 『한국경찰제도사』와 내용이 동일하다. 이를 감안하면 『대한경찰연혁사』는 현규병이 『한국경찰제도사』를 인쇄하기 전에 검토본으로 인쇄한 것으로 보인다.[10]

---

5 앞의 자료집, 71쪽.

6 앞의 자료집, 3쪽.

7 이영철, 「바람직한 대한민국 경찰정신의 뿌리」, 『경찰역사 속 바람직한 경찰정신 정립방안』, 경찰청·한국근현대사학회 공동 주최학술세미나 자료집, 2018년 12월, 70쪽.

8 이하 '경전'으로 기술한다.

9 「경찰교과서 발간 목록」(1954)에 따르면 당시 교과서는 국사, 헌법, 형법(총론), 형법(각론), 형사소송법, 경제학, 국제법, 국어, 영어(상), 영어(하), 교통경찰, 자동차학, 통솔감독의 원리, 방범학, 범죄감식학, 경찰교육사, 경찰제도사, 철학개론, 윤리학으로 모두 18종이다. 다만 정규 교과목으로 편성된 기록은 찾아 볼 수 없다.

10 현규병이 직접 저술했는지 아니면 '학감'이기 때문에 경찰교과서 발행기관의 대표 자격으로 그 이름이 저자로 기록된 데 대한 논란이 있을 수 있다. 본 『한국경찰제도사』의 서문에 "(전략) 경찰의 제부면의 과학적 연구가 싹트기 시작 비롯하는 민국경찰에서 徵職을 봉하는 불초가 명일의 발전을 염원하는 가난한 마음에서 오로지 정성을 기울려 試作한 것이, 본 경찰제도사이다. 때마침 탈고할 무렵에

현규병은 경북 문경 출신으로 당시 38세였으며,[11] 이 책을 발간했을 때 직책은 학감이었다. 그는 1953년 12월부터 1954년 3월까지 경전 교장으로 재직하였다. 이후 치안국장이 학교장을 겸직하면서 학감이 되었다. 그가 경찰기관지인 『민주경찰 (民主警察)』[12]에 게재한 글을 보면 다음과 같다.

먼저, 제42호(1954년 8월호)[13]에 '우리 과는' 제목으로 경전의 교육지침[14]과 본과[15]· 보통과[16]·특수과[17]의 교육특성을 소개하였다. 다음, 제63호(1956년 5월호)에는 「경찰 교육의 실태와 문제점−주로 경찰교육통합을 중심으로」라는 글을 기술하였다.[18] 그는 이 글에서 해방 후 경찰교육을 회고하면서 "인사행정의 합리화, 교육시설의 정비강화, 우수한 교수진 확보, 교육기간의 통일, 교재의 통일, 지방교육시설의 단일화를 통한 예산 절약, 경찰교육 경시에 대한 보정" 등을 주장하였다. 그리고 해결책으로 지방경찰학교의 부활과 분교 선지를 주장하는 등 당시 경찰교육에 대하여 상당한 문제의식과 열정을 갖고 있었다. 이어 제84호(1958년 5월호)부터 제87호 (1958년 8월호)까지 그의 직책은 경찰출판협회의 부회장으로 소개된다. 여기서 경찰 도서출판협회는 치안국 경무과가 설립한 사단법인으로 『민주경찰』을 출간하였다. 편집인은 치안국장이었고 부회장은 치안국의 경무과장이었다.[19]

그리고 현규병의 『한국경찰제도사』는 서론, 제1편 원시사회와 부족국가의 경찰 제도(제1장 개설, 제2장 원시사회의 경찰제도, 제3장 부족국가의 경찰제도), 제2편 3국(고구려, 백제 및

국립경찰전문학교의 교과서 상재의 報를 듣고, 후일에 추고, 첨삭을 自期하면서 欣然 이에 응하여 하늘빛을 보게 된 것이 이 小作이다"라는 부분에서 그는 저자가 맞다고 판단된다.

11 치안국 경무과, 「푸로필」, 『민주경찰』 제45호, 1954년 11월, 50쪽.

12 미군정청이 해방 후 새로운 경찰상을 정립하기 위하여 월간 경찰기관지로 1947년 6월 20일 창간되었다. 이윤정, 「해방 후 경찰잡지 개관−대표적 경찰잡지 『민주경찰』을 중심으로」, ≪근대서지≫ 제7호, 2010년 6월, 180쪽.

13 치안국 경무과, 『민주경찰』 제42호, 1954년 8월, 56쪽.

14 "1. 민주경찰의 본질과 경찰의 책무를 바르게 인식시켜야 한다. 2. 경찰시기를 왕성케하고 명랑하며 그리고 기율엄정한 협동정신을 양성하여야 한다. 3. 공정명랑한 품성과 양식을 양성하고 경찰관으로서 필요한 자질을 도야하여야 한다. 4. 경찰에 관한 須要 학술을 수득시키고 특(히: 탈자) 경찰과학의 최신의 발전에 응안 과학적 지식과 기술을 수득시켜야 한다. 5. 교양실무의 습득을 기도하고 적정한 판단력과 민활한 행동력을 양성시켜야 한다. 6. 체력기능을 연마하여야 한다." 앞의 책, 56−57쪽.

15 경위 임용자 또는 이상의 계급에 해당하는 자에 대한 교육.

16 순경 임용자.

17 특수한 직무를 담당하는 현직 경찰관을 대상으로 하는 교육.

18 치안국 경무과, 『민주경찰』 제42호, 1954년 8월, 56쪽.

19 치안국, 『경찰 10년사』, 1958, 513쪽.

신라)의 경찰제도(제1장 개설, 제2장 고구려, 제3장 백제, 제4장 신라, 제5장 발해), 제3편(제1장 개설, 제2장 정치조직의 개요, 제3장 경찰제도), 제4편 이조의 경찰제도(제1장 개설, 제2장 정치조직의 개요, 제3장 경찰제도, 제4장 특기할 경찰행정, 제5장 경찰제도 운영의 실제), 제5편 근대경찰제도(제1장 개설, 제2장 갑오경장 후의 한국경찰, 제3장 일제하의 경찰제도), 제6편 군정경찰제도(제1장 개설, 제2장 경찰제도) 등으로 구성되었다. 그러나 임정의 내용은 기술되지 않았다.

한편 이 책은 1955년 민주경찰연구회의 '경찰총서'[20] 실무편의 하나로 재출간되었다, 다만 표지가 1955년 경전이 발간한 『미국경찰제도 개론』과 극히 유사하다. 즉 『미국경찰제도 개론』은 녹색 바탕에 미국전도가 그려진 반면 이 책은 같은 바탕색에 대한민국의 지도가 그려져 있다.

1972년 치안국이 발간한 『한국경찰사Ⅰ』의 필자는 홍순옥, 임규손, 김창수, 김용국이다.

이 가운데 임규손에 관한 기록을 『민주경찰』 제6호(1948년)에서 처음 찾을 수 있다. 그는 이 글에서 「정당관견」이라는 글을 통해 선거와 정당정치의 중요성을 강조하였다. 제7호(1948년)에는 후 알버트 E 크로프트의 글을 「범죄와 처벌」 제하로 번역하였고, 제10호(1948년)에 「물적증거」를 게재하여 범죄수사상 필요한 물적 증거에 대한 중요성과 수집방법 등을 설명하였다. 제17호(1949년)에는 피킨스의 글을 「경찰학 제요」로 번역하였고, 한국전쟁 말기에 간행된 제30호(1953년 1월)부터 제35호(1953년 7월)까지 '월중교양'란에 '경찰법'을 연재하였다.[21] 계속 제42호(1954년 8월)에 「미국연방수사국 이야기」를 게재한데 이어 제43호(1954년 9월)와 제44호(1954년 10월)에는 서기영과 함께 「미연방수사국 이야기」를 실었다. 그리고 제66호(1956년 9월)부터 제68호(1956년 11월)까지 「과학적 범죄수사 개론」을 게재하였다. 이와는 별도로

---

20 '경찰총서'는 종합편(경찰사전, 경찰판례요지, 경찰법규요람, 경찰관계법령집, 경찰관계 법령조견표, 경찰관지원자 안내, 수험필승법 수험기집), 법규편(헌법, 행정법, 경찰법, 형법, 형소법, 민법, 영미법, 경찰관집무집행법, 경범죄처벌법, 국가보안법, 형사보상법, 경찰관을 위한 지방자치법), 실무편 상(경찰제도개론, 미국경찰제도개론, 영독불 경찰제도론, 한국경찰제도사, 미 F.B.I개요) 실무편 중(경찰행정제요[인사, 기획, 공보, 후생], 경찰경리제요, 통솔감독제요, 제복경찰관을 위한 실무제요, 풍속·교통경찰, 위생·영업경찰, 화약·원동기, 소년경찰의 이론과 실제, 여자경찰관독본, 소방전술, 방공전술), 실무편 하(증거법과 수사서류작성요령, 일반범죄수사학, 특수[지능]범죄수사학, 수사지휘법, 범죄심리학, 방범학, 감식학[附 법의학]), 지문학, 경비경찰, 정보경찰, 사찰업무, 통신경찰), 교양편 상(경찰훈시요령[附 연중행사], 해양주권선 해설, 교양편 하(공산주의 비판, 정치사상사, 손자병법, 국사, 경제학, 경찰논문, 상식)으로 총 7개편 56권으로 이루어져 있다. 「경찰총서」 목록, 1955.

21 2회인 점을 감안하면 이전에 연재를 시작한 것으로 판단된다.

그는 1955년 현규병과 함께 앞에 쓴 경찰총서 1호 『미국경찰제도 개론』을 저술하였다. 이후 1965년 경 동국대 경찰행정학과 교수로 취임한 것으로 알려져 있다.[22]

또한 홍순옥과 김용국은 신석호, 이선근, 조동걸과 함께 임시정부 연구의 지침서 역할을 한 독립운동사편찬위원회의 『독립운동사』 제4권(1971년) 「임시정부사」의 집필진으로 참여하였다.[23]

이들이 쓴 『한국경찰사Ⅰ』은 제1편 고대의 치안제도와 율령(제1장 부족국가시대의 치안, 제2장 삼국시대의 형률, 제3장 통일신라시대의 치안제도), 제2편 고려시대의 치안제도(제1장 고려의 건국과 통치구조, 제2장 전기 경찰제도와 업무의 개요, 제3장 전기 경찰제도, 제4장 경찰업무, 제5장 통치기구의 변천, 제6장 후기의 경찰기관, 제7장 후기 경찰업무), 제3편 조선왕조시대의 경찰(제1장 조선왕조의 수립과 통치기구, 제2장 조선왕조의 경찰제도), 제4편 한말의 경찰(제1장 갑오경장의 관제, 제2장 건양·광무의 경찰조직, 제3장 말기의 경찰조직), 제5편 대한민국 임시정부와 경찰(제1장 3·1대운동과 임시정부 수립, 제2장 초기의 경찰제도, 제3장 말기의 경찰제도), [부록] 일제하의 경찰(제1장 한말의 일제경찰의 설치, 제2장 헌병경찰시대Ⅰ, 제3장 헌병경찰시대Ⅱ, 제4장 보통경찰시대), 제6편 미군정하의 경찰(제1장 개설, 제2장 군정하의 경찰제도, 제3장 국립경찰의 발전) 등으로 이루어졌다.

주요 내용은 시대·시기별 일반·군사·사법행정 제도 그리고 법제사, 형사제도사 등에 관한 출처인 사서, 문헌 등을 각주로 처리하면서 방대한 규모로 기술되었다. 또한 원시사회의 경찰활동 변천을 자세하게 다룬 점도 높이 평가할 만하다. 그러나 경찰제도와 기구를 중심으로 기술되었기 때문에 조직사의 범위를 크게 벗어나지 못하였다. 또한 근현대 시기부터는 대부분 법령 인용을 기반으로 한 법제사 중심으로 기술되었다.

이 책에는 임정의 경찰활동에 관한 내용이 상세하게 기술되어 있다. 임정의 존속기간을 초기와 말기로 나누고, 그 시점을 행정 각부가 내무·외무·군무·재무·문화·선전부장으로 개편된 1944년 5월 25일로 정하였다. 특히 이 책은 후에 개인이 출간한 『한국경찰사』에 기술된 임정의 경찰활동에 관한 원전이 되었다고 해도 과언이 아니다.

---

22 임준태, 「한국근대사 소고」, ≪공안행정학회보≫ 제41호, 2010년 12월, 376쪽.
23 황선익, 「대한민국 임시정부 경찰의 변천과 역사적 과제」, ≪경찰학 연구≫ 제58집, 경찰대학, 2019, 13−14쪽.

2. 개인이 발간한 『한국경찰사』를 중심으로

개인이 발간한 『한국경찰사』의 내용을 전반적으로 알기 위해서는 목차를 참고
하는 것이 유용하므로, 이를 중심으로 보기로 한다.

서기영은 1976년 『한국경찰행정사 – 경찰행정구조의 변천과 특질』[24]을 출간하
였다. 그에 관한 최초 기록은 『민주경찰』 제36호(1953년 8월)를 시작으로 제37호(1953
년 9·10월 합병호)까지 후버의 글을 「경찰연구소」 제하로 번역하였고, 이후 제38호
(1954년 3월)에 홀콤의 글을 「(미국)경찰과 공중」으로 번역하였으며, 제39호(4월)에 「구
라파의 경찰교양 소고」를, 제41호(7월)에는 「미경찰연구소의 방화수사와 방법론」을
게재하였다. 그리고 퇴직한 후 1963년부터 1980년까지 동국대학교 경찰행정학과
에서 교수로 재직하였다.[25]

그가 쓴 『한국경찰행정사』는 제1편 총설(제1장 서설, 제2장 경찰개념의 전개, 제3장 경찰행
정에 대한 학문적 계보, 제4장 경찰국가), 제2편 경찰행정구조(제1장 서설,[26] 제2장 갑오경장후의 경찰
행정구조, 제3장 일정하의 경찰행정구조, 제4장 미군정하의 경찰행정구조, 제5장 대한민국 국립경찰의 행정구
조), 제3편 경찰행정구조의 변천단계와 그 특질(제1장 경찰행정구조의 변천단계, 제2장 경찰행
정구조의 특질, 제3장 결론) 등으로 구성되었다. 이 가운데 임정의 경찰활동은 '제2장 갑
오경장 후의 경찰행정구조 제8절 임정경찰'에 기술되어 있다. 그 주요 내용은 치
안국의 『한국경찰사Ⅰ』에 나온 내무총장, 경무국, 연통제 그리고 경위대에 관한
것을 법령중심으로 간략하게 서술한 것이다.

이현희는 3·1운동과 독립운동사에 관한 많은 저서를 남긴 역사학자이다. 그가
발간한 『한국경찰사』(1979)는 제1편 한국경찰의 역사적 배경(제1장 경찰의 개념과 의의,
제2장 삼국시대의 경찰, 제3장 발해시대의 경찰, 제4장 고려시대의 경찰, 제5장 조선왕조시대의 경찰), 제2
편 한국경찰의 암흑기(제1장 일본 헌병경찰의 영향, 제2장 일제의 탄압과 한국경찰제도의 말살), 제3
편 미군정하의 한국경찰(제1장 민족광복의 배경과 경찰제도, 제2장 경찰제도의 발전), 제4편 민
주경찰의 발전(제1장 대한민국의 수립과 경찰, 제2장 민주경찰의 발전), 제5편 민주경찰의 제시
책(제1장 자유당 정권하의 경찰, 제2장 제3공화국의 민주경찰) 등으로 이루어져 있다. 임정의 경

---

24 이하 『한국경찰행정사』로 기술한다.

25 임준태, 「한국근대사 소고」, ≪공안행정학회보≫ 제41호, 2010년 12월, 376쪽.

26 제1절 형률(선사시대와 원시사회의 형률, 삼국시대의 형률, 고려시대의 형률, 조선시대의 형률 등),
제2절 조선왕조의 사회와 행정, 제3절 조선왕조의 경찰기관.

찰활동에 관한 내용은 기술되어 있지 않다.

박범래가 경찰대학 교재로 발간한 『한국경찰사』(1988)는 제1편 서설(제1장 경찰의 개념과 그의 변천, 제2장 외국경찰의 변천 개요, 제3장 경찰사의 의의), 제2편 한국경찰의 역사적 배경(제1장 원시사회와 부족국가의 경찰, 제2장 삼국시대의 경찰, 제3장 고려시대의 경찰, 제4장 조선왕조시대의 경찰, 제5장 한말의 근대경찰). 제3편 대한민국의 경찰과 그 발전과정(제1장 대한민국 임시정부와 경찰, 제2장 미군정시대와 경찰, 제3장 대한민국의 수립과 건국경찰, 제4장 6·25 전쟁과 구국경찰, 제5장 제2공화국과 경찰의 약화, 제6장 제3공화국과 경찰의 근대화, 제7장 제4공화국과 경찰의 발전)으로 구성되었다. 특이한 점은 일제강점기라는 역사적인 시기를 제외하고 대한제국에서 현대 경찰로 바로 넘어 갔고, 미군정기 또한 대한민국에 흡수되었다는 것이다. 이 가운데 임정의 경찰활동은 '제3편 대한민국의 경찰과 그 발전과정 제1장 대한민국 임시정부와 경찰'에 기술되어 있다. 그 주요 내용은 서기영의 『한국경찰행정사』의 것과 유사하며, 다만 법령 부분이 빠져 있다.

허남오의 『한국경찰제도사』(2013)는 제1부 경찰개념과 경찰제도(제1장 경찰개념의 정립, 제2장 각국의 경찰제도), 제2부 근대이전 경찰제도(제3장 고대국가의 경찰제도, 제4장 고려 경찰제도, 제5장 조선 경찰제도), 제3부 근대경찰제도(제6장 한말의 경찰제도, 제7장 일제하의 경찰제도, 제8장 대한민국 임시정부 경찰제도, 제9장 미군정 경찰제도), 제4부 현대 경찰제도(제10장 치안국 시대, 제11장 치안본부 시대, 제12장 경찰청 시대), 제5부 한국 경찰제도의 방향(제13장 경찰의 중립성과 독자성, 제14장 국가경찰과 자치경찰의 조화, 제15장 경찰수사권의 독자성) 등으로 이루어져 있다. 이 가운데 임정의 경찰활동은 '제8장 대한민국 임시정부 경찰제도'에 기술되어 있다. 주요 내용은 박범래의 『한국경찰사』의 것과 유사하며, 단지 임정의 성격이 추가되어 있다.

김성수 외 7인의 『한국경찰사』(2015)는 제1장 원시사회의 경찰, 제2장 고대부족국가의 경찰, 제3장 삼국시대의 경찰, 제4장 통일신라와 발해의 경찰, 제5장 고려시대의 경찰, 제6장 조선시대의 경찰, 제7장 갑오경장과 한국경찰의 근대화, 제8장 을사조약 이후의 경찰권의 침탈과정, 제9장 일제강점기시대의 경찰, 제10장 미군정 시대의 경찰, 제11장 대한민국 정부 수립과 경찰-치안국시대, 제12장 경제발전과 경찰-치안본부시대, 제13장 민주화와 경찰-경찰청시대 등으로 구성되어 있다. 임정의 경찰활동에 관한 내용은 다른 개인이 발간한 『한국경찰사』에 비해 상세하게 기술되었다.

김형중의 『한국경찰사』(2020)[27]는 제1장 총설, 제2장 고대국가의 경찰제도, 제3

장 삼국시대의 경찰, 제4장 남북국시대(통일신라와 발해), 제5장 고려, 제6장 조선, 제7장 갑오개혁과 한국경찰의 근대화 과정, 제8장 일제강점기의 경찰, 제9장 미군정기 시기의 경찰, 제10장 현대의 경찰 등으로 구성되어 있다. 이 가운데 임정의 경찰활동은 '제8장 일제강점기의 경찰 제5절 대한민국 임시정부 하의 경찰'에 기술되어 있다. 그 주요 내용은 박범래·허남오의 것과 유사하며, 단지 『백범일지』의 일부 내용이 추가되었다.

이윤정의 『한국경찰사』(2021)은 제2편 근현대에서 제1부 근대경찰의 탄생 제1장 갑오개혁 이후 경찰제도, 제2장 대한제국 경찰, 제2부 일제강점기 경찰 제1장 헌병경찰기 제2장 보통경찰기, 제3장 전시경찰기, 제3부 현대경찰 제1장 미군정경찰, 제2장 대한민국 경찰 등으로 이루어져 있다. 임정의 경찰활동은 '제3부 현대경찰'이 시작되기 전에 각주로 소개하는 정도로 간략하게 기술되어 있다.

이상으로 공간사와 개인이 집필한 『한국경찰사』에 임정의 경찰활동이 수록된 것을 표로 정리하면 다음과 같다.

▌표 1-3-1. 『한국경찰사』에 기술된 임정의 경찰활동 내용 수록표

연번	연도	저자	서명	기술 여부	비고
1	1955	현규병	한국경찰제도사	×	
2	1972	치안국	한국경찰사 I	○	
3	1976	서기영	한국경찰행정사	×	
4	1979	이현희	한국경찰사	×	
5	1988	박범래	한국경찰사	○	
6	2013	허남오	한국경찰사	○	
7	2015	김성수 외 7인	한국경찰사	○	
8	2020	김형중	한국경찰사	○	
9	2021	이윤정	한국경찰사	△	각주

위 표를 보면 임정의 경찰활동을 기술한 책의 기관 또는 저자는 치안국, 박범

---

27 초판은 2016년, 개정판은 2020년에 출간되었다.

래, 허남오, 김성수 외 7인 그리고 김형중이다. 이 가운데 역사학자들이 집필진으로써 기술한 치안국의『한국경찰사Ⅰ』은 앞에 쓴 데로 개인이 발간한 많은『한국경찰사』에 큰 영향을 주었다. 다음으로 현규병, 서기영 그리고 이현희는 기술하지 않았다. 이윤정은 각주로 간단하게 소개하는 정도였으나 이 역시 치안국의『한국경찰사Ⅰ』의 내용을 요약하였다. 특이한 점은 이들 가운데 독립운동사에 천착한 이현희는 전혀 기술하지 않았다는 것이다.

　이와 같이 일률적으로 임정의 경찰 활동이 기술되지 않은 이유에 관해 필자는 당초 임정이 정식정부가 아니었기 때문에 영토권이 결여되어 경찰권 발동을 위한 법적인 효력을 갖추지 못하고 있었고, 재판권이 망명지에 있었기 때문에 사법경찰권이 없었다는 등의 문제의식에 따른 것으로 판단한다. 게다가 1926년 9월 27일「임시정부 부서조직 규정」이 새롭게 시행되면서 내무부 산하 성부국은 크게 축소되었고, 10월 14일 이후 공보에서는 더 이상 경무국과 관련된 내용을 찾을 수가 없으며, 임정이 1932년부터 1939년까지 항저우(1932)·전장(1935)·창사(1937)·광둥(1938)·류저우(1938)·치장(1939)으로 이동하면서 기존 경찰 활동이 중단되는 공백기도 있었던 점도 감안된 것으로 추론한다. 물론 임정이 상해에 있었을 때는 교민단 의경대가 일제 밀정이나 친일파를 처단하였거나 상해 교민사회의 질서를 유지하는 등의 역할을 하였고, 이동 시기에는 요인에 대한 경호 등을 담당하였으며, 치장(1939)·충칭(1940)으로 이동한 후에는 광복군을 창설하고, 대일선전포고 등을 하는 과정에서 경위대가 청사경비 등을 한 활동이 있었으나 이와 같은 극소수의 경찰활동 만으로 '경찰활동의 일반화'를 할 수 없는 문제점 역시 반영된 것으로 판단한다.

　따라서 이러한 논점들에 대하여 향후 관련 학자들에 의한 활발한 토론과 연구가 이루어져야 하며, 이를 위해 경찰청 내에 독립적인 전문연구기관인 한국경찰사연구소가 설립되거나 연구 용역 발주를 위한 적극적인 재정 지원책 등이 마련되어야 한다.

PART **Ⅱ** 한국경찰사 총론

01
. . . .

근대이전 경찰

1. 경찰활동의 형성

구석기시대에는 인류가 아직 농사를 지을 줄 몰라 손쉽게 음식물을 구할 수 있는 열매 따기 · 뿌리 캐기 등의 방법으로 살았으며, 생활 근거지는 채집이나 사냥이 쉬운 곳으로 공동 소유였다. 이들은 자신들을 맹수로부터 보호하며, 효과적으로 사냥하기 위해 무리지어 살게 되었다. 오랜 시간이 흐른 후 이들은 **신석기시대**로 들어오면서 정착하여 농경생활을 하였고, 이러한 사회의 기본적인 구성단위는 씨족이었다. 씨족사회에서는 씨족장을 중심으로 사냥 · 고기잡이 · 채집 등을 함께 하였으며, 중요한 일은 씨족 모임을 통해 결정하였다. 또한 각각 폐쇄적인 독립사회를 이루고 있었고, 전사(戰士)들로 이루어진 집단도 등장하였으며, 점차 큰 집단인 부족을 형성하여 나갔다.

씨족사회에서 **부족사회**로 확대됨에 따라, 사회는 점차 조직화되고 정비되었다. 철기가 본격적으로 생산되면서 철기로 된 예리하고 단단한 여러 무기류와 농기구 등이 보급되자 사회 변화가 촉진되었다. 그중 철제 농기구로 인해 농경지가 확대되면서 생산력이 급증하였으며, 잉여 생산물이 생기면서 점차 계급이 발생하여 지배계급과 피지배계급으로 나누어 졌다. 지배계급은 범죄자에 대한 형벌을 통하여 사회질서를 유지하는 권력 작용을 확립시켜 나갔다.

최초의 왕조로 세워진 **고조선**에 존재하였던 범금팔조(犯禁八條, 8조금법)는 사형제도, 노비의 존재, 사적 사유의 보장, 가족제도의 발달, 그리고 범금을 어겼을 때, 처벌을 집행하는 국가권력의 실체가 존재했음을 보여준다. 고조선이 항복한 후 설치된 이른바 낙랑(樂浪), 진번(眞番), 임둔(臨屯), 현도(玄菟)라고 불리는 한사군에서는 군(郡)의 경우 문관격인 태수(太守)나 무관직인 도위(都尉)가 있었고, 그 밑에 각각 속관(屬官)인 승(丞)이 부설되어 그를 보좌하였다. 변군(邊軍)에는 병마(兵馬)를 담당한 장리(長吏)가 있었고, 인구가 20만 명인 군(郡)에는 효렴(孝廉)이 군사업무를 담당하면서 도적에 대비한 활동을 하였다. 그리고 오늘날 읍·면에 해당하는 향(鄉)에는 교화를 담당하는 삼로(三老), 청송(聽訟), 색부(嗇夫), 유요(游徼)가 있었고, 이 가운데 유요(游徼)는 순찰을 담당하면서 2척판을 소지하여 도둑을 체포하고 추궁하였다. 또한 한사군 설치 이후 범금조항이 60여 개로 늘어난 정황은 고조선 멸망 후에 사회분화가 더욱 진전되었음을 의미한다.

부여에는 귀족정치로서 왕이 있었고, 그 밑에 6축(畜)으로 관명(官名)을 붙인 마가(馬加), 우가(牛加), 저가(豬加), 구가(狗加) 등의 귀족층과 대사(大使), 대사자(大使者), 사자(使者) 등 계선상 실무책임자를 두어 나라를 지배하였다. 또한 "각 집(家)에 무기를 준비하였고 제가(諸加)가 자진 출전하였으며 하호(下戶)가 군량과 마초(馬草)를 보급하였다"라는 기록을 보면 병농일치제로 추측된다. 그리고 사유재산제 및 일부 일처제가 유지되었음을 알 수 있다.

고구려에서는 절도자가 피해자에게 12배로 배상하게 하였고, 중범자(重犯者)는 제가(諸加)가 평의(評議)하여 사형에 처하였으며, 그 가족을 노비로 삼았다. 강원도 북부·함흥평야 지방에 있던 **동예**와 **옥저**에는 왕이 없었고 각 마을에는 거수(渠帥)가 있었다. **동예**에서는 다른 부족의 생활권을 침범하면 노비(奴婢)나 우마(牛馬) 등으로 변상하게 하는 '책화(責禍)'가 있었다. 또한 살인자는 사형에 처했고, 도둑이 적었으며, 사회질서를 유지하는 방법이 고구려와 같았다. 삼한에서는 큰 마을에 천신을 주재하는 제사장을 두어 천군(天君)이라 하고, 작은 마을에서는 '소도(蘇塗)'라는 지역이 있어 천군이 주관하였다. '소도'는 신성(神聖) 지역이므로 죄인이 이곳으로 도망하더라도 잡아갈 수 없었다.

고대국가는 철기문화의 전파를 계기로 성장한 소국들 가운데 우세한 집단의 족장이 왕이 되면서 연맹왕국을 형성하였다. 그 후 왕을 정점으로 하는 고대국가는 중앙집권국가로 발전하면서 활발한 정복 활동, 왕권 강화, 율령 반포, 관제 정비 등을 통하여 왕권을 강화해 나갔다.

고구려는 고대국가의 형성을 본 이후 꾸준히 외민족과의 항쟁을 거치면서 국가 체제를 정비하였다. 5세기 장수왕(長壽王)때 정치, 경제, 군사 등 국가조직을 완비하고 전성기를 맞이하였다. 고구려의 관료체제는 과거 부족국가의 전통이 완전히 사라지지는 않았지만 과거의 복수로 이루어진 체제가 아닌 단일체제였다. 이 체제하에서 대대로·태대형·울절·태대사자·조의두대형은 국가의 중요사무를 담당했으므로, 군사경찰권을 가진 것으로 보인다. 지방에서는 기외(畿外)를 5부로 나누어 각부에 참좌분간(參佐分幹)과 무관인 대모달(大模達), 말객(末客) 등을 두어 지방행정을 담당하였으며, 이들이 지방 군사경찰권을 행사한 것으로 보인다.

특히 『자치통감(資治通鑑)』[1]에 기술된 "고구려는 요수 서쪽에 라(邏)를 두어 요수를 건너는 사람을 경계하고 살폈다"[2]라는 부분에서 최초로 '경찰(警察)'이라는 용어를 발견할 수 있다. 그러나 이 '경찰(警察)'은 오늘날 경찰을 의미하는 것이 아니라 단지 '경계하고 살피는 활동'을 말한다. 또한 『삼국사기』 「고구려 본기(26대 공양왕)」에 쓰인 "(수나라는 이 성벽에서) 요수 서쪽에서 우리 무려라(武厲邏)를 함락시키고(...)"라는 내용과 중국 역사서 『수서(隋書)』 「열전(列傳)」 「고려조(高麗條)」에 나온 "철수할 때 요수 서쪽에 있는 적진(敵陣) 무려라(武厲邏)를 빼앗아(...)"[3]라는 부분에서 '무려라'가 나온다. 여기에서 무려(武厲)는 요서 서쪽에 있던 성읍을 말하며, 라(邏)는 국경을 경비하기 위한 부대 또는 기관으로 추론된다.

백제는 고이왕 때 육좌평(六佐平)을 두어 각기 직무를 나누어 맡게 하고, 16품의 관등을 제정하였다. 이 중 위사좌평(衛士佐平)은 숙위(宿衛)를, 조정좌평(朝廷佐平)은 형옥(刑獄: 사법업무)을, 병관좌평(兵官佐平)은 군무(軍務)와 국방을 관장하였다. 또한 16품의 관등 중 12품 문독(文督)과 13품 무독(武督)은 관직명에 있는 '독(督)'자(字)가 감독·독찰(督察)의 의미를 갖는다고 하면, 우리나라 최초로 문·무의 구별을 나타내주는 관직이다. 사비시대의 중앙관제 가운데 법부(法部)는 예의 또는 의장관계를, 사군부(司軍部)는 병마관계를, 점구부(點口部)는 호구 파악 및 노동력 징발 업무를 담당하였다. 또한 위사좌평은 궁이나 국도(國都)의 경비를 담당하는 숙위병(宿衛兵)을 지휘하는 최고의 군지휘관으로서 많은 예하 부대를 거느렸고, 같은 1품인 병관좌평도 지방의 상비군마(常備軍馬)를 관장하던 최고지휘관으로서 군사경찰을 담당하였다. 그리고 형사사법체제도 정비되어 관인수재죄를 범한 자와 절도한 자는 그

---

1 중국 북송(北宋)의 사마 광(司馬光, 1019~1086)이 1065년~1084년에 편찬한 편년체(編年體) 역사서이다.

2 高句麗 直邏於遼水之西 以警察渡遼者(고구려 치라어료료수지서 이경찰도요자).

3 是行也 唯於遼水西 拔賊武厲邏(시행야 유어요수서 발적무려라).

장물의 3배를 배상하여야 함과 동시에 종신토록 관직에 나갈 수 없었다. 내란죄·외환죄를 범한 자, 전투에서 후퇴한 자, 살인범, 간음을 한 유부녀 등도 엄격한 형사처벌을 받았다.

신라가 중앙집권적인 국가로 체제를 갖추게 된 때는 6세기 초이다. 520년(법흥왕 7년)에 율령이 반포된 것은 성읍국가 혹은 연맹왕국을 합병·연합하여 귀족국가를 완성한 것을 의미한다. 이 시기(516~517경)에 병부(兵部)가 설치되어 신라의 영토 확장에 중추적인 역할을 맡게 되었다. 중앙의 관부 중 집사부(기밀 사무, 최고 행정부), 병부(군사, 국방), 사정부(감찰, 규찰), 이방부(법률, 소송) 등이 경찰사무(警察事務)를 담당하였다. 진흥왕 대에 들어와 정복활동이 보다 본격적으로 진행되면서, 중앙군단으로서 가장 핵심이 된 것은 대당(大幢)이었다. 대당은 지방에 배치된 상주정(上州停)·신주정(新州停)·비열홀정(比列忽停)·하서정(河西停)·하주정(下州停)과 더불어 6정으로 불렸다. 이외에 왕도에 두어진 군단으로 귀당(貴幢)·낭당(郎幢)·삼천당(三千幢) 등의 부대들이 있었다.

3세기 중엽 낙동강 중류 및 하류지역에 있던 부족국가 중 하나는 구야국으로, 아도·여도·피도·오도·유수·유천·신천·오천·신귀라는 9개의 작은 부족사회로 이루어진 작은 나라였다. 이 부족사회는 점차 시간이 지남에 따라 주변의 작은 부족사회들을 합쳤고, 김해에 도읍을 정한 후에는 본가야 또는 금관가야라고 불러오던 것을 **가락국**으로 정하였다. 다시 금관가야를 중심으로 뭉친 부족사회는 대가야, 소가야, 아라가야, 성산가야, 고령가야로 분화되었다. 이들 부족국가의 관제 및 법률 등은 현재까지 전해진 사료(史料)가 없어 당시의 경찰활동을 알 수가 없다. 단지 대가야의 경우 부제(部制)가 존재하였으나, 이 부제는 당시 대가야가 중앙에서 지방관을 파견하여 지방을 통치할 만큼 중앙집권력을 형성하지 못하였기 때문에 지방통치조직을 의미하는 것은 아니다.

신라는 당과 군사동맹을 맺어 660년 백제를, 668년 고구려를 멸망시킨 후 귀족을 중심으로 관료체계를 정비하였다. 중앙행정관부에 있어 부(部)와 부(府)의 구분을 명확히 하면서 병부령과 같은 중앙 최고의 관직자가 왕실의 원당(願堂)인 칠사성전의 책임자를 겸직함으로서, 왕권과 귀족간의 원만한 관계를 유지하게 하였다. 병부령은 관등이 가장 높았고 재상과 사신(私臣)을 겸할 수 있는 상신(上臣)이었다. 또한 신라는 확대된 영토를 통치하기 위하여 685년(신문왕 5년) 전국을 9주(州)로 나누고, 소경(小京)을 두어 지방조직도 정비하였다. 그러나 전국 군현의 명칭을 고치는 등 지방제도의 완비는 통일 후 80여 년(676년~757년)이 경과된 뒤에 비로소 이룩 되었다. 주(州)는 오늘날의 도(道)에 해당하며 그 밑에 군(郡)·현(縣)이 있었다. 주는 총관(摠管)이, 군은 태수(太守)가, 현은 영(令)이 관할하였다. 또한 소경에는 사신(仕臣) 이 행정업무를 담당하였다.

고구려가 멸망한 뒤 요동지방에서는 주로 고구려 유민들의 반항으로, 당은 보장 왕을 요동도독으로 삼고 조선왕으로 봉하였다. 그리고 앞서 당으로 데려간 28,000 여 호와 함께 요동으로 와서 안집(安集)시켰으며, 이런 가운데 북만주에서 689년 대조영이 **발해**를 건국하였다. 발해는 당 관제의 영향을 받아 왕 밑에 3성 6부제로 구성되었고, 중앙 특별관청으로 중정대라는 감찰기관이 있어, 별도로 감찰업무를 담당하였다. 군사경찰 활동은 병부인 지부가 담당하였고, 사법업무는 형부인 예부 가 처리하였다.

신라에서는 8세기말 경부터 골품제의 동요와 귀족들 간의 정쟁으로 인하여 국 력이 쇠퇴하자, 지방 각지에서 도적이 성행하고 흉년마저 들어 백성들의 생활은 더욱 어려워졌다. 게다가 지방호족들이 봉기하였고, 그 와중에 완산(完山: 오늘날 전 주)에서 **후백제**가, 송악(松岳: 개성)에서 **후고구려**가 세워졌다. 후고구려의 경우 궁예 가 송악을 중심으로 건국한 후 국호를 마진(摩震)으로 하였다. 그 후 수도를 철원으 로 정한 후 다시 국호를 태봉(泰封)으로 변경하였다. 그리고 행정기관으로 최고 의 사결정기구인 광평성(廣評省)을 중심으로 병부·대룡부·수춘부 등 9관등의 관제를 두어, 호족세력이 국사를 처리하였다. 이 기간 중 신라는 국가로서의 기능을 완전 히 수행할 수 없어, 군사경찰 활동도 그 역할을 다하지 못했을 것으로 보인다. 후 백제 역시 혼란한 정치·사회상황으로 인하여 군사활동이 오늘날 경찰활동을 대체 하였을 것으로 추정된다.

2. 고려시대 군사경찰

고려시대의 군사적 성격이 강한 기관들은 여전히 이전시대와 마찬가지로 경찰 기관의 역할을 수행하였다. 이러한 기관들은 왕권 보호와 치안유지를 겸하면서 상 호 보완하면서 확대·증가하였다. 국왕이나 무인집정인을 중심으로 점차 세분화· 전문화된 군사기관들은 점차적으로 정치경찰의 역할을 하도록 변해갔고, 결국 이 가운데 순군만호부는 고려 후기 중추적인 권력기관으로 기능하게 되었다.

(1) 고려 전기

1) 중앙 정부

건국 초기 **순군부**(循軍部)[4]는 최고 통수권자인 국왕의 명령을 받들어 호족 휘하 군대의 발병(發兵)과 지방군사력의 순행·감독 업무를 담당한 기관이다. 이중 가장 중요한 업무는 발병 업무였다. 그러나 순군부는 성종 대 이후에는 기관명이 보이지 않는다. 그 배경에는 그동안 군적작성이나 광군(光軍)조직을 통해 지방호족 휘하의 군사력이 국가에 의해 장악되었고, 또한 시위군(侍衛軍)의 강화 등으로 중앙의 개국공신이나 무장(武將)들이 가졌던 군사적인 권한이 박탈되어 병권이 중앙으로 집중된 데 있다. 이에 따라 종래 순군부가 담당하던 지방호족의 군사력에 대한 순행 감독의 기능이 불필요하게 되었다. 그 결과 순행을 의미하는 '순(徇)'자가 없어져 '군부(軍部)'가 되었고, 군사지휘관들의 협의기구로 기능하게 되었다.

내군(內軍)은 창설 당시 주로 내궁에서 국왕시위·군 내부 감찰 등의 임무를 수행하는 친위군이었다. 특히 광종 대 개혁이 추진되면서, 내군은 기존에 갖고 있던 국왕의 사병적인 성격이 강한 친위군·시위군의 역할을 하면서 동시에 도성의 치안업무를 담당하는 등 권한과 활동이 크게 확대되었고, 960년(광종 11년)에 그 명칭이 장위부(掌衛部)로 변경되었다. 따라서 당시 내군은 국왕의 경호와 궁성의 숙위만이 아니라 도성의 방어군으로서 역할과 도성내의 순찰과 치안유지까지 담당하여, 여러 기능과 권력이 집중된 친위군이었다. 그러나 성종 대 6위체제가 완성되는 등 군사제도가 정비되자 이름이 995년(성종 14년) **위위사**(衛尉寺)로 개칭되면서 임무가 시위군(侍衛軍)의 의물(儀物)·기계(機械) 등을 관장하는 것으로 크게 축소되었다.

내군이 위위사로 개칭된 995년경에 **순검군**(巡檢軍)이 설치된 것으로 보인다. 앞에 쓴 데로 도성(都城)의 방어와 국왕의 친위군의 역할은 새롭게 정비된 6위가 담당하게 되면서 순검군이 야간을 중심으로 도성을 순찰하며 도적 체포 등 치안을 유지하는 기능을 담당하게 되었다. 또한 지방에서도 개경의 순검군을 참작한 조직을 설치한 것으로 보인다. 인종 대 이후 귀족세력의 분화·분열, 지역세력 간의 갈

---

4 김형중은 논문 「고려국초(高麗國初) 순군부(徇軍部)의 실체에 관한 소고(小考): 순군부의 경찰관련 성격분석과 기능을 중심으로」(≪경찰학 연구≫ 제33호, 2013년)와 저서 『한국경찰사』(2020)에서 하현강의 견해에 동의하면서 순군부가 모든 호족의 군사력과 연결된 군사지휘권의 통수부로 보고 있으나 경찰과 군이 분리되지 않은 '군사경찰체제'하에서 중앙정부가 호족 휘하의 군대에 대한 발병권을 갖고 있었고, 순행·감독의 권한 등도 직접 행사하였기 때문에 필자는 이에 동의할 수 없다.

등 심화, 거란·여진과의 전쟁 등으로 정치 상황이 악화됨에 따라 순검군의 활동이 더욱 중요하게 되어, 기존의 임무 유지보다 정변의 방지 등 정치적 역할을 담당하게 되었다. 1167년(의종 21년)에는 국왕에게만 충성하는 **내순검군**(內巡檢軍)이 창설되어 야간 순찰활동을 통한 도성의 치안유지 뿐만 아니라 국왕의 최측근 경호부대로서의 역할도 담당하였다. 1170년(의종 24년) 무신정변이 발생하였을 때 가장 강력한 무장조직은 순검군이었다. 이후 순검군은 도성 내를 순찰하고 범죄를 예방하고, 치안을 확보하는 본연의 임무보다 정적을 제거하고, 정권의 안정을 도모하는 강력한 도구로 기능하기 시작하였다.

그렇지만 순검군 만이 국왕 호위·궁궐 수비·치안 등을 담당하지 않았다. 수도 개성을 중심으로 궁궐·도성의 수비를 하면서 치안을 담당한 부대로 **금오위**(金吾衛)가 있다. 금오위는 6위(六衛)중의 하나로 비순위(備巡衛)라고도 칭하였다. 이 기관을 구성하는 간수군(看守軍)은 개경의 일정한 장소에서 주로 창고를, 위숙군(圍宿軍)은 각종 문(門)에, 검점군(檢點軍)은 주요 시가의 요지에서 수위(守衛)하였다.

또한 개경 내·외곽에 대한 방어 및 궁궐의 숙위를 수행하며 국왕의 명령을 받는 **금군**(禁軍)이 있다. 금군의 역할 중 가장 중요한 기능은 숙위(宿衛)였고, 시봉군·숙위군·근위·시위군 등 다양한 명칭으로 지칭되기도 하였다. 금군에 포함된 대표적인 군사조직으로 **견룡군**(牽龍軍, 용호군[龍虎軍])을 들 수 있다. 견룡군은 견룡·견룡관·견룡군·견룡반(牽龍班)으로, 임무에 따라 어견룡반(御牽龍班)·호련견룡반(護輦牽龍班) 등 다양한 명칭으로 나타난다. 또한 **공학군**(控鶴軍, 응양군[鷹揚軍])이 있다. 공학군은 봉련공학군(鳳輦控鶴軍)·어련공학(禦輦控鶴)·공학군(控鶴軍)·공학군(拱鶴軍) 등으로, 소속군인은 공군사(控軍士)·공학군사(拱鶴軍士)로 불렀다. 이들 공학군은 자주색 문양을 넣은 비단옷의 복장에다 절각복두(折脚幞頭)[5]를 쓴 채 조서(詔書)를 실은 수레를 받들었다는 점, 국왕이나 내방한 사신이 왕래했을 때 측근에서 대나무로 된 상자를 받들었다는 점, 황제의 신보(信寶)로 봉한 예물을 수령하는 과정에 4인이 동원된 점, 그리고 어서(御書)를 받들어 들고 간 점 등을 감안하여 볼 때 주로 의전과 관련된 역할을 수행하였다. **중금**(中禁)은 중금군(中禁軍)·중금반(中禁班)이라고 하

---

5 고려시대 국왕과 관원이 착용한 복두(사모의 원형으로 모양이 사모와 비슷하며 모부가 2단으로 턱이 져 앞턱이 낮으며 모두는 평평하고 네모지게 만들어 좌우에 각을 부착)를 보면 관계에 따라 재료와 형태가 달랐다. 종류를 보면 양각이 평행인 전각복두, 각이 아래로 향한 절각복두, 그리고 채화복두가 있었다.

며, 국왕 측근의 군사력 가운데 하나였다. **도지(都知)** 또한 의식이 거행되는 동안 어전(御殿)에서 비단옷을 입고 좌우로 나뉘어 서서 포진하고 있는 점 등을 보아 금군을 형성하고 있었다.

이와 함께 경찰활동과 관련이 있는 기관으로 **가구소(街衢所)**가 있다. 이 기관은 수도 개경에서 도적이나 죄인을 잡아, 치죄(治罪)와 구금·처벌의 임무를 담당하였다. 이 같은 업무의 필요로 둔 것이 가구옥(街衢獄)이었다. 정중부가 보현원(普賢院)에서 난을 일으키자마자 처음 습격하여 별감 김수장(金守藏) 등을 죽인 사실이나 충렬왕때 공주의 사속(史屬)으로 높은 지위에 오른 차신, 장순룡 등을 여기에 가둔 것을 볼 때, 이 가구옥은 잡범보다 중요인사를 인치했던 것으로 보인다.

그리고 중앙행정기관을 보면 다음과 같다.

먼저 **병부(兵部)**는 무관의 선발, 일반 군사업무, 국왕에 대한 의장(儀仗)과 보위(保衛) 업무, 교통행정, 공문서·관원들의 왕복을 위한 역참 사무 등을 중요 업무로 하였다. **형부(刑部)** 역시 법률·소송 등의 업무를 담당하였으며, 소속 관원으로 율(律)을 집행하고 영(令)을 시행하는 율관(律官)이, 소속 기관으로 **전옥서(典獄署)**와 **경시서(京市署)**가 있었다. 전옥서는 감옥의 관리를 담당하던 곳으로써, 건국 초부터 설치되었다. 995년(성종 14년)에 **대리시(大理寺)**라 개칭한 후 다시 문종대에 전옥서라 하였다. 또한 경시서는 주로 수도 개성의 상인들에 관한 부정행위를 단속하는 임무를 수행하였다.

이어 **어사대(御史臺)**는 고려 초기에 **사헌대(司憲臺)**라 칭해지다 성종 대에 그 명칭이 변경된 기관으로 백관의 비위와 불법을 탄핵하고, 여러 관서의 근태를 감찰하면서 당시 정치나 시책 등의 잘잘못을 논하는 일과 국민의 풍속을 단속하여 바로잡는 업무를 담당하였다. 또한 이 기관은 수도 개성과 각 지방 창고소재지에 배치된 금화원(禁火員)들의 근무상태를 수시로 확인하였고, 만일 그 업무를 소홀히 하면 지위 고하를 불문하고 먼저 구류하는 조치를 취하였다.

다음으로 국초부터 있었던 '직숙 원리의 직'을 기구화한 **중추원(中樞院)**이 있다. 이 기관의 기본 기능은 왕명 출납의 체계적인 관리에 있었다. 그런데 '직숙 원리의 직'은 시위와 왕궁 숙위(宿衛)의 의미가 있어 직접적으로 국왕과 왕궁을 시위·숙위하는 기능을 가리킨다. 이를 잘 보여주는 기사가 1009년(목종 12년) 궁궐화재 후에 나타난 중추원 관원의 직숙 사실이다. 또한 현종이 피난 중에 신변 보호를 위해 중추원을 복치하고, 피난길을 수종한 주저(周佇)를 중추원 직학사로 임명하는 데에서 볼 수 있듯이 숙위 업무는 중추원의 주요 기능 가운데 하나였다.

2) 지방 기관

지방에서는 **사병**(司兵)이 군사업무를 담당하였다. 이 부서는 무신정권기의 사병(私兵)과 다른 것이다. 이를 자세히 보면 먼저 지방의 군사활동은 성종 대 지방 주목(州牧)이 설치되기 전까지 거의 자치적으로 운영되었다. 당시 지방행정조직에서는 직명이나 향직(鄕職)의 품계를 중앙의 것을 그대로 사용하였다. 향직은 최고 책임자인 당대등(堂大等), 다음으로 대등(大等), 그리고 낭중(郞中)·원외랑(員外郞)·집사(執事) 등으로 구성되어 있었고, 이들은 주(州)·군(郡)·현(縣)의 행정을 담당하였다. 군사와 재정에 있어서도 중앙과 마찬가지로 병부(兵部)·창부(倉部)가 있었고, 이들 부에는 병부경(兵部卿)과 창부경(倉部卿)이 있었다. 그러다가 983년(성종 2년) 12주목(州牧)이 설치되어 주·현의 향직단체의 장인 당대등을 **호장**(戶長)으로, 대등을 부호장(副戶長)으로 개칭하고, 낭중을 호정(戶正)으로, 집사를 사(史)로 하는 등 격을 낮추면서 지방행정의 중앙집권화가 이루어졌다. 이 가운데 호장은 지방 군현의 토착세력 중 수위(首位)집단이었다. 당시 전국의 12주(州)에는 외관(外官)이 파견되어 어느 정도 호장층이 간섭과 통제를 받았겠지만, 외관이 파견되지 않은 지역에서는 호장층이 모든 행정과 재정사무를 관장했을 것으로 추정된다. 또한 군사업무를 담당하던 병부를 사병(司兵)으로 개칭하여 중앙의 관서명과 구분하였다. 이어 987년(성종 6년)에 대감을 촌장(村長), 제감을 촌정(村正)으로 고쳐 신분과 직무를 명확하게 하였다. 그러나 이렇게 칭호가 개칭되고 실무에 있어 주(州)·목사(牧使)의 직접적인 관할 하에 들어갔다고 해서, 업무상에도 큰 변화가 있었던 것은 아니었다. 다만 같은 업무를 수행하면서도 주·목사의 감독과 통제를 받아서 종전에 거의 자치에 가까웠던 지방행정이 좀 더 중앙에 예속되었던 것뿐이다. 그 후 지방행정의 발전에 따라 업무도 차츰 분화되어 갔다. 1018년(현종 9년)에는 각 주(州)·부(府)·군(郡)·현(縣)·진(鎭)의 인구수에 따라 사병의 관원수도 정해졌다.[6] 한편 지방의 호장층은 유사시

---

6 그 수는 장정(壯丁) 1,000명 이상의 경우 병정(兵正) 2명·부병정(副兵正) 2명·장사(兵史) 10명이며, 500명 이상의 경우 병정 2명·부병정 2명·병사 8명이며, 300명 이상의 경우 병정 2명·부병정 2명·병사 6명이며, 100명 이상의 경우 병정 1명·부병정 1명·병사 4명이었다. 또한 동서(東西)의 제방어사(諸方禦使), 진(鎭)의 진장(鎭將), 현령관(縣令官) 휘하에서는 장정 1,000명 이상의 경우 병정 2명·부병정 2명·병사 6명이며, 100명 이상의 경우 병정 2명·부병정 2명·병사 6명이며, 100명 이하의 경우 병정 1명·부병정 1명·병사 4명이었다.

전투의 지휘관이 되어, 자기 고을을 방어하고 외적을 물리치는 역할을 하였다. 부호장은 유사시 2군 6위의 하나로 노동부대인 1품군의 중앙무관직 중 정7품인 별장(別將)이라는 관직에 임명되었다. 따라서 호장들은 지역민들을 통솔하여 평상시에는 노역을 감독하였으나, 국가에 큰 일이 벌어지면 자신의 읍을 고수하는 역할을 하였다.

그리고 지방행정구획인 5도의 장관인 **안찰사**(按察使)는 1276년(충렬왕 2년) **안렴사**(安廉使)로 그 관직명이 바뀌고, 잠시 뒤 **제찰사**(堤察使)로 개칭되었지만 다시 안렴사로 환원되었다. 안찰사의 임무는 도내의 주현을 순안(巡按)하면서 수령의 현부(賢否)를 살펴 출척(黜陟)하고, 민생의 어려움을 살핀 후 그 대책을 세우며, 형옥(刑獄) 업무에 대한 감찰을 하고, 조부의 수납에 대해 관여하며, 군사지휘의 기능 등을 맡아 보는 것이었다. 그런데 안찰사는 대부분 5품 내지 6품으로 수령보다 품계가 낮았다. 따라서 고려후기 1389년(창왕 원년)에는 **도관찰출척사**(都觀察黜陟使)로 승격되면서 재추(宰樞)로 임명되거나, 1389년(공양왕 원년) 도관찰출척사에게도 **경력사**(經歷司, 전곡의 출납을 감독하기 위해 중앙의 도평의사사와 지방의 각 도에 설치되었던 기관)를 설치하여 권한을 강화하였다.

태조 대부터 마련되기 시작한 고려의 **군현제**는 성종(982~997) 대에 이르러 대대적인 개편이 이루어 졌다. 983년(성종 2년) 12목(牧)이 설치되고 992년(성종 11년) 주·부·군·현·관(關)·역(驛)·강(江)·포(浦)의 이름을 고치는 개편이 이루어 졌다. 이후 1012년(현종 3년)에 12절도사가 폐지되고 대신 5도호·75도 안무사가 설치되어 995년(성종 14년)에 시행되었던 군현제가 소멸되었다. 그리고 1018년(현종 9년)에는 대대적으로 지방제도가 개편되면서 여러 도(道)의 안무사가 폐지되고, 4도호(都護)·8목(牧)·56지주군사(知州郡事)·28진장·20현령이 설치되었다.[7] 이는 고려 초기 전국 군현 580여 읍 가운데 995년경 73개의 외관에 이어 1018년에는 116개의 외관이 설치된 것이다. 또한 지방제도가 성종 대에 비해 많은 진전을 보았으나 아직 364개 읍에 외관이 파견되지 않은 채 속현으로 남아 있었다는 것으로, 그만큼 고려 초기의 중앙집권체제와 지방행정조직이 미숙함을 입증해주는 것이다. 이러한 364개 속현에 대한 수령인 '감무(監務)' 파견은 1106년(예종 원년)부터 15세기 초까지 계속되었다.[8] '감무'는 주현이 될 만한 속군현(屬郡縣)에 임명되었으며, 현령(縣令)보다 한층

---

7 박용윤 외, 『고려시대사의 길잡이』, 일지사, 2009, 68−73쪽.

낮은 지방관[9]이다. 이 감무의 기능은 유망민 방지, 공부(貢賦: 나라에 바치던 물건(貢物)과 세금[전세(田稅)])의 조달 원활, 농상(農桑: 농업과 양잠) 권장, 임목(林木) 관리 등이었다.

그 과정에서 문종 대 현(縣)에 7품 이상인 영(令) 1인과 8품인 위(尉) 1인을 두었다는 기록이 있다.[10] 당시 현(縣)에 파견된 영(令) 1명과 위(尉) 1명은 관리의 품질(品秩)에 있어서 장(將) 1명(7품 이상)과 부장(副將) 1명(8품 이상)을 두었다는 '진(鎭)'과 같다고 볼 수 있다.[11] 그런데 일부 학계에서 **현위(縣尉)**를 오늘날 경찰서장 또는 경찰서장 격으로 보거나 위(尉)가 근무하는 위아(尉衙)를 경찰서로 보는 견해가 있다.[12] 하지만 상식적으로 상급 고을인 주, 부가 아닌 최하급 행정단위인 현에만 경찰서와 경찰서장 또는 경찰서장격인 관직자를 두었다고 보는 것은 이해하기 어렵다.[13]

또한 『고려사』·『고려사절요(高麗史節要)』, 『세조실록(世祖實錄)』 등에 보이는 기록을 보면, 첫째 현위는 모든 현(縣)에 설치되어 있었던 것이 아니며, 둘째 현위가 설치된 지역은 대체로 군사적 중요성이 큰 바닷가 지역이거나 교통 요충지 또는 중

---

8 이수건, 『조선시대 지방행정사』, 민음사, 1989, 50-51쪽.

9 고려가 원의 지배에 들어간 시기부터 수령의 임용제도가 더욱 문란해졌으며 이는 중앙집권화를 약화시키는 한 요인이 되었다. 공민왕은 이러한 폐단을 덜기 위해 1353년(공민왕 2년) 경관(京官) 7품으로서 현령·감무에 충당하고 1359년(공양왕 8년)에 감무를 '안집별감(安集別監)'으로 고쳐 5·6품으로 승격시켰으나 폐단은 여전하였다. 감무는 조선 태종(太宗) 때까지 계속되었고, 1413년(태종 13년) 감무를 현감(縣監)으로 개칭하였다. 앞의 책, 54쪽.

10 高麗史77卷-志31-百官2-外職-諸縣-001
   ○ 諸縣文宗定: 令一人七品以上; 尉一人八品. 睿宗三年諸小縣置監務. 高宗四十三年罷諸縣尉. 恭愍王二年縣令監務以京官七品以下充之. 後改諸道縣令監務爲安集別監以五六品爲之. 辛昌時復改爲縣令監務秩仍五六品. 제현(諸縣: 여러 현). 문종 때 정하였다. 현령은 1명으로 7품 이상으로 하고, 현위는 1명으로 8품으로 하였다. 예종 3년 여러 작은 현에 감무를 두었다. 고종 43년 여러 현의 현위를 없앴다. 공민왕 2년 현령과 감무는 경관 7품 이하로 충당하였다. 뒤에 여러 도의 현령과 감무를 고쳐 안집별감이라 하고, 5·6품의 관리를 임명하였다. 창왕 때 다시 고쳐 현령·감무라 하고 품계는 그대로 5·6품으로 하였다.

11 하현강, 『한국 중세사 연구』, 일조각, 1988, 269쪽.

12 경찰대학, 『한국경찰사』, 2015, 71쪽; 김형중, 『한국중세경찰사』, 수서원, 1998, 117-118쪽; 임규손, 「고려왕조의 경찰제도」, 《동국대학교 제11집》, 1978, 215-216쪽; 치안국, 『한국경찰사 I』, 1972, 101쪽; 허남오, 『한국경찰제도사』, 지구문화사, 2013, 70쪽. 특히 김형중은 여전히 위아를 경찰서로 보고 있으며, 현위를 "오늘날의 경찰서장 격으로, 1개의 현에 행정관인 현령과 함께 치안을 담당했던 치안관이 분명하다"고 주장하였다.(김형중, 『한국경찰사』, 박영사, 2020, 257쪽)

13 이에 반해 김형중은 앞에 쓴 「고려시대 현위제의 실체에 관한 소고」에서 "오늘날 한 구(區)에 구청장과 경찰서장 또는 군(郡)에 군수와 경찰서장 직책의 두 관청을 두고 운영하는 행정조직 체계의 기원점이 된다고 볼 수 있겠다"라고 설명하고 있다(211쪽), 더 자세한 것은 원문을 보길 바란다. 또한 그는 저서 『한국경찰사』를 출간하면서 초판(2017)과 개정판(2020)에 동일한 내용을 기술하였다.

심지이고,[14] 셋째 문과에 처음 급제한 사람들의 초입사직(初入仕職)으로 활용되었으

---

14 高麗史80卷－志34－食貨3－祿俸－外官祿－002

文宗朝定: 二百七十石[知西京留守事]二百二十三石[東京留守使]二百石[西京副留守南京留守八牧使
安西大都護使]一百二十石[南京副留守八牧副使安西大都護副使]一百石[蔚禮金梁豊等州防禦使]八
十六石十斗[開城府使東西南京判官八牧判官安西大都護判官仁水原公洪俠春東交平谷等州使天安南
原長興京山安東等府使古阜靈光靈岩寶城昇平等郡使]六十六石十斗[東京副留守]四十六石十斗[東西
南京司錄叅軍事禮金豊等州防禦副使]四十石[開城府副使東西南京掌書記八牧安西大都護司錄仁水
原公洪俠春東交平谷等州副使天安南原京山安東長興等府副使古阜靈光靈岩寶城昇平等郡副使蔚梁
州防禦副使白嶺鎭將]三十三石五斗[禮金州防*御{禦}判官]三十石五斗[蔚梁州防禦判官]三十石[開
城府判官]二十六石十斗[仁水原公洪俠春東交平谷州判官天安南原京山安東古阜靈光靈岩寶城昇平判
官江東江西中和順和江華固城南海巨濟一善管城大*(??){大丘}義城順安基陽遂安瓮津臨陂進禮金堤
富城嘉林陵城耽津海陽金溝等縣令白嶺鎭將]二十六[東西京八牧安西大都護法曹**江華一善管城大丘
義城順安臨陂進禮金堤富城嘉林陵城耽津瓮津海陽等縣尉]十六石十斗[固城縣尉]十三石五斗[開城法
曹].**(진한 글자체는 인용자 강조)

문종 조에 지방관의 녹봉을 다음과 같이 정했다.

270석【지서경유수사】223석【동경유수사】200석【서경부유수, 남경유수), 8목의 목사, 안서대도호
사】120석【남경부유수, 8목의 부사, 안서대도호부사】100석【울주·예주·금주·양주·풍주 등의 방
어사】86석 10말【개성부사, 동경·서경·남경의 판관, 8목의 판관, 안서대도호판관, 인주·수주·원주·
공주·홍주·협주·춘주·동주·교주·평주·곡주 등의 주사(州使), 천안부·남원부·장흥부·경산부·
안동부 등의 부사(府使), 고부군·영광군·영암군·보성군·승평군 등의 군사(郡使)】66석 10말【동경
부유수】46석 10말【동경·서경·남경의 사록과 참군사, 예주·금주·풍주 등의 방어부사】40석【개
성부사, 동경·서경·남경의 장서기, 8목·안서대도호부의 사록, 인주·수주·원주·공주·홍주·협주·
춘주·동주·교주·평주·곡주 등의 부사, 천안부·남원부·경산부·안동부·장흥부 등의 부사, 고부군·
영광군·영암군·보성군·승평군 등의 부사, 울주·양주의 방어부사, 백령진장】33석 5말【예주·금주
등지의 방어판관】30석 5말【울주·양주의 방어판관】30석【개성부판관】26석 10말【인주·수주·원
주·공주·홍주·협주·춘주·동주·교주·평주·곡주 등의 판관, 천안부·남원부·경산부·안동부·고
부군·영광군·영암군·보성군·승평군의 판관, 강동현·강서현·중화현·순화현·강화현·고성현·남
해현·거제현·일선현(경상도 선산)·관성현(충청도 옥천)·대구현·의성현·순안현(이상 경상도, 管城
은 고려 말엽 전에는 경상도 경산부 소속이었음)·기양현·수안현·옹진현·임피현·진례현전라도 금
산(금산은 조선 건국 후 충청도 소속으로 바뀜)·김제현·부성현(충청도 서산)·가림현(충청도 임천)·
능성현(전라도 화순)·탐진현(전라도 강진)·해양현·금구현 등의 현령, 백령진부장】20석【동경·서
경·남경·8목·안서대도호부의 법조, **강화현·일선현·관성현·대구현·의성현·순안현·임피현·진례
현·김제현·부성현·가림현·능성현·탐진현·옹진현(황해도)·해양현(동계 길주) 등의 현위】16석
10말【고성현의 현위】13석 5말【개성부의 법조】.**(진한 글자체는 인용자 강조)

高麗史80卷－志34－食貨3－祿俸－外官祿－004

仁宗朝定

鎭溟縣尉 26石 10斗

龍岡, 咸從, 通海, 永淸, 高城, 杆城, 金壤, 翼嶺, 三陟, 蔚珍, 瓮津, 固城 等 縣尉 23石 5斗 西京六
縣尉, 嘉林, 富城, 臨陂, 進禮, 金堤, 海陽, 綾城, 耽羅, 管城, 大丘, 一善, 江華, 義城, 順安, 東萊,
遂安 等 縣尉 諸監務 20石.

인종 조에 지방관의 녹봉을 다음과 같이 정했다.

진명현위 26석 10두

용강, 함종, 통해, 영청, 고성, 간성, 금양, 익령, 삼척, 울진, 옹진, 고성 등 현위 23석 5말(이상 모두

며,[15] 넷째 조선 초기 집현전 직제학 양성지가 춘추 대사·오경·문묘 종사·과거·기인 등에 관한 상소에서 현위를 군사적 성격의 직책으로 규정하고 있다는 점[16] 등을 고찰한 결과, 현위는 군사적 성격이 강한 지방 관직으로, 치안 임무는 부수적으로 수행하였을 수도 있다고 판단된다.

그리고 1115년(예종 10년)부터 속군현에 본격적으로 최하의 외관직인 감무(監務)가 설치되기 시작하였다. 그 수는 현(縣) 감무로 1115년(예종 10년) 17개, 1117년(예종 12년)

해안지역으로, 군사 요충지임) 서경육현위, 가림, 부성, 임피, 진례, 금제, 해양, 능성, 탐라, 管城, 대구, 일선, 강화, 의성, 순안, 동래, 수안등 현위 제감무 20석.

15 高麗史98卷 - 列傳11 - 金守雌

○ 金守雌字羅甫舊名理尙州人少喪父負笈遊學四方中第調金壤縣尉遷國學學諭弃去杜門不出理田園鬻蔬以自給日與兒童講習爲樂.

김수자는 사가 계보이며 옛 이름은 김리(金理)이다. 상주 사람으로 어릴 때 아버지를 여의고 책 상자를 짊어지고 사방으로 돌아다니며 공부하였다. 과거에 급제하여 금양현위(金壤縣尉)가 되었다가 국학학유(國學學諭)로 자리를 옮긴 후 관직을 버리고 두문불출하였다. 논밭(田園)을 경작하고 채소를 팔아 스스로 풍요롭게 하였고 날마다 아동들과 배우고 익히는 것으로 즐거움을 삼았다.

高麗史101卷 - 列傳14 - 崔遇淸

○ 崔遇淸忠州吏仁宗朝登第調進禮縣尉.

최우청은 충주의 주리로 인종 조에 급제하여 진례현위가 되었다.

高麗史106卷 - 列傳19 - 李湊

○ 李湊字浩然金馬郡人. 高宗時登第調富城縣尉入爲都兵馬錄事選直史館以事落職尙書金敞愛其才薦補校書郎累遷起居舍人.

이주는 자가 호연이며 금마군 사람이다. 고종 때 급제하여 부성현위가 되었다가 내직으로 들어와 도병마녹사가 되었으며, 직사관에 뽑혔지만 어떤 일로 관직에서 물러났다. 상서 김창이 그의 재주를 아껴 천거하여 교서랑에 보임되었다가 여러 차례 자리를 옮겨 기거사인이 되었다.

16 世祖 3卷, 2年(1456 丙子 / 명 경태[景泰] 7년) 3月 28日(丁酉) 3번째 기사

一, 諸鎭置尉. 蓋秦法每郡守以治民, 尉以治兵. 前朝於西北面, 設分道將軍, 以主兵事, 又有鎭將、有縣尉. 今八道六十一處, 稱某州道, 又稱某道, 或領左右翼, 或自爲一鎭, 皆置軍兵, 使之團鍊, 以戒不虞, 誠良法也. 然守令簿書期會, 使客支待, 出納錢穀, 聽理詞訟, 勸農興學, 一應民事, 尙未能辦, 亦安能專心治兵, 以備緩急乎? 乞於各鎭, 依例置尉, 若未能皆置, 則其有判官處, 又武交差, 無判官處, 特令置尉.

1. 제진(諸鎭)에 위(尉)를 두는 것입니다. 대개 진(秦)나라 법(法)에 매양 군수(郡守)는 치민(治民)을 하고 위(尉)는 치병(治兵)을 하였으며, 전조(前朝)에서는 서북면(西北面)에 분도장군(分道將軍)을 설치하여 병사(兵事)를 주관하고, 또 진장(鎭將)을 두고 또 현위(縣尉)를 두었습니다. 이제 8도(八道) 61처(處)에 모주(某州)·모도(某道)라 일컫고, 또 모진(某鎭)이라 일컬으며, 혹은 좌·우익(左右翼)을 영도(領導)하고 혹은 스스로 한 진(鎭)이 되어, 모두 군병(軍兵)을 두고 단련(團鍊)하게 하여 불우(不虞)를 경계하니, 진실로 양법(良法)입니다. 그러나 수령은 부서(簿書)를 회계(會計)하고 사객(使客)을 지대(支待)하며, 전곡(錢穀)을 출납(出納)하고 사송(詞訟)을 청리(聽理)하며, 농사(農事)를 권장하고 학교를 일으키는 모든 민사(民事)를 오히려 관리(辦理)할 수 없는데, 또한 어찌 전심(專心)으로 치병(治兵)하여 위급(危急)한 때에 대비하겠습니까? 빌건대 각진(各鎭)의 예(例)에 따라 위(尉)를 두되, 만약 모두 둘 수가 없다면, 그 판관(判官)이 있는 곳은 또 무장(武將)으로 교차(交差)하고, 판관이 없는 곳은 특별히 위(尉)를 설치하게 하소서.

32개, 1172년(명종 2년) 22개, 1390년(공양왕 2년) 19개 등이었고, 군(郡) 감무로 1115
년(예종 10년) 5개, 1172년(명종 2년) 32개, 1390년(공양왕 2년) 5개 등이었다. 이러한 감무
들의 증치는 고려정부가 속현까지 행정력을 점차 침투시키고 있음을 보여준다.[17]

한편 의종과 명종이래로 중앙에서는 권력 이동이 잦고 기강에 문란해지면서 지
방에서는 민란이 자주 일어났다. 게다가 도적도 여기 저기 횡행하면서 종래의 지
방관리인 현령과 현위가 이에 대처하지 못했고 그 소속관리들이 주민의 재산을 수
탈하고 괴롭히는 일도 발생하였다.[18] 특히 대몽항쟁이 전개되면서 삼별초가 수도
와 지방의 치안을 담당하면서 현위가 폐지된 것으로 보인다. 1256년(고종 43년)에 폐
지된 기록이 있으나 모든 현위직이 폐지되었는지는 알 수 없다.[19]

또한 각 지방에서 지역별로 교통 연락의 임무를 주로 담당하는 역참(驛站)에서
근무한 병부 소속의 관원인 **순관**(巡官)이 있다. 그의 업무는 공문의 전달, 관물의
압송 및 출장 관원의 편의제공 등으로 이를 위해 역리(驛吏), 역정(驛丁) 및 역마(驛
馬)가 배치되었다. 그 중에서도 군사정보의 전달이 중요했기 때문에 병부(兵部)에
속해 있었다.

(2) 고려 후기

고려후기의 대표적인 군사기관으로 **삼별초**(三別抄)가 있다. 삼별초를 처음 조직

---

17 박용운, 『고려시대사』, 2011, 일지사, 151쪽.

18 高麗史20卷－世家20－明宗2－12－09－1182 (고려사 절요 12－1182－명종12－02에도 같은 내용이
있다.)
管城縣令洪彦侵漁百姓*滛{淫}荒無度. 吏民殺彦所愛妓又殺妓母及兄弟遂執彦幽之. 有司按問流首
謀者五六人彦亦廢錮終身. 又富城縣令與 尉不相能害及無辜一縣不堪苦. 遂殺尉衙宰僕及婢因閉令尉
衙門使不得出入. 有司奏: "二縣悖逆莫甚請削官號勿置令尉." 從之.
관성현령 홍언이 백성을 침탈하고 음탕하고 거칠기가 한도가 없었으므로 향리와 백성들이 홍언의 총
애하는 기생을 죽이고 또한 기생의 어미와 형제를 죽이고는 마침내 홍언을 잡아다 가두었다. 해당 관
청에서 죄를 조사하여 심문하고는 주모자 대여섯 명을 유배 보내고, 홍언에게도 관직을 박탈하고 종
신토록 벼슬에 나가지 못하게 하였다. 또 부성현령은 현위와 사이가 나빠 폐해가 죄 없는 백성에게
미쳤다. 온 현의 사람들이 고통을 견디지 못하다가 마침내 현위와 남자종 및 여자종을 살해하고 현령
과 현위의 아문을 폐쇄하여 출입하지 못하게 하였다. 해당 관청에서 아뢰기를, "두 현(관성현과 부성
현)의 패역함이 막심하니 청컨대 고을 칭호를 삭제하고 영ㆍ위를 두지 마십시오."라 하였다. 왕이 그
대로 따랐다.

19 節要(고려사)17－1256－고종43－09
罷諸縣尉.
여러 현(縣)의 위(尉)를 파했다.

한 사람은 무인집정인 최우이며, 당시 명칭은 야별초(夜別抄)였다. 그 근거로 『고려사』 권81 「병지1 병제(兵制) 원종 11년(1270년) 5월」에 "처음에 최우가 국중(國中)에 도적이 많은 것을 근심하여 용사를 모아 매일 밤 순행(巡行)하여 폭행을 막게 했으므로 인하여 야별초(夜別抄)라 이름 하였는데, 도적이 여러 도에서 일어남에 미쳐 별초를 나누어 파견하게 잡게 하였던 바, 그 군사가 심히 많아져서 드디어 좌·우(별초)로 삼았다"는 기록을 보면 알 수 있다.

삼별초는 처음에는 포도(捕盜)가 주요 임무 중 하나였다. 하지만 이들에 의해 금제의 대상이 된 도(盜)는 남의 물건을 훔치는 순수 도적을 지칭하면서도, 당시 조정에 항거하여 각지에서 일어난 백성도 그 속에 포함되었던 것으로 보인다. 또한 지방에 파견되어 군사임무를 수행하기도 했다. 이 경우 그 조직과 소속은 어디까지나 경군(京軍)이었다. 삼별초를 따로 경별초(京別抄)로 부른 것도 그 때문으로 짐작된다. 그와 같은 경찰과 군대로서의 임무와 역할은 종래 군이 유명무실하여 제구실을 다하지 못하였기 때문이었다.

원종 대에 이르러 몽골과의 강화를 급속도로 추진하자 몽골이 그 전제조건인 출륙환도(出陸還都)를 강력히 요구하였다. 몽골 조정에 친조(親朝)했던 원종은 이를 수락하고 귀국하는 도중에 모두 환도할 것을 명하였다. 이에 삼별초는 불복하고 개경정부와 몽골에 함께 대항하면서 왕족인 승화후(承化候) 온(溫)을 국왕으로 받들고 새 정부를 수립하였다. 이들은 사세(事勢: 일이 되어 가는 형세)를 감안하여 본거지를 남해의 요충인 진도로 옮기고, 주변의 거제·제주 등 여러 섬을 지배하는 한편 남방 주민의 호응을 얻어 한 때 크게 세력을 떨쳤다. 그러나 1년여 만에 여·몽 연합군에 의해 진도는 함락되었고, 남은 무리들이 제주로 옮겨 김통정을 중심으로 항전하다가 이들 역시 1273년(원종 14년)에 평정되고 말았다.

고려 조정이 1277년(충렬왕 3년) 개성으로 환도한 후 정치적 안정이 이루어지고, 몽골군이 점차 물러가자 개성의 순찰활동·치안유지를 위한 조직이 정비되었다. 몽골은 개성의 치안유지를 기존 순검군이 담당하는 것을 원하지 않았다. 따라서 몽골의 주도로 새로운 도성 치안기구인 **순마소**(巡馬所)가 창설되었다. 창설 시기는 『고려사 절요』 권20에 1278년(충렬왕 4년) 4월 순군에 대한 기록이 나온 것을 감안하면, 이 연도 이전이라고 추정된다. 순마소는 달로화치(達魯花赤)에 의해 몽골의 제도를 참작하여 만들어진 것으로, 주로 정치적 변란이나 범죄행위가 발생하기 쉬운 야간에 순찰활동을 하고, 통행금지를 실시하는 것이 임무였다. 그리고 포도(捕盜)활동을 비롯하여 민간의 싸움, 우마의 도살, 몰려다니면서 다른 사람의 재물을 탈취하고 부녀자들을 희롱하거나 또는 우마를 잡아먹는 등 질서를 문란시키는 악소배(惡小輩)들에 대한 규찰 등 여러 가지 활동을 하는 것이었다. 이와 같은 활동은 최종적으로 궁성과 국왕의 안전을 담보하는 것이었기 때문에 순마소의 순군(巡軍)은 국왕의 시위군으로서의 역할도 담당하였다.

그러나 이전의 순검군과는 다른 점이 있었다.

첫째, 왜적이 남부 해안지대를 침범하여 노략질을 하자, 홀치(忽赤) 등과 함께 순마소에서 군사를 선발하여 왜적의 침입이 빈번한 경상도와 전라도를 수비하게 하였다. 즉, 순군은 방수군(防戍軍)으로서의 역할을 담당하였다.

둘째, 순마소는 범죄자를 투옥할 수 있도록 자체적으로 옥(獄, 순군옥巡軍獄, 순마옥巡馬獄)을 갖고 있었다. 순마소의 본래 임무가 도성 내 치안유지 기능을 담당하는 것이었으므로, 순군옥에는 도성 내 질서를 문란하게 한 자나 도적 등 일반 범죄자를 수용하였다. 따라서 원래 전법옥(典法獄: 전법사의 옥)보다 하위의 옥으로서, 죄질이 낮은 경범죄를 범한 사람들이 투옥되는 곳이었다. 그러나 순마소는 몽골이 주도권을 가지고 행사할 수 있는 무력기관이었고, 이를 통해 고려 조정에 정치적 압력을 행사할 수 있는 유효적절한 기구였으므로, 일반 형사범만이 아니라 관리들을 비롯하여 정치적 사건에 관련된 사람들도 투옥하였다. 고려 국왕이 순군을 통솔하게 된 뒤에도 마찬가지로 정치적 사건의 연루자들이 순군옥에 투옥되는 경우가 다반사였다. 이는 당시 불안정한 정정(政情) 하에서 국왕 자신이나 자신의 내료(內僚)[20]·폐료(嬖僚)[21]가 통솔하는 무장병력인 순군이 관할하는 순군옥이 전법옥 보다 훨씬 안전하였고, 또한 정치 사범들을 처리하는데 있어 국왕이 주도권을 가지고 행사하는데 훨씬 더 수월하였기 때문으로 보인다.

셋째, 순마소는 옥(獄)을 갖게 되면서 투옥된 사람들을 신문할 수 있게 되었고, 그 과정에서 고문을 시행하는 등 취조를 직접 담당한 것으로 보인다. 이에 따라 순군은 고려 조정의 중추적인 권력기관으로 자리잡게 되었고, 이해관계가 걸린 사건의 처리를 순마소를 통하여 해결하려는 사람들도 늘어나게 되었다.

넷째, 이와 같이 순마소가 도성의 치안유지를 담당하는 기관에 머물지 않고, 국

---

[20] 궁중에서 전명(傳命) 등에 종사하던 관리.

[21] 총애하는 신하.

왕의 시위군 및 방수군으로서의 역할, 옥의 운영 및 신문, 일반 소송사건의 개입 등 막강한 권력을 행사하게 되면서 사적인 재원의 확보, 경제기반의 확보에도 주력하였다. 즉 조정이 순마소에 촌락을 분급하여 부세(賦稅)를 수취하도록 하였지만, 순마소는 막강한 권력을 배경으로 타인의 토전(土田)을 거집(據執)[22]하는 등 토지를 겸병하여 전장을 확대하였다. 게다가 주민을 영점(影占)[23]하였고, 제민(濟民, 일반 백성)도 초집(招集)[24]하였다. 이로써 국가의 공적인 조세기반과 재정기반의 약화가 초래되었고, 조세부담을 담당하는 지방민의 부담도 더욱 가중되는 결과를 가져왔다.

1300년(충렬왕 26년) 기존 순마소가 **순군만호부**(巡軍萬戶府)로 개칭되었고, 다시 1369년(공민왕 18년) **사평순위부**(司平巡衛府)로 명칭이 바뀌었다. 처음에는 주로 방도금란(防盜禁亂)을 위해 창설되었으나 고려 말기 중요한 정치적 사건을 처리하는 핵심 무력기관으로 변화되었다.

원래 **만호부**(萬戶府)는 고려 조정이 원(元)의 강요로 1274년(원종 15년) 제1차 일본원정에 참여하게 되어 사회 불안이 한층 더 고조되자 이에 대처하기 위하여 설치한 지방기관이었다. 그 이유는 고려 조정이 통치력의 회복과 치안의 유지가 시급한 과제라고 판단하였고, 또한 원정이 실패로 끝난 뒤 있을지도 모르는 일본의 반격을 사전에 차단할 필요성도 있었기 때문이었다. 이에 따라 군사적인 측면에서 고려 조정과 원은 요충지에 만호부를 두었고, 책임자로 만호(萬戶)를 임명하였다. 합포(오늘날 경남 창원[마산])·전라의 진변만호부는 1차적으로 왜적을 방어하기 위해, 탐라는 군민만호부로 제주도의 군민을 통할하기 위해, 또한 서경 등 처관수수만호부(處管水手萬戶府)는 선군(船軍)을 지휘하기 위해 설치되었다.

그 후 1293년을 전후로 나타난 개성의 '왕경만호부'는 순마소와 순군천호소 등으로도 불렸고, '변경 방어'나 '수군 관리'와는 무관하게 일종의 특별한 기능인 '치안유지'를 담당했다. 이는 원제국에서도 만호부·천호소들이 도적 체포 및 치안유지에 동원되곤 했는데, 이와 같은 기능이 고려로 전이된 것으로 보인다.[25] 또한 이

---

22 허위문서로 남의 것을 강점하고 반환하지 아니하는 일.

23 남의 명의나 문서 따위를 이용하거나 아무런 근거 없이 다른 사람의 물건·노비·토지 등을 억지로 차지하는 것.

24 원 뜻은 '사람을 불러서 모음'이나 여기서는 선별하여 달리 다루는 것을 말한다.

25 이강한, 「고려후기 만호부(萬戶府)의 '지역단위적' 성격 검토」, ≪역사와 현실≫ 제100호, 한국역사연구회, 2016, 248쪽.

들 원제국의 만호부는 여러 지역에 설치되어 해당 지역의 민정(民政)에도 자주 개입하였다. 게다가 도적 체포 임무를 맡은 만호가 이에 실패한 경우 그를 처벌한 사례들도 확인할 수 있는데, 고려의 왕경만호부 또한 그런 관행의 연장선상에서 이해될 수 있다.[26] 이렇게 확대·개편된 순군만호부는 고려 조정이 스스로 보호할 수 있도록 자체 무장력을 강화해 나간 것을 의미한다. 또한 몽골의 입장에서도 고려 왕실의 안전을 위해 동의한 것으로 보인다.

순군만호부는 점차적으로 도성 내 치안유지와 국왕의 시위(侍衛), 감옥의 운용 등의 역할이 강화되었고, 1316년(충숙왕 3년) 전국의 중요한 33곳에 순포를 설치하였다. 이에 대해 "(순포는: 인용자) 전국적인 규모로 체계화되어 오늘날의 경찰청과 근사한 경찰체제계가 형성되기 시작"하였고, "(순포가: 인용자) 오늘날 지방경찰청의 원형"이며,[27] 순군만호부를 이루던 계층인 도만호·상만호·만호·부만호·진무·천호를 "오늘날 경찰청장·치안정감·치안감·경무관·총경·경정 계급 정도로 추정된다"는 주장[28]도 당시 시대상을 반영하지 않은 채 오늘날 경찰제도를 그대로 대입시킨 것으로, 명백한 오류라고 판단된다.

또한 이 기관은 당시 비슷한 성격을 가진 홀치 등과 경쟁관계를 유지하면서 서로 대립하기도 하였다. 이들 기관은 도성의 치안을 유지하거나 국왕의 숙위를 담당하는 등 상호 보완관계에 있었어야 했으나, 사적인 경제기반·세력기반의 확대를 도모하고, 이를 위한 권력의 확보·유지를 위해 서로 경쟁하고 있어 쉽게 충돌할 수 있었다. 심지어 순군과 홀치가 각기 대열을 지어 국왕을 호위하다가, 길을 다투어 순군이 홀치의 장군을 몽둥이로 때리는 무력 충돌 사건이 발생하기도 하였다.[29]

고려 조정은 시간이 지남에 따라 권력이 집중되고, 여러 가지 폐단을 야기하는 이 기관을 제어하고, 본래의 임무로 충당(忠讜)하려는 노력을 시도하였다. 하지만 정치적 상황이 불안정한 상태에서 도성의 치안을 유지하고, 국왕을 호위하며, 사법기능까지 집중되어 있는 순군만호부를 배제하고는 쉽사리 정국을 운영할 수 없었다. 순군만호부는 당시 가장 확실한 무장력이었다. 1364년(공민왕 13년) 원으로 달

---

26 앞의 논문, 250~252쪽.

27 김형중, 「조선초기의 순군만호부의 조직과 기능에 관한 연구」, ≪역사와 경계≫ 제90호, 부산경남사학회, 2014년 3월, 155쪽; 김형중, 『한국경찰사』, 박영사, 2020, 331쪽.

28 위의 책, 331쪽.

29 『고려사』 권131 「열전44 반역5 김용(金鏞)」.

아났던 최유(崔濡)가 공민왕을 폐하고 충숙왕의 아우 덕흥군(德興君)을 받들기 위해 몽골군 1만 명을 거느리고 침입해 왔을 때 이성계 등이 순군을 지휘, 격퇴한 점을 보아 순군만호부가 군사적으로 막강한 힘을 가지고 있었음을 알 수 있다. 또한 이성계(李成桂)의 위화도 회군 이후에는 최영을 순군옥에 가두고 국문하였고,[30] 정몽주를 제거할 때에도 이성계 일파는 김사형(金士衡)을 순군제조관(巡軍提調官)으로 임명하여 순군부를 장악한 후 정몽주 일파를 순군만호부에서 신문하기도 하였다.[31] 이는 순군만호부의 정치적 성격을 단적으로 보여주는 것이다. 그러므로 순군만호부는 고려 말기에 이르기까지 도성의 치안유지라는 본래의 기능보다 오히려 중요한 정치적 사건을 처리하는 핵심 무력기관으로 기능하였다.

그리고 특수 경찰기관으로 먼저 **도방**(都房)이 있다. 먼저 도방은 무신집권기 집권가의 경호를 위해 창설된 사설 무력조직이다. 원래 이 조직은 사병들의 숙소를 가리키는 것이었으나 후에 시위대의 명칭으로 사용되었다. 이후 더 나아가 사적인 경호에서 벗어나 질서유지 등의 치안 임무를 수행하고, 국가 비상시 출동하는 군사조직으로까지 발전하였다.

다음으로 친원왕실(親元王室)을 경호하기 위해 설치된 **홀치**(忽赤)가 있다. 충렬왕이 원나라에서 돌아와 즉위하면서 그와 함께 원나라에서 함께 있었던 문벌 있는 집안의 자제들을 번(番)을 나누어 궁 안에서 숙위(宿衛)하게 한 것이 그 시초이다. 점차 시간이 지남에 따라 홀치는 그 업무가 확대되어 도성을 순찰하면서 검문 등의 활동도 하게 되었고, 부방(赴防)까지 하게 되었다. 그러나 왕실을 배경으로 무력을 행사하였던 홀치는 지방에서도 그 위세가 상당하였으며, 때로는 관폐와 민폐가 되기도 하였다.

한편 고려시대 **형사법**은 초기에는 고려가 당의 정치체제를 수용하였기에 법률도 당률을 수용하여야만 했다. 그렇다고 해서 전적으로 당률을 사용한 것은 아니었고, 일부 고려가 새로이 제정한 것도 있었다. 이렇게 성종 대에 고려의 형벌체계를 정비하다가 얼마 지나지 않아 거란의 2차 침입(1010년)이 있은 후 개경으로 환도한 현종은 법률을 정비하면서 송률(宋律)을 수용하여, 기존 고려율과 당률에 송률을 더하여 운영하였다. 그 후 고려는 몽골과의 40년에 걸친 전쟁의 결과, 원의 지

---

30 『고려사 절요』 권33, 우왕 14년 7월조.

31 『고려사 절요』 권35, 공양왕 4년 7월조.

배에 들어가게 되었다. 이로써 정치만이 아니라 경제·사회·문화 등 모든 분야에 걸쳐 원의 영향을 받게 되었다. 따라서 조정에서는 원률을 수용하여 새로운 고려율로 창출한 것인가에 대한 논의가 벌어졌으나, 고려가 원의 지배를 벗어날 때까지 결론이 나지 못하였다.

또한 관인범죄에 관해 전기에는 관인범죄자는 당률의 오형제(五刑制)에 입각하여 처벌되었다. 그렇지만 사소하거나 경미한 잘못으로 보이는 행위는 명확한 징계는 하되, 반성하여 재기할 수 있는 기회를 베풀어 주었다. 이에 반하여 사직(社稷)의 모위(謀危)나 모반대역(謀叛大逆)의 연좌에 버금갈 정도로 중죄에 해당되는 것은 고려 특유의 수조지분급제와 연계시켜 엄하게 처벌하였다. 후기에는 사회적 파장이 큰 경우 무조건 중벌에 처하는 경향이 날로 확산되었다. 이성계의 위화도 회군 이후 급진 사대부들에 의하여 형법체계 개혁이 시도되었다. 이들이 만든 개혁안의 핵심은 기존의 사전을 혁파하고, 이를 새로운 분급기준에 따라 관인·군인·국역자들에게 그 신분과 지위에 맞추어 지급하되, 수전자(受田者)가 죄를 지으면 이를 국가에 반납하며, 등급이 오르면 가급(加給)해준다는 것이었다. 그러나 왕조교체 등의 정국상황으로 인하여 이러한 행형개혁은 조선시대까지로 이어지게 되었다.

지방의 사법행정을 보면 고려 전기에는 그 주체가 외관(外官)이었다. 성종 대 지방제도가 정비되자 외관은 사법업무만을 담당한 것이 아니라 조세, 군사, 산업 등 국가행정 전반을 관장하였다. 문종 대부터 예종 대까지는 삼심제가 실시되었고, 경외관사에서 송사를 결정하는 처리기간도 규정되었다. 또한 국문이나 재판을 할 때에는 반드시 복수의 관원이 모여 운영하는 합심제가 창안되었다. 하지만 중앙의 법사(法司)나 목(牧), 도호부 같은 곳에서 합심에 참여한 관리들은 일정한 자질과 전문성을 가진 관료들인 반면에 수령의 품계와 자질은 천차만별이었다. 후기에서는 사전문제, 즉 고려의 전통적인 수조권분급제의 동요로 인해 전지(田地)와 노비소송이 급증하여 사법업무가 폭증하였다. 이에 대해 고려 조정이 개선방안으로, 임지의 수령과 안렴사가 반드시 먼저 지방의 재판을 처리하고 함부로 경관(京官)으로 옮겨 재판하지 못하게 하는 내용으로 사법제도를 강화하였다. 하지만 그 효과는 미미하였고, 이러한 조치만으로 사법제도를 변화시키기에는 너무나 역량이 부족하였다. 그렇지만 당시의 문제의식과 개혁론은 고려 말기의 개혁파 사류에게로 전승되어, 조선이 건국된 후 군현 수령의 사법적 기능과 역할을 더욱 강화하는 기초가 되었다.

3. 경찰기관의 확립

(1) 중앙기관

조선시대에는 오늘날 유사한 경찰기관인 **포도청**(捕盜廳)이 등장하여 주목된다. 포도청은 한성과 경기 일부지역에서 도적의 포획, 죄인의 검거와 심문, 화재 예방 등을 위해 순찰을 중심으로 수행한 경찰기관이다. 설치 배경을 보면, 15세기 말 이후 당시 사회경제적으로 사적소유가 발달되면서 조선이 새로운 단계에 접어들게 된다. 삼림과 늪 등이 사유화된 것이 가장 대표적인데 이는 조선에서도 자본주의 사회로의 변화가 시작되었음을 보여준다. 이러한 변화는 토지소유를 둘러싼 사회·경제적 모순을 심화시켰고, 농민층 이탈 등을 가져왔으며, 이로 인해 도적이 경향 각지에서 횡행(橫行)하여 사회문제화 되었다. 이를 해결하기 위하여 조정은 1471년(성종 2년) 2월 「포도사목(捕盜事目)」을 정하고, 5월에는 포도장(捕盜將)을 임명하여 포도(捕盜)에 노력하였다. 그러나 임시기구로서 운영된 포도장들이 때로는 권력을 남용하는 작폐를 유발하였다. 이에 따라 조정은 도적이 적어져 사회가 안정되면 포도장을 없애고, 다시 도적이 성행하면 임명하는 일을 반복하였다. 이후 조정은 포도기관을 강화하기 위하여 1481년(성종 12년)에 좌·우포도장을 두고 한성부 각처와 경기도 일대를 관할하게 하였다. 그렇지만 여전히 종전과 같이 포도장들이 무고한 백성들을 함부로 구속하는 등의 폐단이 많아 폐지와 복설을 반복하다가, 1541년(중종 36년)에 포도장을 책임자로 하는 포도청을 상설하고 그 직제를 완성하였다.

하지만 도성인 한성의 순라업무는 포도청만이 전담하지 않았다. 임진왜란 이전 도성의 경우 의용순금사, 의금부, 삼군진무소, 그리고 오위(五衛)가 담당하였다. 임진왜란 이후에는 중앙의 군영이 도성의 수비체제인 5군영체제로 전환되면서 훈련도감·금위영·어영청 등이 중심이 되어 한성의 경비를 담당하였다. 그리고 종(宗)·사(社)·묘(廟)·궁(宮) 등의 중요한 곳과 각 궁방(宮房), 전곡아문(錢穀衙門)과 가로(街路)에는 **경수소**(警守所)가 설치되어 순라업무를 분담하였다.

또한 건국 직후 고려의 순군만호부를 계승한 **의용순금사**(義勇巡禁司)가 있다. 이 기관은 1402년(태종 2년)에 **순위부**(巡衛府)로, 다음해에 의용순금사로 개칭되었고, 1409년(태종 9년)에는 중군(中軍) 소속인 충무순금사(忠武巡禁司)와 함께 서로 교대하면서 순작·감순(監巡)의 업무를 맡았다. 이후 의용순금사는 1414년(태종 14년) **의금부**

(義禁府)로 개칭되었다.

이와 함께 **순청**(巡廳)이 도성(都城)의 행순(行巡), 금화(禁火), 전루(傳漏: 시간을 알리는 것) 등을 담당하면서 순라도 담당하였다. 이 기관은 조선 초기에 설치되어 모두 기병인 순군(巡軍)으로 이루어져 있었으며, 1894년(고종 31년)에 혁파되었다. 그리고 **순경부**(巡警部, 경순국警巡局)가 1883년 박영효의 건의로 짧은 기간 동안 한성부에 설치되어 도성안의 순작(巡綽)을 담당하였다. 기타 기관으로는 조선 초기에 화재를 예방하기 위하여 설치된 **금화도감**(禁火都監, 수성금화사修城禁火司)과 시전(市廛)과 도량형, 그리고 물가 등에 관한 일을 관장한 **경시서**(京市署, 평시서平市署)가 있다. 또한 한성부내 소나무 도벌(盜伐) 등을 단속하는 일을 관장하던 **사산참군**(四山參軍, 참군參軍)이 있다.

다음으로 오늘날 사법·정보·감찰활동에 해당하는 업무를 담당한 기관이 있다. 물론 이와 같은 기관은 고려시대에도 있었지만 조선시대에는 그 기능이 더욱 전문적이고 세밀하게 변하였다.

먼저, **의금부**(義禁府)는 점차적으로 왕권의 확립, 강상죄(綱常罪)·반역 사건 등 중범죄와 추국 등을 담당하면서 최고의 사법기관이 되었다. 이 기관은 왕권의 확립과 유지를 해치는 일체의 반란 및 음모, 난언(亂言)이나 요언(妖言)을 한 자를 냉혹하게 응징하였다. 또한 양반관료의 범죄와 강상죄(綱常罪)를 전담해 치죄하였고, 국왕의 교지를 받들어 추국(推鞫)하였으며, 신문고를 주관해 실질적인 삼심기관(三審機關)의 역할을 하였다. 그 외에 외국 공관의 감시, 밀무역사범의 단속, 외국인의 무례한 행위, 외국인의 범죄, 몰수한 죄인의 재산도 처리 등 광범위한 업무를 담당하였다. 이후 1894년(고종 31년) 갑오개혁으로 **의금사**(義禁司)로 개칭되어 법무아문에 소속되었다. 그리고 같은 해 12월 법무아문 권설재판소(法務衙門 權設裁判所)로 변하면서, 지방 재판을 제외한 법무아문의 재판 일체를 관할하였다.

이어, **사헌부**(司憲府) **감찰**(監察)은 관리의 비위 규찰·의례 행사 때의 의전 감독 등 감찰 실무를 담당하였으며, 전중어사(殿中御史)라 불렸다. 이들은 관직자를 감찰하기 위해 일종의 각거벌(各擧罰)이라고 할 수 있는 서죄(書罪)의 권한을 갖고 있었다. 또한 이들은 문관·무관·음관이 모두 조하(朝賀) 때나 동가(動駕) 때에는 백관이 자리할 위차(位次)를 정돈하는 일을 하였고, 제향(祭享) 때에는 제감(祭監)이 되었다.

그리고 **암행어사**(暗行御史)는 왕명을 받고 비밀리에 지방을 순행하면서 수령의 선정과 악정을 물론 백성들의 제반사를 파악하여 그 자리에서 판결하고 국왕에게 보고한 관리를 말한다. 태조~태종 대는 수령의 권한을 강화하고 중앙집권적인 체제를 정비하던 시기로, 이들은 수령보다 토호 등 지방세력의 불법을 집중적으로 규찰하였다. 세종~단종 대에서는 「부민고소금지법(部民告訴禁止法)」의 시행과 더불어 수령의 권한이 확대되고 집권체제가 정비되면서, 수령의 무능과 비리를 적발하는 임무가 추가되었다. 이후로도 암행어사는 지속적으로 파견되면서 지방제도 정비와 왕권강화정책의 일환으로 더욱 보완되면서 발전되었다.

또한 국왕 또는 그 가족을 측근에서 지키는 경호활동은 이전시대와 큰 차이가 없었다.

먼저, **내금위(內禁衛)**는 국왕을 호위하고 궁궐을 수비하는 금군(禁軍)이다. 국초에는 금군의 역할을 내금위절제사(內禁衛節制使)의 지휘를 받는 정예부대가 담당하였다. 그 뒤 국가의 기틀이 잡히고 왕권이 강화되면서 1407년(태종 7년) 10월에 정식으로 이 부대가 설치되었고, 내시위(內侍衛)와 함께 국왕의 측근에서 입직(入直)·숙위(宿衛)를 담당하였다.

다음, **겸사복(兼司僕)**도 금군(禁軍)의 하나로 국왕의 신변 보호와 왕궁 호위 및 친병 양성 등의 임무를 수행하였다. 이 부대는 국왕에 대한 시립(侍立)·배종(陪從, 배호 陪扈)·의장(儀仗) 및 왕궁 호위를 위한 입직(立直)·수문(守門)과 부방(赴防)·포도(捕盜)·포호(捕虎)·어마(御馬) 점검과 사육·조습(調習)·무비(武備)·친병(親兵) 양성 등 많은 업무를 담당하였다. 직무 이외에도 매년 정기·부정기적인 교열(校閱)과 연재(鍊才)에 합격해야만 그 직을 유지할 수 있었다.

그리고 **우림위(羽林衛)** 역시 무재(武才)가 특출한 서얼 가운데 시취(試取)한 50인을 정원으로 하여 신설된 금군이다. 1492년(성종 23년) 4월 신설 당시 내금위(內禁衛)와 겸사복(兼司僕)의 군사가 다수 변방으로 파견되어, 국왕 시위와 궁궐 수비에 발생할 수 있는 문제를 예방하기 위한 방안에 따른 것이었으며, 최고 지휘관은 우림위장(羽林衛將)으로 종 2품이었다.

이와 함께 국왕을 위한 호위기관이 아닌 것으로는 **세자익위사(世子翊衛司)**와 **세손위종사(世孫衛從司)**가 있다. 먼저 세자익위사(世子翊衛司)는 왕세자를 모시고 호위하는 임무를 맡았던 기관으로 계방(桂坊)이라고도 한다. 조선 건국 초에는 세자관속(世子官屬)이 설치되어 세자에 대한 강학(講學)과 시위(侍衛)의 일을 함께 관장하였다. 다음으로 세손위종사(世孫衛從司)는 왕세손(王世孫)을 대상으로 하였다. 이 기관의 구성원들은 세자익위사의 경우와 마찬가지로 국왕 자손을 가까이에서 보도(輔導)하기 위해 덕행과 경술(經術)이 중시되었다.

한편 **한성부**는 수도 한성의 행정업무를 담당한 기관이다. 동시에 삼법사(三法司) 중의 하나로 포도청과 함께 주간 순찰 등 수도 치안의 업무와 금화(禁火), 검시(檢屍), 경제경찰 등 일반 행정 외에 다양한 업무를 수행하였다. 특히 민사소송과 분쟁을 담당하는 사송아문(詞訟衙門)이자 죄수를 직권으로 체포하여 구금할 수 있는 직수아문(直囚衙門)이었다. 한성부의 사법기능은 시기에 따라 변화가 있었다. 즉, 원칙적으로 한성부는 전답과 가옥의 소송만 관할하도록 되어 있었고 산림소유권 등을 둘러싼 분쟁인 산송(山訟), 채무와 각종 동산(動産)에 관한 소송 등 개인 간의 민사 분쟁 재판만 관장할 수 있었다. 그 외 노비소송은 장예원에서 관장하였고, 전답과 가옥·노비 등에 대한 모든 재판권은 형조가 관할했었다. 그러나 1413년(태종 13년)부터 한성부에서 형사사건을 처리할 때 죄수를 수감하여 칼과 쇠사슬과 같은 형구를 착용하게 하거나 고문을 가할 수 있게 되었다. 그리고 1427년(세종 9년)에는 당시 형조에서 맡고 있던 검시업무가 한성부로 이관되었다.

(2) 지방행정기관

먼저, 국왕을 대리하여 일도(一道)의 정치·군사를 총관하고, 수령을 지휘·감독한 **관찰사**(觀察使, 감사監司)가 있다. 관찰사의 권한은 원 직함인 '道觀察黜陟兼監倉·安集·運輸·勸農·管學士, 提調·刑獄·兵馬公事(도관찰출척겸감창·안집·운수·권농·관학사, 제조·형옥·병마공사)'에 모두 포괄되어 있다. 즉 도내의 모든 정사를 관찰하고 관내 외관(外官)을 출척(黜陟)하였다. 이를 세분화하면 도내의 모든 창고에 보관된 관곡(官穀)을 감독하며, 도민의 민생안정과 유이민(流移民)의 안집, 조사·공부(貢賦)의 수송, 농상(農桑)·수리·재식(栽植), 도내의 인재양성과 지방 교육 및 교화업무 등을 겸임하면서 형옥과 같은 사법문제를 처리하였고, 군정(軍政)은 왕명과 중앙정부의 지시를 받아 품계(稟啓)하거나 협의·처리하였다. 형옥에 관한 관찰사의 권한을 보면, 지방의 수령은 태형(笞刑) 이하일 경우 율에 의하여 직단(直斷)할 수 있으나 장형(杖刑) 이상은 관찰사에게 보고한 후 명을 받아야 벌을 줄 수 있었다. 사형수는 삼복법(三覆法)으로 처리하였는데, 이때에는 국왕의 허가를 받아서 처리할 수 있었다. 또한 수령(首領)은 조선 초기에는 일반 행정뿐만 아니라 지방의 군사권도 장악하고 있었기 때문에 반드시 문무겸비자가 선임되었다. 고급 외직이 대부분 경관직을 겸대(兼帶)하였고 중소군현의 수령에는 부사서도(府使胥徒) 출신이 많이 임명되었다. 그러나 을사사화(1545)를 계기로 척족정치(戚族政治)가 시작되자 집권세력이 하급수령 직을 매관(賣官)대상으로 간주하여 민폐를 유발하기 시작하였다.

다음, **토포사(討捕使)**라는 특수 관직이 있다. 이 관직은 조선 후기 도적 등을 수색, 체포하기 위하여 지방수령이나 진영장(鎭營將)에게 겸임시킨 임시직을 말한다. 이 제도는 1638년(인조 16년) 정식으로 제도화되어 전국에 확대·실시되었다. 이후 현종 대에 수령이 겸직하던 토포사 직임을 진영장이 겸임하도록 하여 날로 증가하는 도둑을 잡도록 하였다. 진영장은 1627년(인조 5년) 각 도의 지방군대를 관할하기 위하여 설치한 진영(鎭營)의 정3품 당상직 장관(將官)으로, 영장(營將)·진장(鎭將)이라고도 불렸다. 그렇지만 진영장의 대부분은 수령들이 겸직하였고, 이에 따라 보통 '겸임토포사'로 호칭되었다.

이와 함께, **찰방(察訪)**이라는 각 노의 역참(驛站)을 관리하던 외관직이 있다. 찰방은 역리(驛吏)를 포함한 역민의 관리, 역마 보급, 사신 접대 등을 총괄하는 역정(驛政)의 최고책임자였다. 또한 북방지역에서는 유사시 합배(合排)를 순행하면서 부방(赴防)의 임무도 수행하였다. 행정면에서는 대간(臺諫)이나 정랑직(正郎職)에 있는 명망 있는 문신을 차출해 찰방으로 발령하여, 수령의 탐학과 민간의 질병까지도 상세히 고찰하게 함으로써 민생 안정에도 기여하였다. 그렇지만 역리(驛吏)는 심한 차별대우를 받으면서 직역과 함께 거주지에 얽매여 있었다. 역리들은 조선 후기까지 동족 부락을 형성하여 거주했는데, 천민의 대표적인 거주지이기도 하였다.

한편 **사법경찰(司法警察)** 활동은, 한성에서는 좌·우 포도대장이 병조 예하에서 어느 정도 분리 독립되어 그 활동을 하였으나, 지방에서는 관찰사가 수령을 지휘하여 사법경찰 활동을 지휘·감독하였다. 그런데 그 사이에 영장(營將)이 수령보다 높은 위차(位次)에 있을 경우 그가 군감(軍監), 집행(執行) 등에게 사무를 분장시켜 수령을 지휘할 수 있었다. 다시 수령은 토포(討捕), 병방(兵房)을 통하여 범죄수사를 하였다. 아주 작은 고을에서는 토포, 병방이 수령의 경찰권을 단독으로 행사하기도 하였다. 또한 사법경찰관리를 국초에는 사법경찰관리를 '포도(捕盜)'라고 하다가 조선 후기에 '순교(巡校)'로 변칭되었다. 그러나 지방마다 '수교(首校), 수순교(首巡校), 수별순교(首別巡校), 순교장(巡校長), 별순교(別巡交), 장교(將校), 토포(討捕), 도토포(都討捕), 포교(捕校), 행수(行首), 포사(砲士), 병무(兵務)' 등 그 명칭이 달랐으며, 이들은 사법경찰관리를 통칭한 것으로 보인다. 이 중 수교(首校), 수순교(首巡校), 수별순교(首別巡校), 순교장(巡校長)과 향사포(鄕士捕) 등은 오늘날 경위에 해당하고 별순교(別巡交),

장교(將校), 토포(討捕), 도토포(都討捕), 포교(捕校), 행수(行首) 등은 그 이하에 해당하는 것으로 보인다. 다만 별순교(別巡交)는 오늘날 사복형사로, 포사(砲土)는 도내의 유지(有志)들이 둔 자치조직원의 일원으로 보인다.

또한 **수사경찰(搜査警察)** 활동의 경우, 범죄가 발생하면 먼저 지역을 관할하고 있는 최고 관직자에게 보고하였다. 지방인 경우 그 관직자가 다시 진영장이나 지방관(수령)에게 보고하였다. 최하위 기관에서 수사를 맡은 포도, 포교 등은 동탐(調探), 동찰(調察), 기동(譏詗), 기찰(譏察)이라는 범죄내사를 하면서 변언(邊言)이라는 은어를 사용하였다. 수사를 위한 단서에는 당연히 주민의 신고도 포함되었다. 다만 미풍양속 유지라는 측면에서 주민 신고는 많은 제한이 있었다. 자손, 처첩(妻妾), 노비가 부모, 가장(家長), 주인의 범죄사실을 신고한 때에는 모반죄 이외에는 신고자를 교살하는 등 극형에 처하였다. 또한 노(奴)의 처, 비(婢)의 부(夫)가 가장을 밀고했을 경우에는 장(杖)을 가한 후 고도(孤島) 등으로 유형(流刑)을 받게 하였다.

기타 경찰활동으로 오늘날 경찰용어로 사용하지 않는 '풍기경찰'이 있다. 이 업무는 기생·창기, 투전·골패·마전(馬田)·토전(討錢) 등을 단속하는 것이었다. 태종대에는 미신행위를 엄금하고 한성에 거주하는 무녀를 모아 교외로 퇴출하였다. 그 외 '영업경찰'로 주막·객주·여각(旅閣)·도선장(渡船場) 등을 담당하였고, '위생경찰'로 **혜민서(惠民署)**가 의약과 서민을 구료(救療)하는 임무를, **활인서(活人署)**가 도성내의 병인을 구호하는 업무를 관장하였다.

02

근현대 경찰

1. 근대경찰의 시작

1894년부터 시작된 갑오개혁은 한국경찰사에 있어 가장 중요한 시점이 된다. 비록 외세에 의한 개혁이었지만 이를 계기로 경찰과 군이 분리되면서 오늘날 말하는 '경찰(警察)'이라는 용어가 처음 등장했기 때문이다. 게다가 「경무청관제」와 「행정경찰장정」이 제정되면서 경찰활동을 위한 조직법과 작용법도 마련되었다. 이로서 우리나라에 근대경찰제도가 시행되었다.

(1) 경무청(警務廳) 창설

경무청은 갑오개혁 이후 신설된 경찰기관이다. 1894년 7월 14일 군국기무처가 「경무청 관제」 제정을 결의한 후 7월 20일 신관제가 시행되면서 창설되었다. 제1차 갑오개혁 때 신설된 기관이 군국기무처, 도찰원(都察院: 내외백관의 선악과 공과를 규찰하여 의정부에 알리고, 상벌을 공정하게 행하기 위하여 설치되었던 의정부 산하 관서), 중추원(中樞院: 국왕의 자문기관), 의금사(義禁司: 의금부를 개칭한 기관), 회계심사원(會計審査院), 경무청으로 모두 6개임을 볼 때, 당시 경찰개혁이 상당히 시급하고 중요한 것이었음을 알 수 있다.

또한 소속이 한성부가 아닌 내무아문(內務衙門)에 소속되었다. 경무청의 장(長)인 경무사(警務使)는 그 지위가 정2품으로 승격되었다. 이는 갑오개혁 이전 좌·우포도청이 병조(兵曹)에 소속된 것과 포도대장이 종2품이었던 것에서 비해 승품(陞品)된 것이었다. 이에 따라 경찰 활동이 병조판서가 아닌 내무대신(內務大臣)의 지휘를 받게 되면서, 문관경찰제로 변하게 되었다.

경무사의 업무는 「경무청 관제」[1]에 "내무대신의 지휘·감독을 받아 한성5부 관내의 경찰, 감금사무(監禁事務), 범인의 체포·취조, 죄의 경중을 가려 법무당국에 이송하는 일을 총괄한다(제1조, 5조)"라고 되어 있어 한양의 치안뿐만 아니라 종래 전옥서(典獄署)의 수장(首長)업무도 인계받았다. 게다가 "경무사는 중대한 임무는 총리대신에 품신(稟申), 청후(廳候)하여 핵시(劾施)한다(제6조)"고 되어 있어, 경무사가 내무대신을 거치지 않고 직접 총리대신에게 품신할 수 있는 강력한 권한을 가졌다.[2] 한성부윤간에 관계는 서로 협의하여 처리하는 위치에 있었다(제8조).

그렇지만 경무사의 권한은 제한적이었다. 같은 날 제정된 「각부(各府)·각아문(各衙門) 통행규칙(通行規則)」에 의해 각 대신(의정부, 내무, 외무, 탁지, 군무, 법부, 농상, 학무, 공무)은 "경무사와 각 지방장관을 감독할 수 있으며 경무사·지방장관의 행정이 성규(成規)에 위반되거나 공익을 침해하거나 월권연행(越權挻行)이 있으면 정지를 명하거나 전폐(全廢)"할 수 있었다(제10조). 다음해 7월 14일 개정된 「경무청 관제」에서도 "경무사는 각부 주무에 관하는 경찰에 당(當)하여 각부대신의 지휘를 승(承)함(제3조)"이라는 규정으로 다른 대신의 지휘와 감독을 계속 받아야 했다.

경무청의 업무는 장(場)·시(市)·제조소·교당(敎堂)·강당·도장(道場)·연예·유희소(遊戲所)·휘장(徽章)·장식(葬式)·도박·선박·하안(河岸)·도로·교량·철도·전선·차마·건축·산야·어획·인명상이(人命傷痍)·군집(群集)·훤(喧: 소란)·화총포(嘩銃砲)·화약·발화물·도검·수재·화재·표파선(漂破船)·유실물·매장물(埋藏物)·전염병 예방·소독·검역·종두·식물·의약·가축·도장(屠場: 도살장)·묘지·기타 위생에 관계되는 사무, 죄인체포, 증거물 수집, 미아, 결사·집회, 신문·잡지·도서·기타 판인(判印) 등 경찰사무를 하도록 되어 있었다(제3조).

---

1 '경무청관제'는 경찰조직법으로 총 22개조로 이루어져 있다. 주요 내용은 인원(제1조), 지휘·감독(제2~3조), 경무사 권한(제4~9조), 경무사 관방 설치(제10~11조), 총무국·총무국장·과장(제12조~14조), 경무사 감독(제15~16조), 경무서 설치(제17조), 경무서장 임명(제18조), 감옥서 사무(제19조), 감옥서장(제20조), 감옥 서기(제21조), 순검·간수에 관한 별도 규정(제22조)이다.

2 군부협판 및 경무사인 김영준의 사례를 보면 경무사의 권한을 잘 알 수 있다. 1899~1900년에 친러파·친미파의 압력에 의해 친일파가 실각하고 있던 시기에 김영준이 황제의 총애를 받고 있던 시종원 신석린에게 정부대신들을 죽이고 정권을 전단하여 부귀를 함께 하자고 유혹하였으나 거절당하였다. 그러자 김영준은 신석린이 일본으로 망명한 안경수·윤효정과 몰래 서신을 왕래하였다고 1899년 10월 중순경 그를 체포하여 유3년형에 처하게 만들었다. 도면회, 『한국 근대형사재판제도사』, 푸른역사, 2014, 266쪽.

(2) 경찰지서(警察支署) 신설

경무청은 한성5부(중부中部·동부東部·서부西部·남부南部·북부北部)에 **경찰지서(警察支署)**를 설치하였으며, 이는 오늘날 경찰서의 효시이다. 서장은 법률·규칙·명령에 의해 관내의 경찰사무를 담당하면서 수시로 관내를 순시하였다. 유고시 수석총순이 대리하였다. 총순은 매일 아침 순검의 복장 점검과 직무교양을 하고, 입직 총순은 주야간에 관내를 순시하였다. 순검은 내·외근으로 나누어 내근 순검은 문서처리·회계업무 등을 하고, 외근 순검은 행순(行巡) 등의 업무를 담당하였다. 특히 하위직 직원들에 대해서는 의안(議案)「관원이 사사로이 경무청 소속 인원을 초거(招去)하는 것을 금하는 건(1894. 8. 6.)」을 제정하여 이전과 다른 제도적인 보완이 있었지만, 당시 전근대적인 국가분위기로 인해 성과가 크지는 않았을 것으로 보인다. 또한 경무청은 같은 해 8월 6일 각 항(港)에 배치된 경찰관을 경무관으로 개칭하고 소속 직원으로 하였다.[3] 이와 같이 지방에서 근무하는 감리서 경무관들을 수도를 담당하는 경무청 소속으로 한 것은 경무청이 '신식경찰기관'이라는 의미와 함께 감리서의 장(長)인 감리(監理)가 관찰사와 같은 직급임을 감안할 때, 그 위상이 수도청 이상의 중요한 위치에 있었기 때문으로 보인다.

한편 경무청이 전옥서[4] 업무를 인계한 후 1894년 11월 25일「감옥규칙」이 공포되었다. 주요 내용은 피의자를 미결감(未決監)과 기결감(旣決監)으로 나누고, 재판관과 검사는 감옥을 순시하는 것이었다. 감옥에는 감수장(監守長)이 있어 입감자에 대하여 재판소 또는 경무서의 문서에 의해서만 신병을 인수하였다.

---

3 강화도조약(1876) 이후 부산·원산·인천 등을 개항하면서 외국조계가 생기자 무역과 외국 조계사무를 처리하기 위하여 1883년 8월부터 감리서(감리서의 장인 감리(監理)는 관찰사와 동격)를 설치하였다. 그리고 1885년 10월 29일 인천의 예에 따라 부산과 원산에 경찰관을 두기로 하고, 부산항에는 부산 첨사(僉使) 최석홍(崔錫弘)을, 원산항에는 서기관 박의병(朴義秉)을 겸임시켰다.

4 감옥은 갑오개혁 이전에 형조 소관의 전옥서(典獄署)가 형조·한성부·사헌부의 피의자(미결감未決監)를 수감하였다. 공판이 있을 때는 피의자를 압송하고 신문이 끝나면 다시 수감하였다.

2. 대한제국

(1) 경무청 변화

경무청에서는 1898년 4월 14일 관제를 개정하여, 총순 정원을 기존 30명 이하에서 40명 이하로 증원한 것 이외에는 큰 변동이 없었다.

경무청의 당시 경찰활동은 1898년 3월 9일자 독립신문에 게재된 서울 5서 관내의 금지사항 14개조를 보면, 잘 알 수 있다. 그 내용은 다음과 같다. 천능존(踐蔑尊, 천한 이가 귀한 이를 능멸함), 소능존(少蔑尊, 젊은 사람이 어른을 능멸함), 강천멸존(强踐蔑尊, 강한 이가 약한 이를 능멸함), 노상 장죽 끽연(路上 長竹 喫煙), 노상중소(路上衆騷, 노상에서 여러 사람이 방자히 떠들어댐), 취중 시비(醉中是非), 논상투전(路上投錢), 빙상굴로(憑商掘路: 길과 바닥을 매개로 돈을 받음), 노상우마불단속(路上牛馬不團束, 소와 말이 왕래할 때 고비를 놓거나 길게 끔), 경찰관리 기주점 상점(警察官吏 寄酒店 商店, 경찰관리의 주점과 상점 출입), 비결기인(秘訣欺人, 떳떳치 못한 말을 함), 무당·판수의 기도 혹세(惑世, 무당과 점치는 일을 직업으로 삼는 맹인이 기도하며 세상을 혹하게 함), 조언(造言)·선동(煽動 : 서로 거짓말을 하여 선동함)으로 14가지이다. 따라서 사회적으로 전근대적인 부분이 많이 남아 있는 가운데 경찰활동이 이루어졌다.

한편 감옥 관리를 위한 법제를 정비하여 1898년 1월 19일 「감옥세칙(監獄細則)」를 공포하여, 면회·사식(私食)·사물(私物)에 관한 규정이 추가되었다.

(2) 경부(警部) 창설

1900년 6월 12일 고종황제의 전적인 명(命)으로 의정부에 경부가 신설되었다. 그 과정을 보면 같은 해 6월 9일 고종황제는 "경장초(更張初)에 경무청이 내부(內部) 직할에 속했으나 현금(現今)에는 국내의 경찰사무가 점차로 단번(段繁)하여 시제(時制)가 소완(少緩)을 불격(不客)하므로 경부를 부설하되 관제를 신정(新定)하여 정부가 불일(不日)에 회의하여 드리도록 하라"[5]는 조칙을 내린 것이었다. 그 후 3일 뒤에 「경부 관제(警部 官制)」로 재가(裁可)되어 신설되었다.

그 조직은 경부대신·관방(비서과, 감독과[기밀·인사·관인 등을 담당]), 협판(協辦)·**경무국**(경찰과, 신문과訊問課: 경무·행정·사법경찰 업무)·서무국(문서과, 기록과)·회계국(회계과)·감옥서·한성5부서·각 개항 시장경무서로 이루어졌고, 지방에 관찰사(함북변계 경무서, 수령)·

---

5 『고종실록(高宗實錄)』, 1900년(광무 4년) 6월 9일 조(條).

판윤(한성, 경무서·경무분서), 그리고 궁내경무서(후에 경위원警衛院)로 구성되었다.

경부대신은 의정부에서 토론과 표결을 행사하는 찬정(贊政)[6]으로, 전국 경찰사무를 관장하였다. 따라서 그 권한은 강력하였다. 경부의 예산 또한 군부, 내부, 황실비, 향사비(享祀費), 탁지부에 이어 다섯 번째로 많았다. 특히 1901년 12월 경부가 폐지되기 전까지 1년 7개월간 임명되었던 경부대신 또는 서리의 수는 11명이었다. 이들의 경력을 보면 탁지부 대신 서리·외부대신 서리·평리원 재판장·원수부 군무국 총장 등으로, 이 직이 당시 얼마나 선호되었는가를 알 수 있다.[7] 그러나 경부대신의 자리가 정권쟁탈을 위한 방편으로 이용되는 바람에 대부분 재직기간이 상당히 짧았다. 그렇지만 경찰사에서 처음으로 경찰기관이 독립하였다는데 큰 의의가 있다.

(3) 전국을 관할하는 경무청으로 전환

1901년 3월 15일 고종황제는 조칙(詔勅) 제11호 「경부 관제를 전(前) 경무청에 시행하는 건」에 의해 경부(警部)의 모든 사무를 경무청에 이관하도록 하였다. 이 건은 같은 해 12월 8일 황제의 재가를 받았고, 다음해 1902년 2월 16일 신경무청관제가 시행되어, 이날 실제로 경부가 폐지되었다. 이로서 경무청은 다시 내부(內部) 소속으로 환원되었다.

---

[6] 1896년부터 1905년까지의 의정부 소속 회의원이다. 1896년 9월 신설되었고, 전임 찬정과 각 부대신이 당연직으로 겸임하는 찬정으로 나누어진다. 전임 찬정은 5인이고 겸임 찬정은 각부 대신 7인(1898년 6월까지는 6인으로 각부 대신 중 내부대신이 찬정을 겸함)으로 칙임관이다. 참찬을 경유하여 의정·의정대신에게 의안을 제출할 수 있고, 의안에 대하여 토론과 표결을 행사하였다. 의안을 제출한 찬정은 회의에서 제안 이유를 설명하여야 하고, 제출하지 않은 찬정은 의정이 배부하는 의안 부본을 검토한 뒤, 자기의 의견을 첨부하여 회의에 참석하여야 했다. 또한, 동료의 의견에 반대할 경우 회의 후 1주일 이내에 특별심사보고서를 제출할 수 있었다. 의정부 회의는 찬정 3분의 2가 출석하여야 열릴수 있었다. 찬정이 사고가 있을 때 찬정 중에서 임명되어 임시로 업무를 맡았고, 겸임 찬정, 즉 각부 대신의 유고시 서리대신(협판)이 찬정이 되었다. 참찬이 사고가 있을 때는 찬정 중 연소자가 참찬의 업무를 임시로 대행하였다. 이와 같은 찬정은 1905년 2월 폐지되었다.

[7] 조병식(탁지부대신으로 서리, 1900. 6. 12. 임명), 박제순(외부대신으로 서리, 1900. 8. 17. 임명), 이종건(원수부 군무국 총장으로 경부대신 겸직, 1900. 9. 22. 임명), 조병식(의정부 참정으로 서리, 1900. 11. 13. 임명), 민영철(학부협판으로 서리, 1901. 2. 11. 임명), 김정근(평리원 재판장으로 서리, 1901. 3. 15. 임명), 이종건(원수부 군무국장 총장을 겸직, 1901. 3. 19. 임명), 이근택(군무협판으로 서리, 1901. 6. 12. 임명), 이종건(원수부 군무국장 총장을 겸직, 1901. 11. 9. 임명), 이종건(원수부 군무국장 총장으로 서리, 1901. 12. 2. 임명), 이지용(원수부 기록국 총장으로 서리, 1902. 1. 19. 임명). 경부가 실제 폐지된 날은 1902년 2월 16일이다.

그러나 경무청의 업무는 한성부만이 아닌 전국 경찰과 감옥사무를 관장하게 되어, 이전에 비해 크게 확대되었다. 물론 경무청의 장(長)인 경무사는 사법경찰 사무에 관해서는 법부대신의 감독 · 지휘를 받았지만, 그 외에는 각 부(府) · 부(部) · 원(院)의 장(長)과 대등하게 업무를 처리하였다. 조직은 경무사 직속으로 관방(비서과, 경무감독소)을 두었고, 산하에 경무국(警務局)을 두어 경무과 · 문서과 · 기록과 · 회계과를 관할하게 하였다.

(4) 수도(首都)를 관할하는 경무청으로 환원

1905년 2월 26일 칙령 제16호 「경무청 관제」가 개정되면서, 경무청의 관할지역이 전국에서 한성으로 축소되어, 수도경찰로 환원되었다. 이 관제에 의하면, 소속은 내부(內部) 직속기관으로, 한성 내 경찰 · 소방 사무를 관장하며, 각 경무서와 감옥서를 총괄(總括)하였다. 또한 경무관 3명을 두어 관내 경찰사무를 감독(監督) · 순시(巡視)하게 하였다. 소속 기관으로 비서과, 문서과, 회계과가 있었다. 경찰국은 행정 · 사법경찰, 위생 · 풍속경찰, 도로 · 영업경찰, 정사(政事) 또는 풍속에 관한 출판물 및 집회결사에 관한 사항, 외국인에 관한 경찰사무, 무적(無籍) · 무뢰도(無賴徒) · 변사상(變死傷) 기타 공공안전에 관한사항, 실종자 · 풍진자(風癲者) · 불량자제 · 엽아(葉兒) 또는 호구 · 민적조사, 유종물(遺縱物) · 매장물(埋葬物), 총포 · 화약 · 도검 등 관사(管査), 수화재(水火災) · 소방(消防) 등의 업무를 담당하였다. 소속과로 경찰과(警察課)와 신문과(訊問課)를 두었다. 이 가운데 신문과의 업무는 모든 황실범 또는 국사범 · 중죄 · 경죄 · 위경죄의 범과(犯過) 사항, 사법관의 나부(拿付, 오늘날 체포영장) 사항, 범죄수사 및 범인 체포, 고소 · 고발, 영장 집행, 검증(檢證) 또는 범죄에 이용된 물품 사항, 관몰품(官沒品) · 장물(贓物) · 기타 유류품, 기찰순검(譏察巡檢) 관파(管派) 등이었다.

또한 관할 경무5서장(警務五署長)은 경무관으로 임명되어 경찰사무를 총괄하였다. 유고시 수석 총순이 직무대행을 하였고, 순검은 내근과 외근으로 구분하여 직무를 수행하였다.

한편 1906년 2월 12일 칙령 제8호로 「경무청 관제」가 개정되어, 경찰국이 경찰과로 변경되었고, 경무학교가 신설되었다. 이에 따라 경무청의 조직이 경찰과, 서무과, 신문과로 변경되었다.

(5) 일본식으로 변한 경찰

경무청은 1907년 7월 27일 칙령 제2호인 「지방관 관제 개정」으로, 그 이름이 일본의 동경경시청과 같이 **경시청**(警視廳)으로 변경되었다. 경시청의 장(長)인 **경무사**도 **경시총감**(警視總監)으로 개칭되었고, 그 밑에 경시부감(警視副監) 1명을 두었다. 초대 경시총감에는 마루야마 시게토시(丸山重俊) 경무고문(警務顧問)이 임명되었고, 경시부감에는 전(前)경무사 구연수(具然壽)가 임명되었다.

또한 전국 모든 경무서가 **경찰서**로, **분파소**(分派所)가 순사주재소(巡査駐在所)로 개칭되었다. 경찰서는 대체적으로 그 도(道)의 정치·행정의 중심지로서 일본이 대한제국을 지배하기 위해 장악해야 할 필요가 있는 지역이거나 개항장과 같이 과거부터 일본인들의 이익으로 잔존되어 있어, 이를 보호해야 할 필요가 있는 지역에 설치되었다. 또한 분서와 순사주재소도 각각 군소재지와 면소재지에 위치하여, 전국을 체계적으로 지배하려는 말단 경찰기관으로 기능하였다.[8]

한일병합이 되기 직전 1908년 7월 20일 칙령 제49호로 「지방관 관제」가 개정되어, 각 도에 내무부(內務部)와 **경찰부**(警察部)가 신설되었다. 이 관제에 의하면 내무부는 지방행정 사무, 구휼 및 자선, 향제(享祭), 종교 및 사사(祠社), 토목, 지적 및 토지 수용, 교육 학예, 권업(勸業), 외국인에 관한 사무 등을 담당하였다. 또한 경찰부는 경찰, 위생, 민적, 이민(移民) 등에 관한 사무를 담당하였다. 경찰부장은 경시로 임명되어, 관찰사를 보좌하면서 휘하 경찰서장을 지휘하였다.

그 후 1910년 6월 30일 내부(內部) 업무의 하나인 경찰사무가 삭제되고, 칙령 제33호 「내부관제 개정」(경무국과 소속 경찰관 삭제), 칙령 제34호 「경시청관제 폐지」(경시청 전면 폐지), 칙령 제35호 「지방관관제 개정」(전국의 경찰사무 삭제와 경찰부 및 경찰서 이하 관서·경찰관직 폐지), 칙령 제36호 「경찰비용에 관한 건」(경찰예산을 전액 일본 정부에 제공), 그리고 칙령 제37호 「일본국경찰관서 직원급여에 관한 건」(대한제국 정부가 일본인 경찰관 급여를 지급)이 동시에 공포, 7월 1일 발효됨으로써 마침내 대한제국의 경찰권이 상실되었다.

---

8 강창석, 『조선 통감부 연구』, 국학자료원, 1995, 91쪽.

3. 일제강점기

암울한 일제강점기가 시작되면서 경찰은 식민지통치를 효과적으로 관철시키기 위한 중추적 역할을 충실히 수행해 갔다. 경찰은 조선에 거주하는 모든 이들의 삶의 영역에 대부분 관여하면서, 그 생명과 재산을 보호하기 보다는 감시하고 통제하는 권력기구로 기능하였다. 이러한 조선인에 대한 일제경찰의 폭력과 강압은 오늘날 남아있는 경찰에 대한 부정적 이미지로 굳어지게 되었다.

헌병경찰기에는 경찰 최고기관으로 **경무총감부**(警務總監部)가 있었으며, 그 장(長)을 경무총장으로 하였다. 경무총장은 헌병사령관이 겸직하였으며, 부령(部令)을 발(發)할 수 있었다. 각 도에는 **경무부**(警務部)를 두었다. 경무부장이 그 장(長)으로 도내의 경찰사무와 관내 경찰서를 관장하였으며, 이 역시 헌병대장이 겸직하였다. 또한 도내에는 종전과 같이 경시 또는 경부가 장이 되는 경찰서와 경찰서 직무를 수행하는 헌병분대가 있었다. 각 기관에는 순사, 순사보, 헌병보조원이 근무하였으며, 이 중 헌병보조원은 각 지방에 배치되어 헌병을 도와 의병을 토벌하는 등 일제경찰의 앞잡이로 협력하였다.

1919년 3·1운동을 계기로 조선총독부는 조직을 개편하여 이른바 '문화정치'를 시행하였다. 이에 따라 경무총감부 대신 **경무국**(警務局)이 중앙경찰기관으로 되어 보통경찰제를 실시하였다. 그동안 헌병이 담당하였던 경찰사무는 경찰로 이관되었으나 헌병사령부와 상호 보완적인 경찰활동은 계속 이어졌다. 지방에서는 도(道)의 내국(內局)인 제3부로 되었으나 얼마 지나지 않아 **경찰부**(警察部)로 개칭되었으며, 산하에 경무국과 마찬가지로 경무과·고등경찰과·보안과·위생과를 두었다. 그리고 경부와 순사 사이에 경부보라는 계급이 추가되고 순사보가 폐지되었다. 특히 경찰관의 충원에 따라 경찰관주재소 인력이 대폭 증원되는 등 현장 경찰력이 더욱 강화되었다. 당시 조선인에 대한 통치는 최말단 경찰기관인 경찰관주재소를 통해 이루어졌기 때문에 주민에 대한 경찰의 간섭과 통제는 이전보다 더 심해졌다. 게다가 일제가 반정부·반체제운동을 막기 위해 제정하여 시행한 「치안유지법」은 사회주의운동세력 등에게 결정적인 위협이 되었고, 「폭력행위 등 처벌에 관한 법률」 또한 집단적인 소작쟁의, 도로부역·화전정리 등에 반대하는 대중적 시위투쟁을 벌인 조선인들에게 대부분 적용하여 처리하였다.

1937년 7월 일제가 중일전쟁을 개시함으로 '전시경찰 체제'로 전환되었다. 이 시기에 조선인 등에 대한 사찰을 강화하고 외국 간첩 등을 단속하기 위하여 외사경찰과가 설치되었으며, 국경경찰도 더욱 강화되었다. 또한 전시 통제경제에 따른 경제경찰이 강화되어 상공업자들의 동향, 군수산업과 민수산업과의 파행적 운영에 따른 부작용 등 광범위한 부문에 걸쳐 정보를 입수하고, 이에 대한 대책을 마련하였다. 특히 각종 공출에 경찰이 적극 개입하여 조선인들에게 사회경제적으로 큰 고통을 주기도 하였다.

4. 대한민국 임시정부 경찰활동[9]

1910년 일제의 한국 강점 이후 중국 상해에는 많은 독립운동가들이 모여들었다. 잃어버린 국권을 회복하기 위해 상해에 모인 독립운동가들은 이미 1917년 대동단결선언을 통해 임시정부 수립을 제창하였다. 이는 "국내외 독립운동자들이 대동단결하여 유일무이한 민족의 대표기구를 세우자"는 것으로, 대동단결의 당위성과 그 구체적인 방안을 제시한 것이다. 특히 주목되는 것은 1910년 융희황제가 포기한 주권은 사실 국민에게 양여한 것이었으며 국내 동포가 일제에 구속되어 있으니 주권 행사의 책임을 해외 동지가 감당해야 한다는 국민주권설을 제창하였다. 나아가 민족대동의 회의를 열어 임시정부를 수립하자고 천명함으로써 임시정부의 수립이 민족 내부적으로 잉태하고 있었다.[10]

그 후 민족의 대동단결과 임시정부 수립은 3·1운동을 통해 실현되었는데 3·1운동은 전민족이 참여한 독립운동으로 이를 통해 민족적 대동단결의 상징이자 구현체로 임시정부가 수립될 수 있었다. 1919년 4월 11일 상해에서 수립된 임시정부는 헌법인 「대한민국 임시헌장」을 통해 '국민의 신임' 즉 국민으로부터 주권을 위임받아 수립되었음을 천명하였다. 계속하여 임시정부는 "대한민국은 민주공화제로 함"이라 하여 복벽주의를 청산하고 한국 역사상 최초의 민주공화제 정부임을 명확히 하였다.

임시정부는 수립 직후인 1919년 4월 25일 정부의 조직과 체제에 대한 「대한민

---

9 한국근현대사학회가 2018년 11월 경찰청의 연구용역을 수주하여 발간한 보고서 「대한민국 임시정부 경찰활동의 의의와 그 계승·발전에 관한 연구 – 임시정부 경찰의 성립과 활동을 중심으로」를 참조, 요약하였다.

10 조동걸, 『우사 조동걸 저술전집8』, 대한민국임시정부, 2010.

국 임시정부 장정(大韓民國 臨時政府 章程)」을 공포하였다. 국무총리를 수령으로 한 국
무원을 비롯하여 외무부, 내무부, 재무부, 군무부, 법무부, 교통부 등의 정부 부서
의 조직, 구성 임무 등을 규정하여 정부의 조직과 체제를 갖추었다. 장정에 의하면
내무총장은 "헌정주비(憲政籌備)·의원선거·경찰·위생·농상공무(農商工務)와 종교자
선에 관한 일체사무를 통할함"이라 하여, 내무부를 경찰에 관한 최고 관청으로 규
정하고 있었다.

그리고 임시정부 최초의 경찰기관인 **경무국**이 창설되었다.[11] 경찰의 최고 관청
인 내무총장의 보좌기구로서 내무부에 비서국·지방국·농상공국(미개설)과 함께 경
무국이 설치된 것이다.

1923년 김구가 내무총장으로 취임하면서 교민단이 자치권을 가진 민단의 사업
차원에서 의경대 조직을 추진하기에 이르렀다.[12] **의경대**(義警隊)는 '의경(義警)'[13], '의
경단(義警團)'[14] 등의 명칭으로도 불리었다.[15] 이와 같이 교민단의 자치경찰로 조직
된 의경대는 그 지휘를 민단장에게 일임하고 내무총장이던 **김구**를 고문으로 추대
하여 업무를 시작했다. 의경대는 조직 후 대원들을 모집하고 임명하였다.[16] 의경대
의 직제는 확인되지 않고 있는데, 대신 당시의 관련 자료들의 기록을 통하여 의경
대 대장, 고문, 간사, 대원의 직위와 명단이 일부 발견된다.

의경대는 상해 교민사회의 경찰 역할을 담당하였다. 의경대의 기본적인 업무는
질서유지 및 반역자 교정, 호구조사, 민단세 징수, 풍기단속 등이었다. 교민사회에
침투한 일제 밀정을 색출하거나 친일파를 처단하는 것이 주 임무였다. 이것은 위
에서 본 바와 같이 "치안을 보안하고 친일분자와 불의한 행동을 경계·징치(懲治)하
기"[17] 위한 데에서 연유했다.

---

11 「민국법령초집」, 19쪽(우남이승만문서편찬위원회, 『이화장소장 우남이승만문서』 동문편, 제6권, 대한
  민국임시정부 관련문서(1), 연세대학교 현대한국학연구소·중앙일보사, 1998, 143쪽).
12 「上海에 義警 新設」, 『東亞日報』, 1923년 12월 18일.
13 「上海에 義警 新設」, 『東亞日報』, 1923년 12월 18일.
14 '의경단'원이던 張德震이 중국인들과의 싸움에서 입은 부상으로 사망하였다는 자료가 보이는데(「張德
  震(上海臨時政府 義警團員)君 長逝」·「哀痛에 싸인 張德震氏葬式」『東亞日報』1924년 8월 28일·
  9월 13일), 이 '의경단'은 곧 의경대이다.
15 「상해교민단의 신사업, 의경대와 학무위원회를 설치, 자치제도와 경찰사무를 확대」, 『朝鮮日報』,
  1924년 1월 4일.
16 「장, 최씨를 임명, 상해의경 대원으로」, 『東亞日報』, 1924년 1월 2일.
17 「張德震 崔天浩兩氏를 任命」, 『東亞日報』, 1924년 1월 2일.

이후 1926년에 가면 경무국에 관한 직제는 다시 한 번 더 변경된다. 경무국의 위상이 다소 축소되는 방식으로 조정되었는데 1923년 국민대표회의 결렬 이후 임시정부가 약화되었기 때문이다. 그리하여 자구책으로 1925년 임시대통령 이승만을 탄핵하고 대통령제를 폐지하여 내각책임제라고 하는 집단지도체제를 구축하였다. 관리내각을 지향하면서 임시정부는 규모도 작아지고 간소해졌다. 1926년 9월 27일 「임시정부 부서조직 규정(臨時政府 部署組織 規定)」이 새롭게 시행되면서 정부기구도 간소하게 개편되었다.[18]

이때 내무부 산하 경무국은 국장 대신에 경무주임 1인, 경무원 약간 인을 두는 것으로 축소되었다. 이때 경무주임은 아직 발령이 나지 않았고 1926년 10월 14일자로 이계상이 경무원 겸 재무원으로 임명되기도 했다. 이를 마지막으로 공보에서는 더 이상 경부국과 관련된 내용이나 인사 발령은 보이지 않는다. 따라서 그 후 경무국의 활동은 없었던 것으로 보인다. 이로서 일제밀정 및 친일파 처단이나 상해 교민사회의 치안유지와 같은 경무국의 역할은 교민단 의경대가 대신하게 되었다.

그러나 1930년대에 접어들면서 의경대는 이전의 간헐적인 활동을 극복하고 적극적인 활동을 보이기 시작했다. 1930년대 의경대의 활동이 강화된 이유는 크게 늘어난 밀정들과 친일파를 처단하기 위한 것이었다.[19]

1940년 9월 대한민국 임시정부는 중국 국민정부의 임시수도인 중경에 정착하자마자 먼저 한국광복군을 창설하고, 이어 헌법 개정을 추진하였다. 1942년 10월 임시의정원의 재편으로 본격화된 연합정부 구성은 1944년 4월 「대한민국 임시헌장(大韓民國 臨時憲章)」의 공포로 이어졌다. 1943년 3월 30일 국무회의에서 「대한민국 잠행관제(大韓民國 暫行官制)」가 제정, 공포됨으로써 「대한민국 임시관제(大韓民國 臨時

---

18 『대한민국임시정부 공보』 제44호, 1926년 10월 14일(국사편찬위원회 편, 『대한민국임시정부자료집』 1 헌법·공보, 2005).

19 경대원 이경산의 석현구 처단 활동이다. 일제에 의해 '김구파'로 분류되었던 이경산은 일제 주구 처단에 적극적이었다. 1933년 8월 17일 이경산은 이운환과 함께 상해 프랑스조계 하비로 1270호에서 밀정 석현구를 암살하였다. 석현구는 조선군 나남헌병대 파견 1등헌병보로서 윤봉길의거의 배후인 김구를 체포하기 위해 조선총독부에서 파견된 인물이다. 그는 상해에 온 뒤 한인 독립운동가들과 교제하며 비밀리에 김구의 행적을 조사하고 있었다. 「金九 일파의 군사훈련생의 검거에 관한 건(1935.10.28)」, 문서번호 京高特秘 제2822호(국사편찬위원회, 『대한민국임시정부자료집』 9 군무부, 2006, 187쪽). 또한 경대 대원 김수산은 상해 공공조계에서 친일적인 교민단체를 결성한 유인발을 처단하였다. 일경에 의해 체포된 김수산은 다음 해인 1935년 1월 23일 출범하는 평안환으로 국내로 압송되었다. 在上海日本總領事館警察部,「重要犯人引渡要求ノ交涉經過:金益星」, 『特高警察ニ關スル事項』, 1934; 『在支滿本邦警察統計及管內狀況報告雜纂(支那27)』(日本外務省外交史館, D.2.3.28).

官制)」(1919. 11. 5.)가 폐지되었다. 이에 따라 정부조직도 개편되었다. 잠행관제에서 내무부 소관 사무는 "헌정주비(憲政籌備), 의원선거, 지방자치, 경찰위생, 농상공무, 종교, 자선, 민중단체 등에 관한 일체 사무"로 규정되었다(제5장 제2절 제1조). 또한 크게 8개 사무로 구분된 내무부 고유 업무를 처리하기 위해 총무, 경무,[20] 사회 3개 과가 설치되었다.

한편 1941년 10월 7일 창설된 경위대는 1943년 「대한민국 잠행관제」에서 조직이 공인되었으며, 1944년 「대한민국 임시정부 잠행중앙관제」에서는 총무, 민정, 경무와 함께 공식적으로 내무부 직속기구로 편성되었다. 다만 경위대장은 경무과 장이 겸임하였기 때문에 사실상 내무부 경무과의 지휘를 받는 하위 경찰조직이었다고 볼 수 있다.[21] 경위대는 말 그대로 임시정부 청사를 경비하고, 요인을 보호하는 업무를 담당하였다. 편제상으로 경위대는 50명으로 구성할 계획이었지만 1942년 1월 기준으로 10명으로 조직되어 있었다.[22] 또한 무기가 부족한 상황이었음을 알 수 있다. 경위대의 실정에 대해서는 내무부의 행정보고가 이해에 도움이 된다. 1942년 10월 30일 내무부 행정보고에서 조완구 내무부장은 "경위대도 내무부에 속한 것이나 역시 실내(室內) 사무를 관리하는데 불과"하다고 보고했다.[23] 이는 중경에 자리 잡은 임시정부의 당면과제가 청사 보호였기 때문에 그 역할을 담당하기 위해 경위대가 조직되었음을 다시 한 번 알려주는 대목이다.

1945년 들어 임시정부가 적 정보 수집 및 초모공작에 더욱 매진함에 따라 경무과, 경위대 소속원들이 특수 임무를 수행하게 되었다. 때문에 역설적으로 경찰조직의 약화를 수반할 수밖에 없었다. 대신 인원 확충을 많이 할 수 있는 계기가 마련되었는데 바로 학병출신으로 일본군에서 탈출하여 중경까지 입성한 청년 독립

---

20 경무과의 주요 업무는 행정 및 고등경찰업무와 선거 시행과 이를 위한 인구조사, 출판·집회·결사 관련 사무 등 일반적인 경찰 업무 외에도 선거 시행과 기타 일반 행정사무까지 집중되었다. 경무과가 선거 및 지방자치 사항과 인구조사, 징병·징발 사항까지 담당한 것은 이전에는 없는 일이었다. 이는 기존의 내무부에는 관련 사무를 담당하는 지방국이 있었으나, 1943년 관제 개정으로 지방국이 없어졌기 때문이었던 것으로 보인다.

21 「大韓民國臨時政府 暫行中央官制追認案 提出의 件 –追認案 第一號」(1945. 4. 11.).

22 「임시정부 경위대의 상황을 알려 달라는 편지(1942.1.8.)」(국사편찬위원회, 『대한민국임시정부자료집』 10 한국광복군Ⅰ, 2006). 당시 김구는 '10명으로 조직되어 있다'고 밝혔으나, 실제 인원과 명단은 파악되지 않는다.

23 「臨時議政院會議 第34回(1942. 10.~11.)」(국사편찬위원회 편, 『대한민국임시정부자료집』 3 임시의 정원Ⅱ, 2005).

운동가의 합류였다.[24]

이상을 근거로 대한민국 임시정부 경찰활동의 의의를 살펴보면 대한민국 임시정부는 영토를 점령당한 상태에서 수립된 정부였기 때문에 여러 가지 제약 속에서 정부 역할을 수행할 수밖에 없었다. 국민을 보호하고 공공질서 유지를 담당하는 임시정부 경찰은 특히 그 기능을 온전히 발휘하기 어려웠다. 그럼에도 불구하고 임시정부는 정부 관제에 근거하여 경찰기구를 설치하고, 고유의 역할을 담당케 하였다.

임시정부 경찰이 존립한 이유와 목적은 크게 세 가지로 구분할 수 있다. 바로 국민 주권을 실현하고, 임시정부를 수호하며, 교민들을 보호한다는 것이었다. 임시정부는 일제강점이라는 특수한 상황에서도 경찰을 통해 행정부로서의 역할을 다하고자 하였다. 그런 속에서 경찰은 크게 세 가지 임무를 부여받았다.

첫째, 주권 행사의 주체인 국민을 보호하라. 임시정부는 영토주권 개념을 넘어 국민주권 의식을 지향하였다. 이를 바탕으로 헌법과 법률을 제정하고, 정부를 조직하여 공권력을 행사하였다. 기본적으로 임시정부는 정부 관제와 지방연통제를 통해 국민의 기본권을 경찰이 수호하도록 제도화하였다.

둘째, 전시 비상상황에서 임시정부를 수호하라. 임시정부를 수호하고, 정부 요인을 보호하는 것은 임시정부 경찰이 당면한 제1의 임무이자 가장 중요한 과제였다. 임시정부는 중앙경찰기구 외에도 교민단의 의경대, 여러 의용단체, 경위대 등을 통해 수호될 수 있었다.

셋째, 임시정부의 직접적 버팀목인 교민을 보호하라. 국토 주권이 제약되는 상황에서 임시정부의 행정력이 발휘되는 지역은 사실상 제한적이었다. 그런 가운데 상해 한인사회는 임시정부 유지의 버팀목이자 제1의 보호대상이었다. 임시정부의 지방경찰조직인 의경대는 교민사회의 안녕과 보호에 앞장섰다.

---

24 「윤경빈 증언」, 『독립유공자증언자료집』 1권, 국가보훈처, 2001, 114쪽.

5. 현대경찰

(1) 미군정기

1945년 8월 15일 해방이 되었으나 한반도는 미소양군의 진주로 분단되었다. 새로운 국가의 권력을 장악하려는 세력은 경찰을 통해 각종 충돌을 해결하려고 했다. 그 과정에서 현대 한국사의 불행한 사건들이 계속 발생하였으며 경찰은 여기에서 자유로울 수 없었다.

미군정청은 1945년 10월 20일 조병옥을 경찰과장으로 임명하였으며, 오늘날 경찰청에서는 조병옥이 근무하기 시작한 10월 21일을 국립경찰이 출범한 날로 삼고 있다.[25] **경무국**에는 관방, 총무과, 공안과, 수사과, 통신과를 두었다. 지방에는 각 도지사 밑에 기존 경찰부를 존속시켰고, 그 산하에 경무과·보안과·형사과·경제과·정보과·소방과(경기도)·위생과를 설치하여 본격적인 경찰업무를 시작하였다.

이어 1946년 1월 16일 군정경(軍政警) 제23104호 「경무국 경무부에 관한 건」에 의해 경찰의 직제가 크게 변경되었다.

먼저 경무국이 **경무부**(警務部)로 승격되어 경찰사에서 두 번째로 독립기관이 되었다. 그 산하에 총무국(인사과, 경리과, 용도과)·공안국(기획과, 공안과, 경비과, 여자경찰과)·수사국(총무과, 정보과, 특무과, 감식과, 법의시험과)·교육국(교육과, 교양과)·통신국(유선과, 무선과)·감찰실이 설치되었고, 국립경찰학교가 부속기관으로 되었다. 그러나 지방에는 종래 경찰부가 유지되어, 그 장(長)을 여전히 경찰부장으로 하였으며, 휘하에 차장을 두고 총무·문서·공안·형사·교통·통신·소방과를 두었다.

다음으로 계급을 기존 경무국장, 도(道)경찰부장, 경시, 경부, 경부보, 순사부장, 순사를 경무부장, 도(道)경찰부장, 도(道)경찰부 차장, 총경, 감찰관, 경감, 경위, 경사, 순경으로 변경하였다. 또한 감찰활동을 강화하기 위해 경찰서 수가 7개 이상의 시에서는 경무감(警務監)직을 두고, 그 계급을 7~10개서를 관할하는 경우 총경,

---

25 이상호는 「경찰의 날'에 대한 역사적 고찰과 변경가능성에 대한 연구(치안정책연구소 보고서 2012-03, 2012)」에서 서주석의 논문인 '한국의 국가체제 형성 과정 − 제1공화국 국가기구와 한국전쟁의 영향(서울대 외교학과 박사논문)'을 인용하면서, 미군정 자료에는 경무국이 새로이 창설되었다는 기록이 없고, 조병옥의 『나의 회고록(1959)』을 참고로 하여 "1945년 10월 21일은 군정당국이 경무국을 창설한 날이 아니라 조선총독부로부터 경무국을 이양 받아 경무국장에 조병옥을 임명한 날, 즉 한국인으로 하여금 경찰권을 지휘하도록 한 날"이라고 하였다. 그러나 조병옥은 10월 20일 경찰과장에 임명되었고, 다음날 업무를 시작하였다.

3~6개서를 관할하는 경우 감찰관, 2개서 이하를 관할하는 경우 선임 경감이 담당하도록 되었다.

이와 함께 4월 1일 서울에서는 모든 경찰관에게 새로운 경찰복이 지급되어 그간 입었던 일제경찰복이 폐지되었다. 이들 경찰관은 상의 왼쪽 가슴 부분에 무궁화와 소속·고유번호가 새겨진 흉장을 패용하였다.[26]

그리고 1946년 4월 11일 「국립경찰에 관한 건」에 의해 기존의 각 도경찰부가 **관구경찰청(管區警察廳)**으로 바뀌었고, 경찰서도 지명위주에서 구번호(區番號)로 개칭되었다.[27] 계급도 경무부장(경무총감警務總監), 경찰청장, 경찰부청장, 총경, 감찰관, 경감, 경위, 경사, 순경으로 변경되었다. 이어 종전 (경찰관)주재소가 지서로 그 이름이 변경되면서 장(長)이 수석(首席)에서 주임으로 개칭되고, 과(課)·서(署)·계(係)의 계선조직 중 계에는 반(班)이 설치되었다. 그 후 5월 9일 경찰직제 개정으로 과(課)·서(署)의 각 계(係)의 주임은 계장으로 되었고, 지서 주임의 명칭은 아무런 변화가 없었다. 또한 같은 해 9월에는 각 관구경찰청의 활동을 더욱 조직적으로 감독하기 위하여 3개의 **경무총감부(警務總監部)**를 신설하였다. 그 관할구역과 명칭은 제1경무총감부(제1·2관구 관할, 본부는 서울), 제2경무총감부(제3·6·8관구 관할, 본부는 전주), 제3경무총감부(제4·5·7관구 관할, 본부는 대구)이다. 이어 1947년 2월 17일 수도관구경찰청에, 5월 23일 인천, 대구, 부산에도 여자경찰서를 설치하였다.

미군정기 초기에는 경찰에 독자적인 수사권이 부여됐고 검사는 소추기관으로 수사에서 배제되었다. 그러나 일제강점기 경찰의 잔재 청산 실패와 근본적인 개혁이 없는 통첩 등은 사회각층의 반발을 가져왔다. 이에 따라 1948년 초 검사에게 수사권·기소권·수사지휘권·재판의 집행지휘권 등이 인정되었고 검사동일체의 원칙도 확인되었다. 그러나 경찰도 사법경찰관에 의한 영장청구는 가능하였다.

---

26 수도관구경찰청, 『해방이후 수도경찰발달사』, 1947, 151쪽. 본문에 있는 흉장패용 내용과 다른 문헌 자료로 다음 2개가 있다. ① 이현희의 『한국경찰사』(1979, 165쪽)에서는 1946년 1월 29일 편금장(扁襟章), 완흉장(碗胸章), 표어장의 패용이 시행되었다고 기술되어 있다. ② 치안국의 『경찰 10년사(1958, 455−456쪽)』에는 1946년 4월 11일 「경찰관 신복제」가 제정되어 경찰표식을 전부 무궁화에 태극장으로 하고, '봉사와 질서'라는 표어장을 패용하였다고 되어 있다. 본서는 가장 연도가 빠른 『해방이후 수도경찰발달사』의 기술 내용을 선택하였다.

27 『경찰 10년사』(1958, 6쪽)는 1946년 4월 1일로 기술하고 있다. 그러나 이 책의 제4편 경찰일지에는 4월 11일로 되어 있고, 『한국경찰사 II, 1948. 8~1961. 5)』와 『한국경찰 50년사(1995)』도 1946년 4월 11일로 기술하고 있다. 따라서 본 글에서는 4월 11일로 한다.

(2) 대한민국

1948년 8월 15일 대한민국 정부가 수립된 후 내무부 산하에 **치안국**(治安局)이 설치되었다. 치안국은 1948년 9월 종래 경무총감부와 감찰서를 폐지하고, 계급을 경무관·총경·경감·경위·경사·순경으로 하였으며, 감찰관을 삭제하였다. 1949년 2월에는 관구경찰청이 폐지되어 경찰서명과 함께 원지명(原地名)으로 환원되었고, 각 시도경찰국이 신설되어 시장 또는 도지사의 보조기관이 되었다. 이어 1949년 2월 기존 번호제였던 경찰서가 원지명(原地名)제로 환원되었다.

그 과정에서 남한의 사회는 찬탁운동과 1946년 가을의 총파업을 시작으로 좌익 세력의 파업·태업, 10월 사건 그리고 1948년 제주 4·3 사건 등으로 인해 극도로 혼란하였다. 게다가 1950년 6월 25일 한국전쟁마저 발발하자 치안국은 즉시 전시 경찰체제로 전환하고, 전방위적인 전투경찰 활동을 수행하였다. 9·28 서울수복 이후 치안국은 실지진주계획(失地進駐計劃) 수립한 후 각 전선에서 진격작전을 수행하였고, 수복된 지역에서는 부역자 검거에 착수하였으며, 전국적으로 전시법무행정의 하나인 병사행정도 담당하였다. 또한 패주하였던 태백산·지리산지구에 있던 북한군 패잔병과 좌익 세력이 조직을 재결합하고, 후방치안을 교란하기 시작하자 이들을 진압하면서 후방지역의 치안확보를 담당해 나갔다. 그리고 1951년 3월부터 8월까지 치안국 비상경비사령부는 3차에 거친 강력한 진압작전을 전개하였고, 이어 1953년 5월부터 서남지구전투경찰대를 창설하여 1955년 6월까지 후방에서 활동하던 빨치산을 진압하였다.

1960년 4월 혁명 후 제4대 국회가 경찰중립화 법안을 기초하여 민의원의 법제사법위원회를 통과시켰다. 또한 새로 제정되는 「헌법」에 경찰의 중립을 보장하는 기구 설치에 관한 조항이 명시되었고, 개정된 「정부조직법」에서도 경찰의 중립을 보장하기 위한 공안위원회 신설이 명문화 되면서 경찰중립화가 법제적으로 보장되었다. 그러나 7월 제4대 국회가 자진 해산함에 따라 이 법안이 폐지되고 말았다. 게다가 5·16 군사정변이 일어나 모든 행정권이 중지됨으로 인해 경찰 중립화의 시도는 좌절되었다. 그 후 직제개편으로, 보안과가 보안계와 교통계가 분리되었다. 이로써 호구조사, 풍속, 총포·화약류 단속, 노약자·요구호자 보호, 청소년 보호 등은 보안계에서, 교통계는 교통업무를 하도록 조정되었다.

1974년 12월 25일 정부는 전반적으로 경찰력을 강화하기 위하여 치안국을 **치안**

본부(治安本部)로 개편하였다. 이는 대한민국정부 수립 이후 경찰조직의 인원·기능·임무 등을 볼 때, 치안국장의 직위가 타 부처에 비해 너무 낮아 이를 시정하는 조치였다. 그러나 치안본부는 여전히 내무부 산하기관으로 남아있었기 때문에 독립기관으로의 지위를 갖지 못하였다. 다만 가장 큰 변화는 민생치안을 위해 현장 경찰력이 강화된 것이다.

1979년 10월 26일 박정희 대통령이 피살되자 정치적 공백상태가 도래하여 갈등과 분열, 극도의 사회적 혼란이 야기되었다. 1980년 5월 18일 전국에 비상계엄이 선포된 후 광주에서 민주화운동이 일어났다. 5·18 민주화운동은 신군부가 10·26 사건 이후 일시적으로 조성된 정치적 공백과 교착상황을 비상계엄 확대실시로 돌파하면서 성치를 선년 재변하기 위하여 모든 물리적 방식을 동원할 준비를 갖추고 있던 상황에서 시작되었다. 그 출발은 1980년 '서울의 봄' 기간 중에 볼 수 있었던 학생들의 시위였다. 그러나 계엄사령부의 폭력적인 대응이 그와 같은 시위를 이전과는 전혀 다른 형태의 대중정치투쟁, 즉 항쟁으로 만들어버렸다. 5월 27일 새벽, 신군부는 계엄군을 광주에 재진입시켜 시민군을 일방적으로 진압함으로써 5·18 민주화운동을 물리적으로 종결지었다.[28] 그 결과, 5·18 진상규명운동에서 출발한 독재정권 타도투쟁과 반미운동은 새로운 민중회복운동으로 승화되어 끊임없이 추구된 변혁운동으로 발전, 유신체제 동안 지속되었던 폭력적 독재정권의 종식을 가져온 6월항쟁의 승리를 이끌어낸 원동력으로 작용하였다.[29] 이후 출범한 제5공화국 정부는 민주주의 토착화, 사회복지의 건설, 정의사회의 구현, 교육혁신과 문화창달을 국정지표로 제시하였으나 실제는 사회적으로 민주화를 요구하는 각종 시위와 노사분규 등으로 극히 혼란하였다. 이에 따라 경찰력이 주요시설에 상주하는 것이 일상화되었을 뿐 아니라 노사 간의 대립에도 경찰이 적극 개입하게 되었다.

치안본부는 제5공화국의 헌법제정을 위한 논의과정에서 경찰중립화를 위해 헌법상의 명문규정의 명문화, 경찰의 독자적 수사권을 위한 관련 법규의 제정 등을 주장하였으나 당시 신군부의 소극적인 태도로 실현되지 못하였다. 1987년 1월 박종철 고문치사 사건으로 정국이 고문정권규탄 및 민주화투쟁의 소용돌이에 휘말

---

28 고성국, 「1980년대의 정치사」, 『한국사 19: 자주·민주·통일을 향하여 1』, 한길사, 1994, 134−137쪽.
29 김영택, 『5월 18일, 광주』, 역사공간, 2011, 704쪽.

려들었다. 이 사건을 계기로 경찰대학 제 1·2·3·4기 졸업생들이 중심이 되어 같은 달에 '경찰중립화에 대한 우리의 견해'를 발표하여 진정한 민주화의 실현을 위해서는 경찰의 정치적 중립이 선행되어야 하고 이는 정치적 타협의 대상이 될 수 없다고 선언하였다. 그 결과 여·야당의 합의에 의해 경찰중립화를 위한 「경찰법」안이 발의되었으나, 정부와 여당의 안이 국회를 통과하여 오늘날 경찰청이 출범하였다.

이에 따라 기존 내무부장관의 보조기관이었던 치안본부가 1991년 외청인 **경찰청**(警察廳)으로 변경되고, 지방경찰국이 지방경찰청으로 개편되는 등 지휘체계가 일원화되었다. 그간 논의되었던 자치경찰제도 2007년 2월 제주특별자치도에 '제주특별자치도 자치경찰단'이 발대식을 갖고 출범함으로 그 결실을 맺었다. 2014년 4월 발생한 세월호 참사사건으로 해양경찰청이 국민안전처 소속의 해양경비안전본부로 바뀌었다. 이에 따라 경찰청은 종래 해경이 담당해 온 일부 수사업무 등을 인계 받았다. 그러나 2017년 7월 다시 해양경찰청으로 환원되었다.

그리고 수사구조개혁과 관련, 해방 후 '규문주의적 검찰사법'으로 평가되는 일제 형사소송법이 변함없이 계수되어 오던 중 1954년 「형사소송법」 제정 당시 수사와 소추를 분리하는 미국식 수사구조를 도입하여야 한다는 의견이 있었다. 하지만 당시 일제경찰의 잔존이유로 유보되어 오늘날 까지 경찰과 검찰간의 문제인 '수사구조 개혁'이 남아 있었다. 이 문제를 해결하기 위하여 '국민의 정부'에서 논의가 시작되었지만 답보상태에 있었으며, 다시 '참여정부' 때 본격적으로 논의되었다.

그럼에도 결실을 맺지 못하다가 2009년부터 검찰개혁 공론화와 수사구조개혁 논의가 본격적으로 이루어져 2011년 7월 18일 「형사소송법(법률 제10864호)」이 일부 개정되어 2012년 1월 1일부터 시행되었다. 하지만 개정 「형사소송법」은 경찰에 대한 검사의 수사지휘가 더욱 공고히 하는 것으로 변한 것이었다.

이후 2020년 1월 13일 검찰의 독점적인 권력이던 수사지휘권을 폐지하고 검찰의 직접 수사 범위도 축소하는 한편 경찰에게는 1차 수사 종결권을 부여하고, 검찰·경찰 간 관계를 기존의 복종 관계가 아닌 상호 협력관계로 설정하였다. 다만 수사 과정에서 경찰의 법령 위반, 인권 침해, 수사권 남용이 의심되면 검사는 시정조치를 요구할 수 있도록 하였다. 또한 대통령령으로 정하는 중요 범죄, 경찰 공무원 범죄, 경찰 송치 범죄 수사 과정에서 인지한 직접 관련성 있는 범죄는 검찰이 수사하도록 하였다.

한편 2020년에는 경찰활동에 관하여 다음과 같이 법제적인 변화가 있었다.

첫째, 12월 9일 「경찰법」 개정안이 국회를 통과, 국가수사본부장직이 신설되어 필요시 개방직 치안정감으로 임용되며, 2년 임기가 종료될 시 당연 퇴직하도록 하였다. 그 임무는 국가경찰·자치경찰을 포함한 수사를 총괄하여 시도경찰청장·경찰서장 및 수사부서 소속 공무원을 지휘·감독하는 것이다.

둘째, 같은 해 7월 30일 당·정·청 협의에 의해 그간 논의되었던 자치경찰제를 위한 이원화 모형 대신에 별도로 조직을 신설하지 않는 방안이 채택되었다. 이에 따라 국가경찰사무는 경찰청장이, 자치경찰사무는 시·도위원회가, 수사사무는 국가수사본부장이 시·도경찰청장을 지휘·감독하도록 지휘권이 분산되었다. 다만 제주자치경찰단은 존치되어 시위원회가 제주경찰청과 자치경찰을 지휘하고, 세종특별자치시의 경우도 위원장과 상임위원은 비상임이 가능한 가운데 세종경찰청이 사무를 처리하도록 하였다.

셋째, 「경찰관직무집행법」과 「경찰법」에 나온 정보활동의 범위를 명확히 하고, 수권규정도 신설하여 기존 '치안정보'를 '공공안녕에 대한 위험의 예방과 대응을 위한 정보'로 대체, 정보활동의 범위를 명확히 규정하였다. 즉 임무 규정에 수반되는 '공공안녕 위험'의 예시로 '범죄'·'재난'·'공공갈등'을 규정하고 구체적 범위는 대통령령에 위임하도록 하였다. 특히 정보경찰의 정치관여를 막기 위하여 공무원의 정치관여를 금지한 「국가공무원법」 제65조 보다 더 포괄적인 조항을 신설하고, 형량도 「국가공무원법」 상 '3년'에서 '5년 이하 징역·자격정지'로 상향하도록 형사처벌을 강화하였다.

넷째, 12월 13일 「국정원법」 개정안이 국회를 통과, 국정원의 (대공)수사권을 폐지하여 정보기관 본래의 역할에 충실하도록 하였다. 이를 위해 정보기관의 수사권 남용 및 인권침해 방지를 위해 수사권을 폐지하되, 3년간 시행을 유예하고,[30] 국내 정보 수집의 근거가 되었던 '국내 보안정보', '대공', '대정부 전복' 등 불명확한 개념을 삭제하여 국정원의 직무 범위를 명확히 하였다. 또한 정보·수사기관 간에 원활하게 정보를 공유하기 위해 안보수사와 관련된 정보 공조체계를 구축하면서 상호 협력한다는 의무 조항도 신설하였다.

---

30 부칙 제3조, 2024. 1. 1.부터 시행한다.

PART  사료 해석과 실습

한국 근대경찰사의 재조명
- '총순 구종명 영세불망비'를 사례로[1]

1. 한국 근대경찰사의 정통성 단절 문제

1894년 갑오개혁의 일환으로 새로운 행정제도가 시행되었다. 이에 따라 포도청이 폐지되고 경무청이 발족되면서 우리나라 최초의 서구식 경찰제도가 탄생되었다. 당시 국내외 정세는 1876년 2월 불평등한 강화도조약(조일수호조규 朝日修好條規)이 체결되는 등 외국 열강들의 압력이 더욱 강화되고 있었다. 그럼에도 불구하고 한국경찰사에서는 오늘날 의미하는 '경찰'이란 개념과 용어가 등장하여 그 의미는 상당히 크다고 할 수 있다.

그 후 조선정부가 강력하게 내부 개혁을 추진했음에도 불구하고 외세를 극복하지 못하여 결국 아관파천을 단행하는 등 국가의 주권이 위태로운 지경에 이르게 되었다. 조선정부는 이를 극복하고 1897년 10월 12일 대한제국으로 다시 태어나 자주국가로서 새로이 국가정책을 시행하려고 하였다. 그럼에도 일본의 영향력은 러일전쟁 등으로 인해 종래보다 더욱 강력해졌다. 결국 일본은 1905년 을사늑약을 발판으로 대한제국의 외교권을 장악한 통감부(統監府)를 통해 소위 보호정치를 시행하였다.

그 외에도 당시 사회적으로 한국인과 일본인 간에는 많은 갈등과 분쟁이 발생하였다. 대표적인 사례로 목포에서는 한국인 부두 노동자들과 일본인간에 발생한 문제들을 들 수 있다. 또한 일본인들도 감리서에 침입하여 경찰관들을 구타하고

---

[1] 본 글은 경찰인재개발원의 《논문집》 제25집(2009년 12월)에 게재한 내용을 수정·보완한 것이다.

관련 범죄자를 빼가는 등의 행패까지 발생하였지만 대한제국은 경찰권을 행사하기 어려웠다.[2] 그 이유는 강화도조약에 명시된 '개항장에서의 일본인 범죄자들에 대해 현지에 파견된 일본영사가 재판한다'는 조항 때문이었다.

이와 같이 암울한 시기에 과연 대한제국 경찰은 국민의 생명·재산 보호 및 사회 질서 유지 등 보편적 가치를 배경으로 한 국민의 행복추구권을 실현하는 역할에 충실하였는가를 파악하는 것은 중요하다. 그 이유는 한국경찰의 정통성이 계속 유지되었는지 아니면 단절되었던 시기가 있었는지를 알 수 있기 때문이다. 따라서 현재까지 극소수로 남아 있는 대한제국기 경찰유적의 하나인 전남 목포시 소재 '총순구공종명영세불망비(總巡具公鍾鳴永世不忘碑)'를 발굴, 경찰사적 가치를 재조명하여 새로운 근대경찰상(近代警察像)을 고찰하고자 한다.

2. 연구의 범위와 방법

(1) 범위

시기는 1880년대 개항 이후부터 1910년 한일병합 이전으로 한정하였다. 이는 당시 경찰 및 사회제도가 구종명 총순의 경찰 활동과 가치를 평가하는데 종합적인 자료가 될 것으로 판단되기 때문이다.

(2) 방법

본 불망비가 위치하고 있는 현장을 방문, 현황 조사를 한 후 관련 기관인 목포문화원, 목포시의 향토문화연구소와 문화예술과 등을 방문, 관련자들로부터 불망비에 관한 의견을 청취하였다. 이어 본 불망비의 자료 수집을 위하여 문헌을 직접 조사하고, 관련 경찰자료도 수집하여 그 결과를 정리하였다. 또한 법의학적 지식이 필요한 경우 검시관의 의견을 인용하였다.

---

2 1903년 11월 21일 20시경 일본인 곡원가시(谷垣嘉市) 등 100여 명이 감리서에 난입, 5시간 동안 감리를 가두고 난동을 부리다가 경무서 옥문을 열고 범죄자 1명을 탈옥시킨 사건이 발생하였다, 박찬승·고석규 공역, 『무안보첩』, 목포문화원, 2002, 351-360쪽.

3. 현황 조사

(1) 유적의 위치와 환경

1) 위치

전남 목포시 수문로 35번길 5

2) 환경

죽동 원불교가 있었던 언덕 위로 가는 길에 있는 초원빌라의 담 앞에 있고, 현재 신안군청에서 약 300미터 떨어진 곳에 위치하고 있다.

(2) 유적의 외형

1) 크기

가로 19.4cm, 세로 165.5cm, 폭 18cm

2) 비문

總巡具公鍾鳴永世不忘碑[3]

3) 건립 연도

1906년(광무 10년)

---

3 이하 '구종명 영세불망비'로 기술한다.

4) 보존 상황(2019년 10월 18일 촬영)

▌ 사진 3-1-1. **구종명 영세불망비 앞면**

▌ 사진 3-1-2. **주위 환경**

4. 시대적 배경

(1) 경찰사적 배경

조선에서는 1541년(중종 36년) 이래 수도인 한성부에 좌우포도청이, 지방에는 일반행정 관청인 8도감영(관찰사)이 각각 관내 경찰권을 행사하고 있었다. 그 후 1894년 갑오개혁으로 인해 신설된 군국기무처는 중앙과 지방의 제도·행정·사법·교육·사회 등 제반문제에 걸친 사항을 심의·의결하는 개혁의 주체세력이 되었다. 그리고 「경무청관제」와 「행정경찰장정」이 제정되어 우리나라에서 근대경찰제도가 시행되었다.

「경무청관제」는 당시 좌우 포도청을 합설하여 경무청을 신설하여,[4] 한성부의 경찰·감옥업무를 총괄하도록 한 것이므로 오늘날 경찰조직법에 해당한다. 또한 「행정경찰장정」은 경찰의 목적, 총순(總巡)과 순검(巡檢)의 근무방법 등을 명시한 경찰작용법에 해당한다. 다만 경무청 업무는 경찰·감옥업무 외에도 출판물 판매허가, 호구조사, 시장, 전염병 예방, 종두(種痘), 분뇨수거, 음료수, 매장(埋葬), 광견(狂犬) 단속 등 오늘날의 보건 업무도 겸하여 현재 경찰활동과는 다른 점이 많았다.

이후 1897년(광무 원년) 9월 12일 무안, 삼화에 감리서가 설치[5]되면서 1899년(광무 3년)에 감리서와 경무서의 수가 10개가 되었다. 이때 경무서에 경무관, 총순, 순검 등이 근무하게 되었고, 근무 방법은 수도의 경무서에 준하였다.[6] 또한 경무관은 해당항의 감리의 지휘를 받아 부하직원을 감독하고, 총순도 감리의 명을 받아 경무관의 지휘를 받아 경찰업무를 하였다. 다만 경무관이 있지 않는 함흥, 평양에서는 직접 감리의 명을 받아 소속 직원을 감독하도록 되어 있었다. 따라서 경무관은 서장이 되고 함흥과 평양에서는 총순이 그 역할은 한 것으로 추정된다.[7]

그러나 목포에서는 1898년 9월 거류지회의에서 경찰권을 일본영사관 소속 경찰

4 원용한·윤병익, 『한국사 대계7』, 삼진사, 1973, 91쪽.
5 1883년(고종 20년)에 처음으로 인천(仁川)·덕원(德源:元山)·동래(東萊:釜山)에 설치하였다가 1895년(고종 32년)에 지방제도의 개편으로 이를 폐지하고 각각 그 소재지의 관찰사나 부사가 겸임하게 하였다. 동년 지사서(知事署)를 두고 그 임무를 맡게 하였으나 1896년에는 다시 감리서를 부활, 웅기(雄基)·목포·진남포(鎭南浦)·군산(群山)·마산(馬山)·성진(城津)·용암포(龍巖浦)·신의주 등지의 항구와 평양에도 설치하였다. 1906년(광무 10년) 10월 폐지령에 의해 모두 폐지하였다.
6 건양원년 8월 10일 칙령 52호 「각개항장의 경무서 설치에 관한 건」.
7 내무부 치안국, 『한국경찰사 I』, 1972, 412쪽.

관리에게 위임하여 일본인에 대하여는 일본 경찰이 담당하였다. 이들 일본경찰관은 모두 외무성 소속으로 외무성 경부 또는 순사라 부르고 서장에 경부가 임명되었다. 또한 경찰사무 외에 영사재판소의 검사 사무와 영사관 부속 감옥서의 감옥 사무도 취급하였고,[8] 그 관할지역은 전라남북 일원 및 충청남도의 일부까지였다.[9]

(2) 지역사회적 배경

1876년 2월 강화도조약이 체결됨에 따라 무안이 목포라는 이름으로 1897년 개항되었다. 이곳에 설치된 조계에는 모든 외국인이 상업 활동을 할 수 있었지만 입주한 외국인은 대부분 일본인이었다. 일본인 대부분은 자국의 근대화 과정에서 밀려난 전근대적 영세 상인이거나 중상주의적 약탈무역을 적극적으로 뒷받침해준 일본정부에 의해 하루아침에 만들어진 투기 상인이나 모험 상인들이었다.[10]

일본정부는 일본영사관에 경찰관을 두어 자국인 거류지의 치안을 담당하게 하였다. 이는 동 조약 제8조와 제10조에 현지에 파견된 일본영사가 일본인 범죄자들을 재판한다는 치외법권의 조항이 명시되었기 때문이다.[11] 이 조항으로 인해 한국인과 일본인을 대상으로 하는 대한제국의 경찰권이 제약이 있을 수밖에 없게 되었다. 게다가 일본정부가 대한제국의 경찰활동에 영향을 끼침으로써 많은 일본인을 목포를 통해 전라도 지역에 유입시킬 수 있었다.

당시 목포는 노적봉을 경계로, 왼쪽은 초가집들이 붙어 있는 한국인 거주지였고, 오른쪽은 바둑판 모양의 반듯한 시가지로 대부분 목조 2층 건물로 되어 있는 조계지였다.[12] 항구 부두에는 노동자들이 우두머리인 도중(都中), 미곡을 계량하고 포장하는 두량군(斗量軍), 부두에서 운반을 담당하는 지계군(支械軍), 화물을 싣거나 내리는 노동을 하는 칠통군(七桶軍)이 있었다. 이들 부두 노동자들은 점차 시간이 지남에 따라 열악한 노동조건과 저임금 문제 등을 해결하기 위하여 그 기능에 따라 두량군 도중, 칠통군 도중, 지계군 도중을 각각 결성하였다. 도중의 조직은 전체를 관장하는 검찰(檢察)과 그 밑에 십장(什長)이 있었다.[13]

---

8 김정섭, 『목포지』, 향토문화사, 1991, 74쪽.

9 전라남도지방경찰청, 『전남경찰사』, 1992, 73쪽.

10 강만길, 『한국근대사』, 창작과 비평사, 1985, 52쪽.

11 이선근, 『대한국사 6』, 신태양사, 1976, 178-179쪽.

12 한국생활사박물관 편찬위원회, 『한국생활사박물관 -조선생활관3』, 사계절, 2004, 44쪽.

이 과정에서 목포에서 한국인들과 일본인들 간에 분쟁이 자주 일어났다. 그 사례를 보면 먼저 1898년 2월 임금지불 및 청구방법을 통일하려는 일본인 상인들의 협정 요구에 반대하기 위한 임금인하 반대투쟁이 7일간 발생하였다. 이어 동년 9월에는 앞에 쓴 2월 임금투쟁의 원인이 되었던 임금표준 설정 문제가 미흡하게 처리되어 다시 임금 인상을 위한 동맹파업이 발생하였다. 그리고 1900년 3월 일본 상인들이 부두노동자의 단결을 약화시키기 위한 한국인 노동자 매수사건에 대한 노동거부 투쟁이 일어났다. 그 후 1901년 1월 다시 임금인하 반대투쟁을 하여 당시 7문(文)이었던 임금을 8문으로 인상시키는 성과를 거두었다.

일본인 상인들은 이에 대해 갖은 수단을 동원해 한국인 노동자들의 단결력을 약화시키는 것을 가장 중요한 문제로 삼게 되었다. 그 결과 1903년 한국인 부두노동자들에 대한 통제 수단으로 일패 착용을 강요하였다. 그러나 한국인노동자들의 반발도 강력하였다. 같은 해 11월과 12월 반일패·반십장 운동이 발생하는 등 목포에서는 한국인과 일본인 간의 충돌이 끊임없이 발생하였다.

5. 총순 구종명 영세불망비에 관한 사료 해석

(1) 1906년 10월 29일자 『무안보첩』에 나온 '총순 구종명'에 관한 내용[14]

이달 26일 본부(俯) 총순 구종명의 보고를 받아본 즉 그 보고 내용에 의하면, 본부 삼향면 남악리에 거주하는 오명거(吳明擧)라는 사람이 발고한 내용으로, 6촌 동생 오경오(吳敬五)가 섭눌리에 사는 일본인 등목홍조(藤木弘助)에게 빚을 져 갚아야 할 일이 있었던지 무수히 두둘겨 맞아 그 자리에서 죽었다고 하였습니다. 이에 권임(수석 순검) 양인식(梁麟植)으로 하여금 순검 7인을 거느리고 그 곳으로 달려가 살펴보게 하였더니, 일본 경찰서 경부 부장순사가 일제히 와서 모여 있기로, 등목(藤木)의 간사인 김순녀(金淳汝)를 불러 근본 원인을 물어보았더니 아뢰는 바에 따르면, 본인이 일본인 등목의 집간사가 된 지 지금까지 4년인데, 갑자기 이달 25일 삼향 오룡촌(五龍村) 오경오를 그 집에 가서 붙잡아와 이전의 빚을 갚지 않는다는 이유로 무수히 난타하고, 뒤이어 서까래나무 한 개를 등 뒤에 깍지 끼듯 결박하고 받침돌 두개로 숨통을 눌러놓기로 여러 시간에 목숨이 경각을 다투는지라 풀어주기를 애걸하였지만 끝내 듣지 않더니, 시간이 지난 후에

---

13 박찬승·고석규, 『무안보첩』, 목포문화원, 8쪽.

14 앞의 책, 8–9쪽. 당시 시대감을 살리기 위해 원문을 그대로 인용하였으나 이해를 돕기 위하여 띄어쓰기나 명백한 오타는 수정하였다.

비로소 풀어주기를 허락함에 방으로 옮겨놓았으나 오늘 4시에 사망하였는 바, 죽은 자인 오경오의 친족들이 그 아들 오수민(吳守敏)을 거느리고 와서 범죄자 등목을 난타하고, 경오의 아들 수민이 칼을 배어 등목의 배를 갈라 오장을 끄집어 내어 볏집에 싼 다음 버렸다고 하기에 먼저 신고하고, 이에 신속히 보고하게 된 것입니다라 하였습니다. 이 일은 외국인과의 교섭문제 일뿐만 아니라 두 사람이 모두다 죽었는 것을 듣자니 지극히 놀라지 않을 수 없는 일이므로, 즉시 사람들에게 질문하여 조사한 것을 바탕으로 보고하도록 지령하였습니다.

▌ 사진 3-1-3. 1906년 10월 29일자 『무안보첩』(서울대 규장각 한국학연구원 소장)

이에 검관(檢官)으로서 구종명 총순이 보고한 내용에 따르면,

사망자 오경오의 얼굴은 머릿털이 흐트러지고 두 눈은 약간 벌려져 있고 오른쪽 빰의 껍질이 벗겨졌는데, 그 상처 색은 붉은 색으로 굳어 단단했고 우측 귀바퀴는 마찰의 흔적으로 모래와 진흙이 달라붙어 있고, 오른쪽 아래턱 껍질이 벗겨져 상처의 색이 붉고 단단했는데 이는 도착하기 이전의 흔적이었으며, 좌우 옆구리에 한갈래 동아줄 흔적 또한 뒤로 묶인 증거이며, 복부가 팽창하여 검푸른 색으로 굳고 단단한 것은 반드시 내부에서 피가 터졌다는 증거이며, 얼굴과 등골과 뒷갈비 및 늑골 허리 등에 푸르고 붉은 빛으로 단단히 굳어 있고, 척촌(尺寸) 만큼 넓게 커진 여러 증거들이 분명하니, 얻어맞은 것이 죽게 한 실제 원인이오며, 치사 내용을 발고한 남자 오경오의 족인(族人) 오명거를

불러서 물었더니, 경오가 일본인 등목의 손에 피살됨으로 인해 경오의 아들 수민이가 칼로 등목의 배를 갈라서 복수한것입니다라고 하였습니다. 또 오경오의 아들 어린아이 오수민의 말은, 아버지가 일본인 등목의 손에 사망하게 되었으니 사람의 자식된 도리로 복받치는 정성과 격분으로 인하여 할복하여 복수한 것이라고 하였습니다. 또 사건을 목격하였던 증인 일본인 집 간사 김순여의 말은, 당초 등목이 오경오를 붙잡아와 무수히 난타하고 뒤이어 몽둥이와 받침돌 등으로 등 위에서 묶어 눌러서 이내 명이 다하게 되었는 바, 경오의 아들 수민이가 그 가족들과 함께 와서 먼저 등목을 난타한 후 이내 칼로 배를 갈라 오장을 꺼집어 내어 볏집으로 싼다음 발고할 의향으로 관부로 갔다고 하는 바, 오경오가 일본인 등목에게 맞아 죽게 된 일과 일본인 등목이 오경오의 아들 수민에게 배를 갈리어 죽게 된 일을 이사청(理事廳) 및 일경부(日警部)에 교섭하였더니, 경부 및 헌병이 조사하러 가서 살필 때 오경오가 두둘겨 맞아 죽게된 일과 일인 등목이 배가 갈리어 피살된 것을 일경부 모두가 모두 목격하고 말하기를, 등목의 시체와 머리는 이내 수서하여 불살라 버렸으니 이사건의 판결은 피아 모두 다 사망하였으며, 실제 원인이 확실하니 재 조사를 할 필요가 없다고 하였습니다. 오씨의 시체는 일본 이사관과 경부가 즉시 내어다 묻는 것이 좋다고 누차 만나서 교섭하는 까닭에, 오씨의 시체를 이내 그의 부모에게 내어주어 묻게 하였고, 법부(法部)에 그 연유를 보고 하며 이에 보고하오니 살펴 주시기 바랍니다.

    광무 10년(1906) 10월 29일
    무안부윤 안기현(安基鉉)
    의정부 참정대신 육군부장훈일등 박제순(朴齊純) 각하

2) '총순 구종명'의 경찰 활동

가. 신속한 사건 처리

상기 사건을 접한 구종명 총순은 동 보고서에 나오는 "이사청 및 일경부에 교섭하였더니"라는 구절에서 신속하게 사건을 처리했음을 알 수 있으며, "오씨의 시체는 일본 이사관과 경부가 즉시 내어다 묻는 것이 좋다고 누차 만나서 교섭하는 까닭에"라는 구절에서도 그의 적극적인 중재를 확인할 수 있다.

이에 따라 구종명 총순은 아버지의 원수를 아들이 갚는다는 전근대적인 사건을 현명하게 처리하여, 일본인을 살해한 오수민과 그 일가족에 대한 별다른 처벌 없이 무마된 것으로 보이며, 이를 높이 산 목포시민들에 의해 동 불망비가 설립된 것으로 판단된다.

나. 예리하고 정확한 검시

구종명 총순이 검관으로 1906년 오경오를 검시한 내용은 경찰의 과학수사 분야에서도 큰 가치가 있다. 강원지방경찰청 수사과 과학수사계에 근무하는 이미정 검시조사관의 분석에 의하면,

① "무수히 난타하고 뒤이어 서까래나무 한 개를 등 뒤에 깍지 끼듯 결박하고 받침돌 두 개로 숨통을 눌러놓기로" 구절은 자세성 질식(positonal asphyxia: 목이 심하게 꺾이거나 눌리는 등 호흡하기에 부적절한 자세 때문에 질식하여 죽은 경우)으로 사망에 이를 수 있는 현상이며,

② "사망자 오경오의 얼굴은 머릿털이 흐트러지고 두 눈은 약간 벌려져 있고" 구절은 눈을 뜬 채로 사망한 것으로 추정되고,

③ "오른쪽 뺨의 껍질이 벗겨졌는데 그 상처 색은 붉은 색으로 굳어 단단했고" 구절은 '표피박탈(abrasion or excoriation)'을 말하고, 이 면적이 넓고 단단하다면 '압박성 표피박탈(imprint excoriation)'로 추정할 수 있는데, 이는 피부가 둔체에 의해 직각, 혹은 비슷한 방향으로 압박되어 피부가 벗겨졌던 흔적으로 받침돌로 얼굴을 바닥 등에 눌러 놓았을 가능성이 있으며,

④ "우측 귀바퀴는 마찰의 흔적으로 모래와 진흙이 달라 붙어 있고" 구절은 '귀바퀴(이개: auricle)'는 귀의 전체적인 형태를 이루는 테두리들을 말하는 바, 찰과상을 표현한 것으로 아마 방향성을 가진 여러 줄의 '표피박탈(선상 표피박탈)'이 관찰되었을 것으로 땅에 쓸린 흔적으로 여겨지는 한편

⑤ "오른쪽 아래턱 껍질이 벗겨져 상처의 색이 붉고 단단했는데" 구절은 상기 '표피박탈'로, "좌우 옆구리에 한 갈래 동아줄 흔적 또한 뒤로 묶인 증거이며" 구절은 '삭구(furrowor groove: 끈고랑)'로 끈의 압박에 의하여 피부가 함몰된 상태이며, 이 흔적이 목에 있을 경우 '삭흔(ligature mark)'라고 하며, '압박성 표피박탈'을 동반하는 경우가 대부분이고,

⑥ "복부가 팽창하여 검푸른 색으로 굳고 단단한 것은 반드시 내부에서 피가 터졌다는 증거이며" 구절은 내부 출혈(피하, 피내출혈 포함)이 있을 경우 검푸른 멍으로 표출되지만 이 표현만으로는 복강내(내부장기)까지 출혈이 있을지 확실치 않으나, 그 면적이 넓고 색이 짙을수록 깊게 손상 받은 것으로 추정할 수 있으며, 여기에 덧붙여 전체적인 피부색이 창백하고 안검을 뒤집어 봤을 때 창백하다면 내부(피하, 복강 내, 장기 등)에 출혈이 많은 것을 뒷받침할 수 있고, 특히 "굳고 단단한" 이유는 '혈종(피가 고여 이룬 덩어리)'을 촉지했을 것으로 보이며,

⑦ "얼굴과 등골과 뒷갈비 및 늑골 허리 등에 푸르고 붉은 빛으로 단단히 굳어 있고"

구절에서는 "푸르고 붉은 빛"은 색깔이 여러 가지로 관찰되는 것으로, 멍(피하, 피내출혈)이 시간적 간격을 두고 생겼다는 말일 수 있거나 혹은 내부 출혈의 깊이와 넓게 퍼진 정도가 각각 다르다는 의미일 수도 있는 바, 매를 맞았다면, 지속성 있게, 여러 번 맞았다는 의미로 해석이 가능하고,

⑧ "척촌(尺寸) 만큼 넓게 커진 여러 증거들이 분명하니" 구절에서 멍이 척촌의 넓이만큼 퍼졌다는 뜻으로 보이는 바, 이는 시간이 좀 경과한 멍과 최근의 멍이 함께 있는 것을 의미하므로, 오경오가 시간적인 간격을 두고 맞았을 가능성과 얇은 피부층과 피부 깊은 곳, 예를 들면 복강 내부에서도 터졌다고 보이므로, 발, 주먹, 몽둥이 등 여러 가지 강도의 외력이 사용되었을 것으로 추측된다.

따라서 접사인은 '다발성 장기손상사 혹은 실혈사'일 것으로 추정되고, 현대 검시조사관이 결과를 보고하게 되면, 외표검시상 '외력에 의한 다발성 손상사'라는 추정사인을 썼을 것이다. 또한 부검까지 해서 법의관이 최종 의견을 낸다면 '구타와 관련된 다발성 장기 손상사 혹은 실혈사'라고 썼을 것으로 보인다.

또한 검시하는 순서가 머리부터 순차적으로 내려온 점, 색깔까지 표현하고 의견이 명확한 점 등 현재의 검시와 극히 유사한 점을 감안하면, 이 시기의 검관도 객관적이면서 날카로운 안목을 가졌다는 것을 알 수 있다.

6. 암울하고 혼란한 시기에도 적극적인 대국민 보호활동의 전개

지금까지 전남 목포시에 있는 '총순 구종명 영세불망비'를 중심으로 조선시대 말기와 대한제국기 경찰 활동을 경찰제도사적·지역사회사적으로 살펴보았다. 본 연구에서는 동 불망비를 재조명하여 외국 열강들의 식민지 정책 확장으로 인한 한국인들의 고통이 극심한 시대에 과연 경찰은 보편적 가치를 배경으로 자유, 평등, 정의를 구현함으로써 국민의 행복추구권을 실현하는 역할에 충실하였는가를 파악하는데 그 목적이 있다.

우리나라에서 1894년 갑오개혁으로 새로운 행정제도가 시행되면서 포도청이 폐지되고 경무청이 발족, 우리나라 최초의 서구식 경찰제도가 탄생되었으나 일본 제국주의의 침략으로 인해 경찰권이 정상적으로 발동하여 국민을 보호하기 어려운 시기였다. 특히 목포에서는 1898년 2월 임금인하 반대투쟁, 동년 9월 다시 임금인상을 위한 동맹파업, 1900년 3월 일본 상인들이 부두노동자의 단결을 약화시키

기 위한 한국인 노동자 매수사건에 대한 노동거부 투쟁 그리고 1903년 11월과 12월 반일패·반십장 운동 등 한국인 부두노동자들과 일본인들 간에 분쟁으로 상호 갈등이 극심하였다.

그와 같은 시기에 1906년 10월 25일 당시 삼향 오룡촌에 오경오라는 한국인이 일본인 후지키 히로스케(藤木弘助)로부터 빚을 갚지 않는다는 이유로 구타 및 고문으로 목숨을 잃게 하는 사건이 발생하였다. 이 사실을 알게 된 오경오의 일가 친척들이 그의 아들 오수민을 데리고 가서 후지키를 칼로 살해하는 충격적인 사건이 발생하였다. 구종명 총순은 이에 대해 신속하게 사건을 처리하고, 정확하게 검시하였으며, 일본경찰을 상대로 적극적으로 중재하여 아버지의 원수를 아들이 갚는다는 전근대적인 사건을 현명하게 처리하였다. 또한 그 과정에서 한국인을 적극 보호하였으며 이러한 역할로 인해 당시 목포주민들이 구종명 총순을 기리는 불망비를 세운 것으로 판단된다.

따라서 구종명 총순의 경찰 활동을 고찰해 볼 때 암울하고 혼란한 시기에도 한국경찰은 신속하고 합리적이며 적극적으로 대국민 보호에 앞장섰다는 것을 알 수 있다.[15] 또한 현재까지 대한제국의 경찰활동에 관한 연구 성과가 극히 적은 점을 감안할 때 향후 더욱 활발한 발굴과 연구를 통해 새로운 근대경찰상이 많이 공개되길 바란다.

---

[15] 민족문제연구소가 발간한 『친일인명사전1』(2018)에 구종명의 이름이 올라가 있다. 그 이유는 다음과 같다. 1900년 경부 주사, 1901년 11월 경위원 주사, 1904년 9월 경상북도관찰부 총순, 1906년 2월 무안항 경무서 총순, 1908년 1월 경상북도관찰도 대구경찰서 경부를 거쳐, 1908년 11월 경상북도관찰도 경상북도 영해군수(오늘날 영덕군수)에 임명되었다. 병합 후 1910년 10월 유임되었고, 1911년 6월부터 1914년 2월까지 현풍군수(대구광역시 달성군 서남부의 옛 행정 구역의 장)로 근무하였다. 퇴임 후 1923년 2월부터 1930년 5월까지 경상북도 달성군 현풍면장(주임관 대우)을 지냈다. 그리고 1928년 11월 쇼와(昭和) 천황 즉위기념 대례기념장을 받았다.(192쪽) 그가 어떠한 친일 행위를 했는지에 관한 상세한 연구가 필요하다.

1. 최초 발굴 사진(2009년 9월 2일)

▌ 사진 3-1-4. 총순 구종명 영세불망비

▌ 사진 3-1-5. 주위 환경

지상에 나와 있는 불망비 높이는 102cm로, "總巡 具公鍾鳴永世不"까지 판독할 수 있었으며, 흙속에 있는 '忘碑'라는 글자와 여유 공간을 감안할 때 79cm~69cm가 흙속에 묻혀 있을 것으로 추정되었다.

2. 2015년 1월 14일 촬영 사진

▌사진 3-1-6. 총순 구종명 영세불망비

■ 사진 3-1-7. 주위 환경

■ 사진 3-1-8. 측면

▌사진 3-1-9. 뒷면

▌사진 3-1-10. 계측1

사진 3-1-11. 계측2

사진 3-1-12. 계측3

02

. . . .

발굴 경찰잡지 『새벽종』의 경찰사적 가치[1]

1. 『새벽종』 창간호와 『경성』 9월호

『새벽종』 창간호가 발굴되기 전까지는 1946년 제8관구(전남)경찰청이 발행한 『경성(警聲)』 9월호가 해방 이후 가장 먼저 나온 경찰 잡지로 알려져 왔다. 『경성』 창간호의 발행시기에 관해 언제 발행되었는지 정확히 알 수 없다. 다만 본문 내용 중 제8관구경찰청 경찰과(警察課) 백산학인(白山學人)의 「국사강좌」가 '제3장 제1절 부여의 강흥(降興)'으로, '인암학인(仁庵學人)'이 개설한 「법학강좌」가 '제3절 법률질서와 사회'로 기술된 점을 감안하면, 『경성』 9월호는 통권 제3호이며, 그 창간호는 1946년 7월호일 가능성이 크다.

그럼에도 『경성(警聲)』은 필자난, 용지난, 인쇄난 등의 소위 '삼란(三難)'에 시달렸던 해방 직후의 출판계 사정에 비추어볼 때 중앙정부의 경무부나 경찰전문학교가 아닌 지방의 관구경찰청에서 독자적으로 간행하였다는 점에서 매우 이례적으로 평가할 수 있다. 실제로 중앙경찰기관인 경무부는 이보다 1년 늦은 1947년 6월 20일 월간지 『민주경찰(民主警察)』을 창간하였다.

최근 필자가 발굴한 『새벽종』 창간호도 『경성』과 마찬가지로 지방경찰기관인 제3관구(충남)경찰청에서 발행되었다. 그렇다면 발행기관을 볼 때 『새벽종』과 『경성』은 기존 도경찰부가 관구경찰청으로 개편된 1946년 4월 이후에 간행된 잡지들이 분명해진다. 하지만 『새벽종』은 다음 장에서 고찰할 내용을 바탕으로 할 때 『경성』보다 약간 이른 시기에 창간되었을 것으로 추정된다. 또한 현재의 전본(傳本)

---

[1] 본 글은 근대서지학회의 ≪근대서지≫ 제14호(2016년 6월)에 게재된 내용을 수정·보완한 것이다.

만 살펴보더라도 『새벽종』이 해방 이후 최초의 경찰 잡지일 가능성이 훨씬 크다.

2. 서지적 고찰

(1) 장정

책의 크기는 가로 147mm, 세로 211mm이다. 제호는 '새벽종 창간호'이며, 그 위쪽에는 타고 있는 촛불이, 아래쪽에는 무궁화 꽃과 봉오리 그림이 있다. 하단에는 발행기관인 제3관구경찰청이 명시되어 있기도 하다. 뒤표지에는 아무런 문양이나 글자가 없으며, 아쉽게도 발행 기록이 표기된 판권지도 첨부되어 있지 않다. 잡지의 표지와 본문의 지질은 상당히 양호한데, 물자난을 겪던 당시 사정에 비추어 볼 때 예외적인 사례에 해당한다.

▌사진 3-2-1. 『새벽종』 창간호

(2) 제호 『새벽종』의 결정 의미

이 잡지의 내용 어느 곳에도 제호를 '새벽종'으로 정한 이유를 찾을 수 없다. 단지 창간사에서 이를 가늠할 수 있을 뿐이다.[2]

---

2 표기는 원본을 그대로 적는 것을 원칙으로 한다. 다만 띄어쓰기는 현행 국어어문규정을 따랐고, 명백한 오기는 수정하였다.

世界의 暗雲은 개이고 亞細亞의 東이 터지며 朝鮮에는 날이 새엿다. <u>解放</u>과 <u>自由</u>를 <u>告하는 鷄鳴</u>은 平和로운 無窮花꽂밧 槿域에 외치고 其의 우렁찬 曉鐘소리는 三千里江 山 防防谷谷에 울린다. 들어라! <u>希望의 새벽鐘소리!</u>

그러나 華麗한 半島沿岸을 덥치는 波濤는 너무나 높으고, 흐르는 溪流의 물결소리는 너무나 擾亂하다. 鄕土忠南의 건설! 치안의 확보 民主警察의 樹立!이란 偉大하고 神聖 흔 使命은 우리 警察官의 双肩에 무겁게 지엿으며 洋洋한 前途에는 希望과 理想의 꽃 이 피엿고, 地球는 무서운 速力으로 建設의 朝鮮을 실코 궁그럿다 궁그리자 希望과 理 想의 彼岸으로!!

<u>들어라 忠南警察의 새벽鐘소리를!!</u> (밑줄은 인용자 강조)

창간사에는 어두운 시기에 펼쳐진 활동을 끝내고 밝아오는 새벽을 맞이하면서 새롭게 출발하자는 당시 경찰관들의 각오가 나타난다. 이 점에서 '새벽종'이라는 제호는 해방의 기쁨과 시대적 변화를 종소리처럼 세상에 널리 알리자는 의도를 반 영한 것으로 볼 수 있다.

(3) 발행 시기

1) 편집후기

이 잡지에는 판권지가 없다. 대신 편집후기를 보면 다음과 같은 글이 있다.

第二次 世界大戰의 終局은 白民에게 解放이라는 선물을 던저주엇다.

自由解放이라는 語感은 同胞에게 만흔 誤解를 갓게할 感語이 만타.

그러나 獨立이라는 어엽분 낫치면 문살이 보이지 안흘만치 큰 陣痛이 잇쓸것이니 過 渡的 混沌에 잇서 同胞는 몹시 밧부다.

더구나 治安確保를 自任하는 警察界는 特히 밧부다.

그러나 <u>새해를 마지하야</u> 모ㅡ든 同胞은 깃붐으로서 活潑히 움지기고저 한다. (밑줄은 인용자 강조)

밑줄 친 부분에서 확인되듯이 그 발행일은 '새해'에서 멀지 않은 때일 것으로 추 정할 수 있다.

2) 「吳 경찰부장 착임 훈시 요지」

목차에는 '吳 경찰부장 착임 훈시 요지'라고 되어 있으나 본문에는 '박 경무과장 착임 훈시 요지'라고 되어 있다. 필자는 이 글의 내용이 경찰부장의 권한과 관계되기 때문에 제목은 「吳 경찰부장 착임 훈시 요지」가 맞는다고 판단한다. 그럼에도 정확하게 해석하기 위하여 1958년에 출간된 치안국의 『경찰 10년사』를 보면, '오 경찰부장'은 오영세(吳榮世)[3]로 1945년 8월 20일부터 1946년 3월 2일까지, '박 경무과장'은 박병배(朴炳培)로 1945년 9월 1일부터 1945년 12월 5일까지 재임하였다. 그리고 '오 경찰부장' 후임인 홍낙구(洪落龜)가 1946년 4월 1일부터 1947년 2월 18일까지, '박 경무과장' 후임인 김경남(金京男)이 1945년 12월 5일부터 1946년 3월 21일까지 근무하였다. 이를 볼 때 편집진은 경찰부장과 경무과장이 마지막까지 함께 근무하였을 때인 1945년 12월 5일 이전에 원고를 준비하였다고 추정할 수 있다.

3) 「국립경찰학교 수강 상황 급 감상」과 「도경찰학교 생활기」

이 잡지에는 「국립경찰학교 수강 상황 급 감상」이란 각급 경찰학교의 교육 내용이 실려 있다. 바로 이 부분이 이 잡지의 발행 시기를 알 수 있는 근거가 된다.

먼저, 군정당국은 1945년 9월 13일 '조선경찰관강습소'를 개설하고, 청년 2,000명을 대상으로 신임 순경 교육을 실시하였다. 그 후 11월 25일 학교명을 '조선경찰학교'로 변경하고, 신임순경 교육을 중지하는 대신 각 도에서 선발된 경사 계급의 경찰관을 교육하였다. 그리고 1946년 2월 1일에는 '조선경찰학교'를 '국립경찰학교'로, 같은 해 8월 15일에는 '국립 경찰전문학교'로 교명을 변경하고, 경무부장 직속으로 승격시켜 교육국장이 교장을 겸직하도록 하였다.

다음, 「국립경찰학교 수강 상황 급 감상」을 쓴 대전경찰서 이봉규의 이름 앞에

---

3 오영세는 일제강점기 조선인으로서 처음 경찰서장(청양, 1934년 9월)으로 임명된 자다. 그의 이름은 민족문제연구소가 출간한 『친일인명사전2』(2018)에 다음과 같은 이유로 올라가 있다. 1908년 9월 충청남도관찰도가 임용, 대전경찰서 순사로 근무하다가 1910년 7월 통감부 순사보를 거쳐 1913년 12월 순사로 승진하였다. 이후 1917년 6월 경부로 승진하여 경남 거창경찰서(1919년) · 충남경찰부 보안과(1930년) 및 고등경찰과(1933년)를 거친 후 청양경찰서장을 역임하였다. 그리고 1937년 충남 보령경찰서장으로 근무하다가 8월 경시로 진급하여 경남경찰부 경무과에서 근무하면서 경남 순사교습소장을 겸했다. 1922년 1월 훈8등 서보장, 1936년 영년 근속경찰관표장, 1937년 11월 훈7등 서보장을 받았다. 1939년 3월 경남 창녕군수로 부임한 후 1940년 2월 훈6등 서보장을 받았고, 1940년 7월 경남 김해군수, 1941년 5월 경남 진양(오늘날 진주)군수로 부임한 후 1943년 8월 퇴직하였다. 해방 후 1946년 2월 미군정청에 의해 충남경찰부장에 임명되었고, 같은 해 4월 퇴직하였다.(540쪽)

교육기간이 '11월 9일-11월 24일'이라고 부기된 점을 주목할 필요가 있다. 11월 이 1945년이라면 교명이 '조선경찰관강습소'이고, 그 다음해라면 '국립 경찰전문학 교'인데도 이 글에서는 '국립경찰학교'로 표기되어 있다. 이를 감안하면 이봉규는 '조선경찰관강습소'에서 교육을 받았지만 이 잡지의 편집자는 그 발행 시기를 고려 하여 학교명을 '국립경찰학교'로 수정한 것으로 추측할 수 있다. 즉 '국립경찰학교' 는 1946년 2월 1일부터 같은 해 8월 15일까지 7개월간 존속한 학교이기 때문에 이 학교명의 표기는 『새벽종』 창간호가 1946년 8월 15일 이전에 발행되었음을 입 증하는 근거가 된다. 게다가 다음 글에서 일제강점기 당시 계급이 그대로 기술된 점도 중요하다.

> 十一月 二十日(第二日)
> (전략)
> 3, 點檢 禮式 崔 警部補
> 從前 日本 警察式 點檢과 禮式을 國語로 翻譯하야 敎養함
> 4, 警察棒 使用法(夜警棒) 金 警部補
> 警察棒 使用 方法에 對하야 敎養함
>
> 十一月 二十三日(第五日)
> 1, 軍政法令 盧 囑託
> 布告法令 其他 警察法規 運營에 對하야 質疑應答
> 2, 警察 禮式(尹巴 警部補 豫定)-科目을 變更하야 諸 質疑應答 (밑줄은 인용자 강조)

그리고 「도경찰학교 생활기」를 살펴보기로 한다. 이 글을 쓴 임헌종은 제3기생 으로 1945년 11월 15일 입교하였으며, 수료한 날을 11월 30일이라고 쓰고 있다. 그런데 『한국경찰사Ⅰ』에는 미군정청이 1946년 2월 1일 각 지방경찰부 산하에 '도경찰학교'를 개설했다고 밝혀져 있다.[4] 따라서 임헌종은 '도경찰학교'가 아닌 일 제강점기 동안 지방에서 순사를 교육시킨 '경찰관연습소'에서 교육을 받았지만, 편 집자가 학교명을 '도경찰학교'로 수정한 것으로 보이며, 이 역시 『새벽종』 창간호 가 1946년 2월 이후에 발행되었음을 보여준다.

---

4 치안국, 『한국경찰사Ⅰ』, 1972, 958쪽.

4) '관구경찰청'의 명칭

표지에 나온 발행기관인 '(제3)관구경찰청'은 1946년 4월 11일 종래 경찰부가 개칭된 이후의 명칭이다. 한국경찰사에서 '1946년 4월'은 매우 중요한 의의를 지닌다. 미군은 남한 지역에 진주한 후 중앙경찰기관인 경무국과 지방경찰기관인 경찰부의 일부 업무를 조정하였지만 제도적으로 큰 변화를 주지 않은 채 우선적으로 치안 확보에 주력하였다. 그러다가 1946년 1월 16일 군정경(軍政警) 제23104호「경무국 경무부에 관한 건」을 발표하여 경무국을 경무부로 승격하고, 계급을 경무부장 ─ 도(道)경찰부장 ─ 도(道)경찰부 차장 ─ 총경 ─ 감찰관 ─ 경감 ─ 경위 ─ 경사 ─ 순경으로 변경하는 조직 개편을 단행했다. 그 결과, 군정경찰의 면모가 일부 쇄신되었지만 여전히 도경찰부, 경찰관주재소 또는 그 장(長)인 수석 등의 명칭이 계속 존속되어 논란이 끊이질 않았다. 결국 미군정청은 1946년 4월 11일「국립경찰에 관한 건」을 제정하여 이 문제를 해결하려 하였다. 그 주요 내용은 기존 도경찰부를 관구경찰청으로, 경찰관주재소과 수석은 각각 지서와 주임으로, 경찰서 이름을 지명위주에서 미국식 구번호(區番號)로 변경하는 것이었다. 따라서 이 잡지는 한국경찰사에서 비록 외형적이나마 일제경찰의 잔재를 탈피한 시기인 '1946년 4월' 이후에 발행된 것으로 판단된다.

이상의 논의를 종합하면 이 잡지는 1945년 12월 5일 이전에 발간이 준비되었고, 1946년 4월 12일 이후부터 같은 해 8월 15일까지 기간에 발간된 것으로 추정할 수 있다. 좀 더 자세히 보면 편집후기에 "새해"라는 단어가 쓰인 점,「뭇 경찰부장 착임 훈시 요지」와「국립경찰학교 수강 상황 급 감상」·「도경찰학교 생활기」에 실린 내용 그리고 '관구경찰청'의 명칭이 쓰인 점을 볼 때 늦어도 1946년 상반기 이전에 발행된 것으로 판단된다.

(4) 목차

『새벽종』은 여느 경찰기관지처럼 소속 직원을 대상으로 한 기관장의 훈시, 국내외 정세, 문예 등 다양한 내용을 담고 있다. 총 면수는 47쪽으로, 상세한 목차는 다음과 같다.

창간사/ 경찰부장 대리

吳 경찰부장 착임 훈시 요지

조선 청년의 장래와 신경찰의 진로/ 검찰과 황규섭

純情/ 도경찰학교 천영덕

충고/ 도경찰학교 백대기

세종대왕(국사)/ 李丙燾

김부식(국사)

형사판례 연구

한국시대의 사회/ 김인지

국립경찰학교 수강상황 급 감상/ 대전서 이봉규

도경찰학교 생활기/ 3기생 임헌종

(시)여명/ 검찰과 황혼

(시)解放分守/ 대전서 황학진

漢詩/ 충남도경찰학교 제2기생 김상욱

號令

헤-겔의 국가관

넌센-스 창고/ 송규완

犯罪搜査槪要/ 도수사과장 현규양

경찰강화를 논조함/ 예산경찰서 박헌교

애국본의 감정/ 도경찰학교 박윤진

편집후기

3. 중요 내용

(1) 일제강점기 근무 경찰관의 존속 문제

해방 직후 일제강점기에 근무했던 경찰관을 미군정청 경찰관으로 존속시키는 문제는 당시 경찰 조직 내에서 큰 관심과 논란이 되었음은 어느 누구나 쉽게 짐작할 수 있다. 이러한 문제는 다음과 같이 「吳 경찰부장 착임 훈시 요지」에 잘 나타나 있다.

① 旣往의 警察官吏는 精神을 一段 白紙로 돌려보내고 新發足하여라

② 警察官吏는 職務에 잇서 親睦을 식혀라

③ 規律은 警察의 生命인즉 此를 倍前嚴守하라

④ 旣往 警察官吏의 身分保障에 關하여는 巷間에 諸風說이 有하오나 나의 信念, (이) 에 善處하겟다 (밑줄은 인용자 강조)

또한 그와 같은 불안감은 앞에서 인용한 「국립경찰학교 수강 상황 급 감상」의 내용에서도 알 수 있다.

十一月 二十三日(第五日)

(전략)

2, 警察 禮式(尹巴 警部補 豫定)－科目을 變更하야 諸 質疑應答

(가) 警察 禮式 서울에 잇서서는 日本式을 飜譯하야 實施中이나 近間 制定될 模樣

(나) 身分上 不定을 늣길 必要가 업다

(라) 軍政法令의 解釋難은 各 地方 軍政官과 連絡하야 適當히 運營할 수 박개 업다
(밑줄은 인용자 강조)

이처럼 일제강점기 재직하였던 기존 경찰관들의 최대 관심사는 '새 출발과 신분 보장'이었던 것이다.

(2) 제식용어의 한글화 시도

『새벽종』 창간호의 '호령(號令)'에는 해방 후 관공서에서 일본어를 우리말로 전용 하기 위해 노력한 사례가 잘 나타나 있다. "氣ヲ著ケ→차려", "廻レ右前ヘ進メ→ 뒤로 돌아－가－아", "突擊＝進メ→뭇찌러－가아" 등이 그것이다. 이러한 시도는 지속되어 1947년 11월 1일 발행된 제6관구(전북)경찰학교의 『경찰교련필휴』에도 "앞으로 가"는 "前ヘ 進メ", "우로 나란히"는 "右ヘ 並ヘ", "쏘아"는 "射テ" 등으 로 기술되기에 이른다.

일제강점기에 군사 또는 준군사조직의 훈련은 '조련(操鍊)'이라는 이름으로 실시 되었다. 특히 호령은 신임 조직원의 정신을 새로이 하는 기초과정에서 반드시 필 요한 것이었다. 해방 후 경찰조직은 이러한 제식훈련을 경찰학교뿐만 아니라 일선 경찰서에서도 정기적으로 실시하였다. 이와 같이 중요한 과목을 수행하기 위한 제 식 용어의 한글화는 미군정기 신임경찰관들에게 반드시 필요한 것이었다.

(3) 해방 초기의 경찰교육

해방 직후 기존 조선인 경찰관의 80%는 출근하지 않고 자취를 감추었다.[5] 물론 일부 조선인경찰관들이 소속 부서에 남아 업무를 담당하였으나 역부족이었다. 미군이 진주하기 전까지 사회질서는 건준 지부나 자치대, 치안대 등에 의해 자체적으로 유지되는 정도였다. 따라서 미군정청은 창설되자마자 새로이 경찰관을 모집할 수밖에 없었다.

군정당국은 9월 16일 모든 일본인 경찰관을 면직하고, 한국인 경찰관을 모집하였다. 신규 채용뿐만 아니라 기존 경찰관을 재교육하여 임용하는 방식으로 이루어졌고, 인원은 5,000~6,000명으로 계획되었다.[6] 서울에서는 '경찰관 희망자는 9월 16일부터 22일까지 조선경찰관강습소에 지원하라'[7]는 공고가 게재된 바 있다. 그 결과 제1차 경찰관 임명선서식이 9월 18일 17시 A. F. 브렌드 서테디 소령의 사회로 개최되어 177명이 임용되었고, 제2차는 다음날 19일 16시에 거행되었다.[8]

그러나 이 기간 동안 부자격자의 대거 입직이 이루어졌고, 짧은 교육으로 인해 신임경찰관들의 법령 지식이 부족할 수밖에 없었다. 이에 따라 사회에서 경찰을 비난하는 목소리가 커지자 군정당국은 문제경찰관을 퇴출하기로 결정하였다. 1945년 10월부터 민주주의 개념을 잘못 이해하고 있거나 경찰관으로서 교양과 자질이 부족한 경찰관들을 내보냈다. 그와 함께 경찰관은 국민에게 군림하는 것이 아니라 봉사하는 것이며, 나아가 사회의 지도자가 되어야 한다는 교양 교육도 강화하였다.

이와 같은 사실은 「국립경찰학교 수강 상황 급 감상」에서 알 수 있다.

> 新警察의 任務
> 新警察官은 오로지 朝鮮 建設을 爲하야 私感과 私情(小我)를 버리고 犧牲的 精神을 가지고 滅私奉公, 七轉八起하는 奮鬪心을 가지고 努力하며 朝鮮人으로써의 朝鮮 警察官이라는 認識 下에 오로지 朝鮮을 爲한 警官이 되여 참으로 善良한 指導者가 되고 奉仕

---

5 그 기간은 8월 15일부터 9월 9일까지로, 일본인 경찰관의 출근율은 90%였다.(수도관구경찰청, 『해방이후 수도경찰발달사』, 1947, 92~94쪽)

6 이현희, 『한국경찰사』, 한국학술정보, 2004, 138쪽.

7 「매일신보」, 1945년 9월 16일.

8 「매일신보」, 1945년 9월 19일.

<u>춞가 되도록 힘쓰기 바람</u> (밑줄은 인용자 강조)

또한 1945년 10월 서울에서 순경으로 입직한 강찬기는 당시 경찰교육에 관해 다음과 같이 말하고 있다.

"지금 광화문 뒤쪽에 조선경찰학교가 있었어요,(...) 거기서 한 5일 교육을 받았는데 밥도 먹여주고 그렇게 잘해줬어요. 보급창이 돼지국도 끓여 주더라구요. 일제부터 있었던 시설이었는데, 주로 교양과목을 들었어요. 교관들은 많지 않았어요. 학교 전체에 두어 명 있었던 거 같아요. 내가 순경 2기였는데, 같이 교육받은 동기는 10여명밖에 안되었던 걸로 기억해요."[9]

하지만 지금까지 당시 경찰 신임교육에 관한 구체적인 일과나 교과목 등은 구체적으로 밝혀진 바가 없었다. 그런데 『새벽종』에는 「국립경찰학교 수강 상황 급 감상」와 「도경찰학교 생활기」에는 서울과 지방에서 이루어진 교육 내용이 생생하게 기술되어 있다. 게다가 지방에서 채용된 신임경찰관들이 오늘날 대한민국 역사박물관 인근에 위치한 경찰관강습소에서 교육을 받았다는 사실이 처음 밝혀지기도 했다.

4. 해방 직후의 혼란한 경찰상을 보다

『새벽종』창간호는 발굴되기 전에 가장 오래된 경찰잡지인 『경성』보다 약간 이른 시기에 창간된 것으로 보인다. 이는 식자공이 고활자를 선택한 것뿐만 아니라 기술 내용 등을 참조할 때 추정 가능하다. 그러나 이 잡지는 해방 이후 최초의 경찰 잡지라는 점 이외에 다음과 같은 경찰사적 가치를 지닌다.

먼저 일제강점기 근무 경찰관들의 불안을 볼 수 있다. 이를 오늘날 지방경찰청장에 해당하는 경찰부장의 착임 훈시에서 많은 부분을 차지하고 있을 뿐 아니라 조선경찰학교 수업시간에서 이루어진 질의 응답에서도 확인할 수 있다.

다음으로 미군정기 경찰관을 '지도자'로 여기는 부분이 주목된다. 마치 일본이 메이지유신 당시 경찰이 강제적으로 주민의 위생 문제까지 관여하며 근대화에 앞장 선 모습을 연상케 한다. 물론 여기서 말하는 '지도자'는 '건국'을 위해 '국가보

---

9 김평일 외 7인, 『구국경찰사 1 – 편찬방향, 개관 그리고 자료』, 경찰청, 2015, 261–262쪽.

위'와 '사회질서 유지'라는 목표를 달성하기 위한 전위대원을 말한다.

그리고 이 잡지에서 보여주는 미군정 초기 경찰학교의 일상사는 한국경찰사에서 가장 큰 사료적 가치를 지닌다. 당시 교육에 관해서는 대부분 미군정기 당시 경찰관직에 있었던 이들의 구술에 의하였기 때문에 정확하게 조명되지 못했으나 여기에 실린 기사들을 통해 정확하게 알 수 있게 되었다.

끝으로 해방 직후 한글 사용에 대한 혼란과 혼돈스러운 역사관은 해방 직후의 사회상을 그대로 보여준다. 물론 이러한 모습은 경찰학교 교육생들뿐만 아니라 일반 대중에게도 그대로 나타났을 것이다. 따라서 미군정기 사회를 지탱하였던 경찰기구의 구성원들도 그들과 크게 다르지 않음을 확인할 수 있다.

우리는 갑자기 찾아온 해방과 혼란, 그리고 이에 적응하려는 경찰의 모습을 『새벽종』 창간호에서 생생하게 확인할 수 있다. 그리고 해방부터 한국전쟁까지 경찰에 관한 문헌자료가 많이 부족한 현실에서 이 잡지는 경찰권이 당시 사회에서 행사되기 전 최초 과정을 상세히 보여주고 있다. 더 나아가 미군정기 사회가 향후 어떻게 변화되면서 한반도 분단의 장기적인 고착화로 이어졌는가를 알 수 있는 기초자료가 된다는 점에서 그 가치를 평가할 수 있을 것이다.

부록

● ● ●

1. 「국립경찰학교 수강 상황 급 감상」

國立警察學校 受講狀況 及 感想 (十一月 十九日 十一月二十日)〕 大田署 李鳳奎

十一月 十九日(第一日)
1. 入校(忠南 15名, 忠北 10名, 江原道 10名)
2. 分隊 編成

十一月 二十日(第二日)
1. 副校長 趙普衍 氏 訓示
新警察의 任務 新警察官은 오로지 朝鮮 建設을 爲하야 私感과 私情(小我)를 버리고 犧牲的 精神을 가지고 滅私奉公, 七轉八起하는 奮鬪心을 가지고 努力하며 朝鮮人으로써의 朝鮮 警察官이라는 認識 下에 오로지 朝鮮을 爲한 警官이 되여 참으로 善良한 指導者가 되고 奉仕者가 되도록 힘쓰기 바람

2. 軍政法令 盧 囑託
(가) 布告 第一號
(나) 布告 第二號의 說明

3. 點檢 禮式 崔 警部補
從前 日本 警察式 點檢과 禮式을 國語로 飜譯하야 敎養함

4. 警察棒 使用法(夜警棒) 金 警部補
警察棒 使用 方法에 對하야 敎養함

十一月 二十一日(第三日)

1. 軍政法令 盧 囑託

法令 第十一號의 解釋說明

2. 警察棒 使用法 前日繼

3. 社會學 金榮鍵 氏

新警察의 職責 現時 新警察官은 日本 帝國主義 下의 警察官과 갓치 職業的 官吏가 되지 말고 무엇보다도 먼저 우리는 朝鮮 사람이며 新朝鮮 建國을 爲하야 싸우는 鬪士라는 認識 下에 朝鮮 建國을 爲하야 努力하지 아니하면 아니된다. 警察官도 國民이니 官吏의 立場에서 政治를 批判하며 獨自 道斷하야 大衆을 最善의 길로 引導하며 單只 行政官으로서 當面의 責任만 免除할랴고 할 것이 아니라 行政上, 政治上, 經濟上 農事上 醫療上 文化上 諸般에 잇서서 人民의 善良한 指導者가 되여야 한다.

十一月 二十二日(第四日)

1. 訓育 副校長 趙普衍 氏

世界 巷間의 情勢

(가) 日淸戰爭 後 數多 政黨 對立하야 獨立치 못한 것

(나) 三十六年 間 日本의 壓政 下에 奴隸가 되어 自力으로 解放치 못하고 聯合軍의 힘으로 解放은 되엿스나 將來가 樂觀치 못할 形便이다

(다) 將次 日本이 對한 準備가 不可避 緊要事라

(라) 國內 民族 統一이 急先務라

(마) 警察은 絶大 中立 絶大 公明正大한 態度를 取하며 嚴과 溫을 調和하야 大衆의 指導者가 되야 한다

2. 軍政法令 第三號 第五號 解釋 說明 盧 囑託

3. 社會學 全榮鍵 氏

朝鮮의 略歷과 現下 政黨 問題

(가) 日韓併合 後의 獨立運動, 己未乱 義烈團事件, 新幹會, 民族單一會, 朝鮮勞動同盟, 同農民同盟, 在上海韓人靑年同盟, 同上海支部, 滿洲事變 後 獨立運動者의 滅亡

(나) 金九, 李承晩, 金元鳳, 金靑山, 金奎植, 諸位의 活躍 現下 各 政黨과 私利私慾

十一月 二十三日(第五日)

1. 軍政法令 盧 囑託

布告法令 其他 警察法規 運營에 對하야 質疑應答

2. 警察 禮式(尹巴 警部補 豫定)－科目을 變更하야 諸 質疑應答

(가) 警察 禮式 서울에 잇서서는 日本式을 飜譯하야 實施中이나 近間 制定될 模
    樣

(나) 身分上 不定을 늣길 必要가 업다

(다) 軍政法令의 解釋難은 各 地方 軍政官과 連絡하야 適當히 運營할 수 박개 업다

十一月 二十四日(第六日)

午前 十時 終了式 解放

感想文

大體的으로 보와 日本 政治下의 壓迫 的 警察 精神이 一掃되고 新朝鮮의 警察官
精神과 新警察의 責任, 其 任務의 正體를 大略 認識케되엿으나 具體的으로 보아
左와 如한 点에 一層 考慮하야 敎養을 實施하얏쓰면 效果 百倍하리라 生覺함

1. 미리 敎材를 硏究 準備하야 確實한 敎材를 設置할 것

2. 軍政法令은 布告文의 飜譯 關係가 잇서서 解釋이 困難하온즉 此를 軍政廳과
   連絡하야 確實한 定義와 解釋을 制定하야 敎授함을 要함 但只 法令을 解釋함
   에 不過하야 受講者로부터 數多質疑가 잇쓰나 此에 確答치 못하는 遺憾이 잇슴

3. 警察 禮式은 將次 制定될 것이며 道에 依하야 敬禮 方式도 區區한대 依然 日
   本式 禮式을 國語로 飜譯하야 敎授하고 잇스니 此는 其 效果도 업다고 認定함

4. 將次 中堅 幹部의 敎養은 短期間에 社會 常識 즉, 社會 現象, 政黨, 關係等 此
   에 對한 警察의 任務 等을 徹底히 敎養하야 新警察官으로서의 精神을 注入하
   도록 함이 可할 듯 함

2. 「도경찰학교 생활기」

[道警察學校 生活記] 二期生 林憲宗

一九四五年 十一月 十五日 午後 一時! 警察學校에 入學한 瞬間이다

回顧하야보니 短期間이엿건만 나에게는 永遠한 記憶한의 한페-지가 될 期間이 엿다

濶達하고 明朗하신 敎長先生任을 비롯하야 各校官任의 慈愛스러운 訓育! 참으로 이 學園업시는 볼 수 업는 重千金이엿다 前부터 團體生活에 熟達한 나는 이 學園生活이야말로 一大 家庭生活이라는 늣김을 가젓다.

十一月 十六日五! 警察學校 生活의 開幕은 열니엿다

午前 七時 起寢, 卽時 点呼로 옴기여 点呼後에는 廳內 掃除가 始作된다 午前 七時 十五分, 『成巡査!! 내가 혼저 번개갓치 해놀터이니 이리 좀 주게』 『아닐세! 金巡査 벌서 다하여 가네』. ……… 서로 讓步하는 말이 食前空氣를 께트린다. 掃除는 긋낫다 모다 제各其 洗面場으로 달닌다. 마개를 틀기만 하면 맛치 溪谷에 無名鳥가 急하게 飛翔하는 듯 玉과 갓흔 물이 춤추고 나를 반겨 나온다.

여기에서 세수를 하는 나의 마음은 今日 하루를 愉快하게 滋味잇게 지내기를 세수물과 約束하는 것이다. 七時 四十五分, 班別順序잇는 次例로 朝飯을 마진 다음 校友間에 서로 人事는 업지만은 다 各其 씩씩한 靑年들이고 이곳에 모인 절문이들은 모도가 建國戰士인 것은 빗나는 눈동자와 씩씩하고 힘찬 모습으로 보와 直感할 수가 잇다. 午前 九時 鐘소리는 우렁차게 들여온다. 校庭에 四列로 整列되매 人員報告와 被服点檢이 始作된다. 被服点檢은 우리들에게 第一 重要한 点檢이 하나이다. 民衆의 指導者警官의 容姿를 聯想식히는 이 点檢!

勤務交代를 맛(치)고 敎室을 들어 간다. 授業課目은 다음과 갓엇다

歷史, 英語, 刑法, 警察行政法, 敎鍊。

敎長先生의 訓育에는 恒常威信, 規律嚴守와 언제나 죽을 必要가 잇는 째에는 男子답게 목심을 아끼지 말아라는 말슴이였다. 오직 나는 이것이라고 生覺하엿다. 十二時에는 点心이다 대스럽자는 飮食이 웨 이다지도 맛이 잇는고!! 틈만 잇으면 淸潔이라는 二字가 念頭를 살아지지 안는다. 午後 一時에 授業으로 드러가고 三時에 敎鍊으로 向한다. 『다름질』 이것이 大部分 차지한다. 나는 過日에 海軍兵으

로 잇쏜적이 잇섯기 째문에 敎鍊에는 自信이 잇섯스나 그 號令이 帝國主義下에 日本語로 通用이 되어 나왓스니 最初에 國語로 하게 되여 步調가 맛지 안엇으나 現在('에'로 추정) 잇서서는 오히려 나젓다. 敎鍊時間에 滋味잇는 것은 建國精神을 鼓吹하고 健全한 身體를 養成하는 "씨름"이엿다. 金巡査가 지면 李巡査가 들어가고 李巡査가 지면 金巡査가 들어가는 ……아!! 맛볼수 업는 이 光景! 敎鍊이 슷나매 午後 五時 夕食으로 들어간다. 이렇게 滋味잇는 生活로써 終日토록 消日하다가 宿舍로 드러가면 學園으로 가기前에 피여 노왓든 숫불은 마치 "어서 오십시요! 大端히 추우시지요!"하면서 반가운 인사를 하는 듯.

十七, 八名의 한 家族은 숫불火爐로 모여든다. 그러나 숫불도 나무를 느어 달나는 듯이 漸漸 시들어간다.

各各 擔當한 掃除地域을 掃除하야노코 室內를 씬다. 닥는다. 몬지를 턴다. 야단이다. 아! 一家團樂하는 이 光景

班은 四班이요, 一班에 十七名式, 班에는 班長, 副班長을 두고 家事處理에 奔走하다. 하로 배운 復習과 鍊習이 슷나자 午後 八時 四十分을 壁에 걸인 時計가 알여준다.

一齊히 電光갓이 点呼場으로 달닌다. 오날도 無事히 하루를 보냇다는 占呼가 슷나면 宿舍로 도라와 이불과 人事를 하게 된다.

그러나 각씀가다 아모리 고흔 숨이라도 쌔어버(리)는 김集이 잇스니 이것을 非常召集이라 일은다. 잇지 못할 記憶이 되리라.

밤 一時나 二時쯤 夜深하야 萬物이 고요함 잠들고 잇슬째에 市內를 行進하는 우리들 建國戰士에 堂堂한 威容은 他處에서는 맛 볼수 업는 이 學園 警察學校쑌이다.

아! 國家存立을 確保하며 社會秩序를 維持하고 國民幸福을 推進하는 警察官을 養成하는 이 學園!

永遠히 잇지 못할 우리 敎長先生任과 우리 校官, 同窓生이여 第一線에 나가 建國朝鮮을 爲하야 목심을 앗기지 안코 勇敢하게 奮鬪하는 것도 이 學園에서 모든 準備를 다하는 것이다.

一九四五年 十一月 三十日

03

....

해방 후 경찰잡지 개관

– 대표적 경찰잡지 『민주경찰』을 중심으로[1]

1. 경찰잡지에 관한 연구 성과

1973년 10월 내무부 치안국에서 펴낸 『한국경찰사II 1948. 8–1961. 5』는 총 1,429쪽에 이르는 방대한 편저이다. 그런데 이 가운데 해방 후 창간되어 1950년대를 거쳐 1960년대 초반까지 간행된 대표적인 경찰잡지 『민주경찰』에 관한 언급은 채 한 페이지도 못 되는 분량에 지나지 않는다.[2] 이 사실은 '한국경찰사'의 대표적인 자료라 할 수 있는 『민주경찰』의 연구현황을 단적으로 보여주는 사례라 생각한다. 『민주경찰』에 대해 공간사(公刊史) 분야에서도 이렇게 밖에 모르고 있으니 한국근현대사 또는 근현대를 다루는 서지학이나 문학 분야에서도 『민주경찰』의 가치와 위상에 대해 제대로 파악조차 하지 못하고 있는 것은 당연한 결과라 할 수 있다.

근대서지의 대표적인 색인 작업은 국회도서관에서 펴낸 『국내간행물기사색인 1945–'57』(1969. 12. 30.)이라 할 수 있다. 이 작업의 대상 자료를 밝힌 「수록잡지명일람」을 살펴보면 『민주경찰』은 창간호부터 3–3호까지 열 책 정도만 그 내용을 반영한 것으로 나와 있는데, 『민주경찰』과 관련된 서지정보에는 발행일자 등에 오류가 적지 않다.

근대 잡지의 대표적 수집가인 백순재의 자료를 보관하고 있는 아단문화기획실에서 발행한 『아단문고장서목록(1) 단행본＋잡지』(1995)에는 안타깝게도 『민주경

---

[1] 본 글은 근대서지학회의 ≪근대서지≫ 제7호(2013년 6월)에 게재된 내용을 수정·보완한 것이다. 또한 작성에 많은 도움을 주신 오영식 선생님과 엄동섭 선생님께 감사드린다.

[2] 761쪽, 열다섯 줄에 불과하다.

찰』이 한 권도 들어 있지 않으며, 김근수가 묶어낸『한국잡지개관 및 호별목차집 해방15년』은 해방 후부터 1959년까지 나온 잡지들의 목차를 정리한 자료집인데, 이 책에도 역시『민주경찰』은 한 권도 반영되지 않았다.

이상의 자료 검토만으로『민주경찰』에 대해 단언할 수는 없겠지만 해방 이후 1947년부터 1961년에 이르기까지 간행된 이 잡지에 대한 관심과 연구가 매우 부족한 것은 분명한 사실이라 할 수 있다.

본 글은『한국경찰사』에서조차 아직 온전한 실상을 파악하지 못하고 있는『민주경찰』을 발굴, 정리하는 첫 작업이라는 의미를 갖는다. 다만 기본 자료인『민주경찰』을 창간호부터 폐간호에 이르기까지 전질에 대한 발굴이 완료되지 못해 스스로 한계를 가질 수밖에 없다. 따라서 이 글에서는 구체적 논의에 대해 창간호부터 한국전생기인 1953년까지로 한정하여 살펴보고자 한다.

2. 해방 후 경찰상이 제호로 된『민주경찰』

『민주경찰』은 경무부 교육국이 1947년 6월 20일 발행한 월간지이다.[3] 매월 20일에 월간으로 발행한다고 예고했으나 당시 대부분의 월간지들이 그러했듯이『민주경찰』도 매월 발간되지는 못했던 것 같으며,[4] 제1호의 발행부수는 1천부였으나 제6호부터는 2천부를 인쇄했다고 한다.[5] 이후 1950년대에는『민주경찰』과 경찰전문학교에서 발간한 수험잡지『경찰신조』의 대금을 경찰관들의 봉급에서 강제적으로 갹출하여 그들의 불만을 샀다는 신문기사[6]를 볼 때 이『민주경찰』은 보급률은 높았다고 보인다.

『민주경찰』의 창간 배경에 대해 치안국은 다음과 같이 밝히고 있다.

경찰의 일제적 잔재를 불식하고 새로운 정치이념에 입각한 경찰을 이 땅에 확립하려

---

3 『한국경찰사(1948. 8~1961. 5)』는 761쪽에서 동 잡지가 "1947년 9월 21일 경찰전문학교의 주관하에 출간"되었다고 기술하고 있으나 실물을 확인한 결과, 동 잡지는 1947년 6월 20일 경무부 교육국이 발간하였다.

4 제2호는 1947년 8월 20일에 발간되었고, 1950년대부터 4·5월 또는 7·8월 합병호가 나오는 경우가 가끔 있었다.

5 경찰전문학교,『경찰교육사』, 1956, 58쪽.

6 경찰 박봉에서도 심삽종(의 잡부금: 인용자),「조선일보」, 1953년 12월 8일; 警察雜誌 신조 이달부터 안 받기로 시경찰국에서 결정,「경향신문」, 1960년 5월 20일.

하는 것은 非軍警察 自體의 대내적 과제일 뿐만 아니라 해방된 이 나라 전 사회의 요망
이기도 했다. 그만큼 일제의 暴虐警察은 식민지 정책에 의한 관료적인 탄압으로써 민경
의 사이에 정신적인 괴리를 조성하여 놓았던 것이다. 이러한 경찰의 새로운 과제를 완
수하기 위하여 경찰관 각자에 대한 민주주의적인 교양이 필요할 뿐만 아니라 對內的으
로도 민경간의 유대를 강화할 수 있는 매개물이 所要되었던 바 이의 요청에 응하여 출
간된 것이 교양지『민주경찰』이다.[7] (밑줄은 인용자 강조)

『민주경찰』은 경무부가 일제강점기 동안 형성되었던 경찰의 부정적인 모습을
벗어버리고 건국 경찰로 새롭게 태어나기 위하여 발간한 것이었다. 이 잡지는 경
찰관들에게 민주주의적 사고를 갖게 하고 국민에게 가까운 '민주경찰상'을 확립하
도록 유도하는 교양지였다. 그렇다면 당시 경무부가 구상하였던 '민주경찰'이란 어
떤 것일까?『민주경찰』창간호의 권두언에서 그 개념을 자세하게 알 수 있다.

> 『민주경찰』이란
> 一, 민주주의정치이념에 적합한 – 민주주의원리에 입각한 - 새 경찰을 의미하는 것이
> 다.『새경찰』이란
> 一, 때가 투석투석 묻고 추하고 더러운 낡은 옷(苦衣)를 벗어버리고 복신복신하고 따
> 스하고 깨끗한 새 옷을 입은 淨가라운 경찰을 가리킴이다.
> 다시 말하면
> 一, 탄압의 경찰 공포의 경찰 무정의 경찰 착취의 경찰 곧 제국주의적 前세기적 전제
> 경찰을 벗어나서 자유와 인권을 보호하며 지도적이고 계몽적이고 건설적인 가장 친절하
> 고도 온정이 넘치는 온정경찰
> 一, 건국과 민족의 평화생활을 방해하는 모든 비합법적 무질서 내지 소위 혁명적 파
> 괴적 사회악을 탄압방지하기 위하여 희생적 奉公의 정신을 堅持하고 勇進하는 신경찰
> 一, 공갈과 협박과 威嚇의 총검을 버리고 領導와 鞭達과 啓蒙의『경찰봉』을 높이 든
> 새 경찰
> 이러한 것을 表徵한 명사일 것이다.[8]

따라서『민주경찰』에는 해방 후 지향하였던 건국경찰의 모습이 고스란히 담겨
있는 잡지라고 할 수 있다. 창간호의 목차에서부터 건국경찰에 대한 미 군정청과

---

7 치안국,『한국경찰사(1948. 8~1961. 5)』, 1973, 761쪽.
8 경무부 교육국,『민주경찰』창간호, 1947년 6월, 1쪽.

사회 각층의 관심을 확인할 수 있다.

먼저, 「경찰의 민주화」라는 권두언에 이어 조병옥 경무부장의 창간사, 경무부고문관·헌병대좌 윌리암·에이츠·매그린의 창간 축사, 그리고 김구의 축사 「자주독립과 민주주의」가 이어진다. 특히 김구는 지면을 통해 자주독립에 관한 강한 열망을 표하면서도 경찰에 대한 따끔한 충고를 마지않는다.

> 우리에게는 일본제국주의가 驅使하던 경찰이 있었을 뿐이다. 그러므로 그 당시의 警官은 조선을 멸시하며 조선인을 착취하던 前衛가 되었을 뿐이었다. 더구나 애국자를 지칭하여 강도, 살인, 방화, 犯이라고 갖은 악형을 다 하였던 것이다. 과거의 상태가 이러하였으므로 현재의 경찰계에도 의식 무의식간에 일제의 잔재가 아직 躍動하고 있으며 挾難 謀利輩의 출몰이 빈번한 것도 사실이다. 그러므로 현재에 있어서는 신경찰의 수립이 절대 필요한 것이다. 이 新警察이야말로 애국안민의 신경찰이 되어야 하겠다. 일제가 敗立한 후에 우리 경찰이 애국안민의 경찰이 되어야 할 것은 당연한 사실이지마는 우리 국가가 완전한 독립을 획득하지 못한 이때에 있어서는 이것을 강조하는 것이 아직도 필요한 것이다. 그런데 경찰교육당국이 이에 중점을 둔 것은 감사하고도 축하할 만한 일이다.[9]
> (밑줄은 인용자 강조)

이와 함께 김구는 『민주경찰』 제4호(1947년 10월)에 동 잡지 창간을 다시 축하하면서 '국민의 경종(警鐘)이 되소서'라는 휘호를 주기도 하였다.

▌사진 3-3-1. **김구의 휘호**

---

9 앞의 책, 6쪽.

『민주경찰』 창간호의 이하 목차는 다음과 같다.

창간에 際하여(축사)/ 金性洙

春風이냐 秋雨냐/ 경무부 교육국장 김정호

관리의 道/ 문교부장관 유억겸

의식과 역량/ 변호사국장 겸 법원국장 강병순

조선의 독자성과 자주독립의 한계/ 설의식

미소공위재개의 경위/ 경무부 공안국장 한종건

훈시

제5관구경찰관에게 고함/ 경무부 교육국장 김정호

제1관구경찰관에게 고함/ 제1관구 경찰청장 박명제

경찰지표

민족애/ 공보부 공보국장 함대훈

경찰관 상벌에 관하여/ 경무부 수사국 부국장 장영복

민주경찰 확립에 대하여/ 인사행정처장 이원창

민주주의 해설

연구

형법학상의 신구학파/ 서무행정처 이중기

새 경찰의 길/ 경무부 수사국 총무과장 강창구

경찰관의 교양문제(一)/ 경찰전문학교 교무과장 박근용

공안국 주관사무에 관하여/ 경무부 수사국장 부국장 장영복

군상과 범죄/ 경무부 교육국 교양과장 홍순봉

미국의 경찰

경무부 교육국 고문 알바―트·이·크로프트

경무부 교육국 교양과 박영춘

창간에 보내는 말

경찰기관지 발행을 축함/ 제7관구 경찰청장 장자관

기관지창간과 애국경찰/ 김일수

큰 힘이 되기를/ 경무부 교육국 고문 죠세프·티·마테리 소좌

지식은 알리는 데서/ 경무부 교육국 고문 죠―지·제·루쓰 중위

수필

생업/ 文濟安

민족의 비극 10.1폭동사건진상

제1회 남조선경찰관유도대회 화보

일문일답

고시조

激

국립경찰전문학교 교가

경감 · 경위 · 경사승진시험문제

경무부훈령 제7, 8호(경찰특대생 간부후보생제도)

경찰병원설치要領

위조지폐사건 공판기록(其一)

투고모집

편집후기

　『민주경찰』의 표지는 제1호부터 제6호인 신년호까지 동일했으나 이후부터 별도의 표지화로 꾸며졌는데, 대부분 조능식(趙能植)이 담당하였다. 1953년 5월 15일 발행한 제33호에는 아무런 그림 없이 제호, 호수, 목차만 표시되다가 1954년 3월호부터 다시 인물화, 풍경화 등 다양한 그림이 표지에 실리게 된다.

❚ 사진 3-3-2. 『민주경찰』 제3호(1947년 9월)

┃ 사진 3-3-3. 『민주경찰』 제12호(1949년 1월 추정)

┃ 사진 3-3-4. 『민주경찰』 제21호(1950년 2월)

▌사진 3-3-5. 『민주경찰』 제35호(1953년 7월)

　　『민주경찰』의 내용은 경찰지휘부의 훈시, 유명 인사 또는 정부 고위관리의 논단, 선진국의 경찰제도 소개, 경찰업무에 필요한 실무 지식, 유명인사의 문예 작품, 그리고 일반인의 경찰에 대한 건설적인 비판 등으로 이루어져 있다. 그 전형적인 사례인 『민주경찰』 제34호(1953년 6월 15일 발행)를 보면 다음과 같다.

　　권두언/ 윤기병

　　시평 우리가 가야할 길/ 남포산인

　　법치주의 하의 경찰/ 황산덕

　　6·25동란이 경찰교육에 미친 영향과 전망/ 암무

　　3권분립제도의 사적 고찰(하)/ 장강학

　　약소민족의 편모/ 박봉락

　　좌익처단의 회원/ 박헌교

　　한국휴전과 소련의 동향/ 임원규

　　수사 실화 공포의 바다 괴물체 海下투기사건/ 상훈 기

　　서남지구경찰대 발대식 참관기/ 김인덕

　　소설 여명기(상)/ 박연희

　　공뜨 신호/ 안수길

　　수상 밤/ 정일규

수필 신록이 우거지면/ 박기원
시 신엽에 누어/ 조병화
비가/ 김수돈
만화 민주선생/ 김일소
우리의 상식
해외진문
총경급 인사이동
월중교양
헌법 민법 행정법 형법 형사소송법
경찰법 법학통론 범죄감식론

특히, 『민주경찰』에는 당시 유명한 문학가들이 많이 등장하고 있어 눈길을 끈다. 좀 더 구체적으로 살펴보면, 1947년 6월의 창간호 이후 1948년 1월의 신년호에 이르기까지 초반에는 이들의 글이 눈에 띄지 않는다. 물론 경찰전문학교장이었던 함대훈이나 박종화, 설의식 등의 경우는 특별할 것이 없다고 하겠다. 그러나 창간 1주년 기념호인 통권 제9호를 보면, 윤곤강과 서정태의 시작품이 실렸으며 최태응의 소설과 유치진, 정비석의 수필도 실려 있다. 이후 시인으로는 서정주(통권 제13호, 제16호 등), 이하윤(제15호) 등이 있는데, 특히 제17호에는 유명한 김영랑의 「독을 차고」가 실려 있다. 한편 산문으로는 김동인(제12호)과 김동리(제15호) 그리고 최정희(제14, 16호)가 눈에 띄며, 유치진, 정비석, 계용묵 등의 수필도 들어 있다. 문학사적으로 모더니즘 운동 가운데 후반기동인들의 활동이 눈에 띄는 시기였던 만큼 『민주경찰』에도 김수영, 임호권, 박인환 등의 글이 실린 것도 특기할 만한 일이다.

또한 『민주경찰』은 1960년 4·19 혁명 이후 경찰 민주화 추진에 앞장서는 글을 많이 실어 경찰관의 의식 변화를 유도하기도 하였다. 그러나 1961년 5·16 군사정변 이후 치안국장 조흥만 육군준장이 경찰관에게 보내는 경고문이 게재되는 등 이전과 다른 강압적인 내용이 실렸으며, 결국 5·16 군사정변 이후 『경찰』로 변경되어 발행되었다.[10] 현재 종간호의 소장처는 알 수 없으며, 남아 있는 책 가운데 1961년 6월호의 지령이 가장 오래되었다.[11]

---

10 앞의 책, 761쪽.

참고로 앞에서 언급한 바와 같이 창간호부터 1953년 간행분까지 만을 대상으로
하여, 현재까지 파악하고 있는 『민주경찰』의 목록을 도표로 만들어 보았다.

표 3-3-1. 『민주경찰』 발간 목록(1947~1953)[12]

통권호수	권호	발행연월일	발행처	비고
통권1호	제1권 제1호	1947. 6. 20.	경찰교육국	
통권2호	제1권 제2호	1947.8. 20.	경찰교육국	
통권3호	제1권 제3호	1947. 9. 30.	경찰교육국	
통권4호	제1권 제4호	미표기	경찰교육국	
통권5호	제1권 제5호	미표기	경찰교육국	1947년 12월호 추정
통권6호	제2권 제1호	미표기	경찰교육국	
통권7호	제2권 제2호	미표기	경찰교육국	1948년 4월호 추정
통권8호	제2권 제3호	미표기	경찰교육국	
통권9호	제2권 제4호	1948. 7월	경찰교육국	
통권10호	제2권 제5호	미표기	경찰교육국	
통권11호	제2권 제6호	미표기	경찰교육국	
통권12호	제3권 제1호	미표기	국립경찰전문학교	
통권13호	제3권 제2호	미표기	국립경찰전문학교	
통권14호	제3권 제3호	미표기	내무부 치안국	
통권15호	제3권 제4호	1949. 5. 30.	내무부 치안국	
통권16호	제3권 제5호	미표기	내무부 치안국	
통권17호	제3권 제6호	미표기	내무부 치안국	
통권18호	제3권 제7호	미표기	내무부 치안국	
통권19호	제3권 제8호	미표기	내무부 치안국	

11 한국잡지협회가 1982년에 발간한 『한국잡지총람』의 174쪽에는 『민주경찰』이 1960년 11월에 폐간된 것
으로 되어 있으나 실물을 확인한 결과 『한국경찰사 (1948. 8~1961. 5)』의 기록이 옳은 것으로 보인다.
12 통권 제4호부터 제19호까지는 판권지에 발행일이 나와 있지 않다. 서울대 소장본은 모두 합본되었기
때문에 앞표지 우측상단, 뒤표지 좌측상단, 책등 하단 등을 참조하여 발간일을 확인하는 것이 불가능
하였다.

통권호수	권호	발행연월일	발행처	비고
통권20호	제4권 제1호	1950. 1. 15.	내무부 치안국	
통권21호	제4권 제2호	1950. 2. 20.	내무부 치안국	
통권26호	제6권 제1호	1952. 4월	경찰도서출판협회 (치안국 교육과)	권호 불일치
통권30호	제6권 제1호	1953. 1. 20.	경찰도서출판협회 (치안국 교육과)	
통권31호	제6권 제2호	1953. 2. 22.	경찰도서출판협회 (치안국 교육과)	
통권32호	제6권 제3호	1953. 4. 15.	경찰도서출판협회 (치안국 교육과)	
통권33호	제6권 제4호	1953. 5. 15.	경찰도서출판협회 (치안국 교육과)	
통권34호	제6권 제5호	1953. 6. 15.	경찰도서출판협회 (치안국 교육과)	
통권35호	제6권 제6호	1953. 7. 15.	경찰도서출판협회 (치안국 교육과)	

3. 『민주경찰』 이외의 경찰잡지들

『경성(警聲)』은 관구경찰청 또는 감찰청이 창간한 잡지이다. 현재까지 전해지는 잡지 중 가장 오래된 것은 1946년 전라남도 경찰부(제8관구 경찰청)[13]가 창간한 것이다. 제주도 감찰청[14]은 같은 이름의 잡지를 1947년 5월에 발간하였다. 국판 크기 100면 내외로 제주읍 이도리 광문사(光文社)에서 발행하였다. 발간 계획은 동년 2월 15일이었으나 5개월 늦게 발행되었다. 감찰청은 편집을 위해 이영복(李永福)을 경위 촉탁으로 채용하여 업무를 맡겼다. 창간호 이후 다시 발행되지 않았고 『민주경찰』이 발간되는 바람에 종간되었다.[15] 『경성』의 경우 관련 자료의 부족으로 인하

---

[13] 1946년 4월 15일 경찰조직이 경무국 산하에 제1관구 경찰청(경기도 경찰부), 제2관구 경찰청(강원도 경찰부), 제3관구 경찰청(충청남도 경찰부), 제4관구 경찰청(충청북도 경찰부), 제5관구 경찰청(경상북도 경찰부), 제6관구 경찰청(전라북도 경찰부), 제7관구 경찰청(경상남도 경찰부), 제8관구 경찰청(전라남도 경찰부, 제주도 포함)으로 변경되었다. 제8관구 경찰청은 다시 감찰서(광주, 순천, 목포, 장흥)를 두고 광주 감찰서가 광주, 장성, 담양, 여주, 광산, 화순 경찰서를, 순천감찰서가 순천, 여수, 광양, 구례, 곡성, 보성, 고흥경찰서를, 목포감찰서가 목포, 무안, 영광, 함평, 진도, 제주도경찰서를, 장흥감찰서는 해남, 강진, 장흥, 완도, 영암경찰서를 관할하였다.

[14] 1946년 9월 11일 감찰청으로 승격하였다.

[15] 이문교, 『제주언론사』, 1997, 145–146쪽.

여 폐간일자를 알 수 없다.[16]

이처럼 언급한 바와 같이 『민주경찰』은 해방 후 최초의 경찰 잡지가 아니다. 결국 전혀 아무 것도 없는 상태에서 『민주경찰』이 탄생한 것이 아니었던 것이다. 해방 직후의 사회·경제 현실에 대해서는 누구나 잘 알고 있듯이 물자도, 사람도, 아니 모든 것이 귀했던 시기였다. 그런 현실 조건에서, 일반 출판계에서도 필자난, 용지난, 인쇄난의 소위 '삼란(三難)'에 힘들어하던 당시에 경찰청이나 경찰전문학교도 아닌, 관구경찰청이라는 예하 기관이 독자적으로 잡지를 간행한 것은 매우 이례적인 일이라 생각된다.

▎ 사진 3-3-6. **경성**

이 잡지의 주요 내용을 보면 먼저 경찰과(警察課)의 인마학인(仁魔學人)의 권두언을 시작으로, 공보계 고철규의 「민족개념에 대한소고」, 광주서 정영채의 「건국하 우리들의 방향」, 양회일의 「인민의 정치적 자각과 경찰관」이 있다. 그리고 「조(趙)경무부장의 훈시요지」, 「군정장관 훈시요지」, 「마그런대좌(大佐) 훈시요지」 등이 있다. 이어 편집부의 「새 경찰 건설 소기(小記)」와 J.D.S생(生)의 「고독」 등 시·소설·민요 등 문예 12편의 글이 실려 있다. 끝으로 「한글·국사·법학·상식·국사상식 몇 가지」라는 특별강좌와 편집부의 수사대의, 실화, 각과 소식, 편집후기가 실려 있다.

『경성』과 『민주경찰』이 경찰 당국에 의해 발행되었다면 『경우(警友)』는 1949년

---

16 『경성』 제3호는 1946년 11월에 발간되었다고 한다.

5월 11월 민간출판사 '경우사(警友社)'가 매월 발행한 수험서이다. 그러나 한국전쟁 으로 인하여 발행이 중지되었다가 1952년 1월에 재발행 되었다. 이때부터 매월 1 일과 15일, 두 번 발행되었고 동 잡지의 폐간일과 사유는 알려진 것이 없다.

▌ 사진 3-3-7. 『경우』 창간호   ▌ 사진 3-3-8. 『경우』 복간호 제3호(1952년 3월 15일)

　『경우』의 내용은 한국전쟁 발발 이전과 이후로 나누어 볼 수 있다. 한국전쟁 발 발 이전에는 수양, 사회상식, 경찰법규·실무, 형법·형사소송법, 헌법, 경제, 작문, 독서, 역사·지리, 최근 시행시험문제로 구성되어 있다. 이어 한국전쟁 이후 속간 된 『경우』는 헌법, 경찰실무, 형법기초, 정치학, 경찰법규, 법령발취, 행정법, 시험 문제, 수사실화, 형소법, 작문, 수양, 범죄문답, 지력(地歷), 상식문답, 한글강좌, 영 어강좌, 경제, 여강(餘講), 편집후기 순으로 구성되어 있다.

　『철경(鐵警)』은 이름 그대로 철도경찰을 위한 것으로 한국전쟁 중인 1951년 11 월에 창간되었다. 경찰은 해방 후 운수부에서 운용하던 운수경찰청을 편입하여, 철도관구 경찰청 산하에 17개 철도경찰서를 두어 철도의 공안을 담당하도록 하였 다.[17]

---

17 치안국, 『한국경찰사 Ⅰ』, 1972, 963-964쪽.

■ 사진 3-3-9. 『철경』 제13호(1952년 11월호)

『철경』 제11호(1952. 9월호)를 보면 그 내용이 박근용의 「기념사」, 김진화의 「월간 국제동태 해설」, 편집실의 「평화과학에 공헌하는 원자력」, 축사, 양재철의 「공비 토벌 이야기」, 박희민의 「연기기관차와 기관수」, 강좌 「형법, 형소법, 경찰법」, 김 유득의 「지상 의무관」, 김용환의 「철경 표지 작가의 변」, 편집실의 「설문」, 「고대 수사실화」, 김팔봉의 「광휘 있는 철경」, 隊友 문단 「월하 잡상(양상문)」, 「나의 안해 (정재석)」, 「시 ― 철뚝가에 서서(신원호)」, 소설 「서울행 열차」, 표지화 그리고 편집후 기 등으로 이루어져 있다.

■ 사진 3-3-10. 『소리』 창간호(1953년 10월)

특히 전남경찰국 고흥경찰서가 1953년 10월 10일 발간한 『소리』는 지방의 경찰서가 최초로 발간한 잡지이다. 가로 160mm, 세로 230mm로, 총 48쪽이다. 주요 내용은 창간사, 편집부의 「철의 장막의 심장부 '스타-린의 거성 그레므린'의 정체를 밝히다」, 사화(史話) 「민족의 영 충무공」과 「쌍충사」, 정규오의 「공산주의에 대한 비판」, 수필, 시사평론 「재기하는 일본 군국주의」, 「징병제 실시」, 「당면한 도의생활」, 수필, 시, 기타 오락실 및 편집 후기 등이다. 그 내용을 상세히 보면 일선경찰서가 발간하였다고 믿기 어려울 정도의 높은 수준으로 이루어져 있다.

『강원경찰(江原警察)』은 1953년 5월 강원경찰국이 발간한 월간지이다. 『경성』이 오랫동안 발간되지 않은 것으로 보이는 데 반해 『강원경찰』은 가장 오래된 지령이 1960년 3월호(제108호)임을 볼 때 지방경찰국에서 발행되었음에도 불구하고 『민주경찰』과 함께 장기간 경찰관들에게 읽혔다는 것을 알 수 있다. 폐간일은 알 수 없다.

▌ 사진 3-3-11. 『강원경찰』 제72호(1956년 5 · 6월호)

『강원경찰』의 내용은 크게 권두언, 강원도 지휘부의 글, 강좌, 강원신문, 수필, 취미물, 사고일지·인사이동의 각종 공지사항 등으로 이루어져 있다. 잡지가 강원경찰국에서 발행되었기 때문에 도 단위의 정보가 많은 점이 특색이다.

한편 『경성』, 『민주경찰』, 『강원경찰』이 주로 경찰관의 폭 넓은 교양과 실무능력을 배양하거나 지역 경찰활동을 위한 잡지였다면 『경찰신조(警察新潮)』는 그 내용의 대부분이 승진 시험을 준비하기 위한 것으로 경찰전문학교가 1954년 11월 발간하였다. 이 잡지의 종간호는 1960년 5월 발행된 제56호이다.

▌ 사진 3-3-12. 『경찰신조』 제3호(1955년 1월호)

『경찰신조』의 내용은 크게 경찰논단, 교양강좌(국사, 헌법, 행정법, 형법, 형사 소송법, 경제학, 경찰법, 논문, 한글, 영어), 수사실화, 실무강의(행정경찰 실무, 실무와 법리, 비교실무—미국과 한국경찰 등), 범죄수사, 학생 수료 논문, 특별강좌(신민법 해설, 국제법 개설), 문예란 등으로 구성되어 있다.

4. 새로운 경찰상을 세우기 위한 노력

일제강점기 경찰이 보여준 상(像)은 시기별로 다르게 나타난다. 초기에는 '헌병 경찰'로 무단통치를 상징하는 모습이다. 3·1운동 이후 조선총독부는 경찰조직을 재정비하여 보다 효과적으로 한국인을 억압하는 '보통경찰'제를 실시하게 된다. 이후 1937년 '전시체제하 경찰'로 재편됨으로써 총체적 수탈기구의 일환으로 기능하게 되었다. 이렇게 지속적으로 이어지는 경찰의 부정적인 모습을 경무부는 잘 알고 있었다. 그리고 새로이 태어나 성장하고 싶었던 상(像)이 바로 '민주경찰(民主警察)'이다. 이렇게 『민주경찰』은 건국경찰이 지향했던 경찰상(警察像)을 이루기 위해 교양지로 창간된 것이었다.

해방 후 경찰의 활동에 대해서는 사회적으로나 또 학계에서 부정적인 평가가 주를 이루고 있다. 친일 경찰관의 청산 실패, 보수 우익세력을 위한 정치활동 지원, 반공 이데올로기 정착을 위한 전위대 역할 등 수많은 오점으로 점철된 경찰의 모습은 이승만 정권까지 이어져 한국 현대사의 어두운 부분이 되고 있다. 그러나 우리는 해방 후 경찰에 대한 희망 하나를 발견할 수 있다. 경찰이 『민주경찰』을 통하여 민주주의를 전파하고, 사회 각층의 소리를 전함으로써 새 출발하려는 움직임이 그것이다.

그럼에도 불구하고 중앙에서는 전국 단위의 잡지 창간을 통해 현안뿐만 아니라 국내외 정세를 비롯한 다양한 정보를 제공하였다. 지방에서도 실정에 맞는 내용을 중심으로 소속 경찰관들의 자질을 높이고자 하였다. 나아가 교육기관에서는 승진시험 준비를 계기로 교양과목과 실무지식 등을 전파하고자 하였다. 우리는 이와 같이 다양한 방법으로 당시 경찰당국이 해방 후 정립한 '민주경찰상(民主警察像)'을 실현하고자 한 소중한 노력을 외면해서는 안 될 것이다. 물론 얼마만큼 성과를 거뒀는지는 후속 연구과제로 남겨야 한다.

04

••••

한국전쟁 초기 전북지역
빨치산의 형성과 경찰 작전[1]

1. 한국전쟁 초기의 전황과 사료 소개

한국전쟁이 발발하자 전국 대부분 지역이 빠르게 전장화(戰場化)되었다. 국군의 초기방어전은 춘천지역 일부를 제외하고 그다지 효과적이지 못하였다. 경찰도 개전(開戰) 즉시 전시경찰 체제로 전환되어 국군과 함께 북한군의 공격을 막아내는 임무를 수행하였다. 그러나 경찰은 본래 전투를 위한 조직이 아닌 지역사회에서 치안을 확보하는 조직이었다. 따라서 경찰은 병력과 장비 부분에서 국군과 비교가 안 될 정도로 열악하여 인적·물적 피해가 상당히 컸다.

전북지역으로 향한 북한군 주력부대는 제6사단(사단장 방호산)이었다.[2] 이 사단은 한국전쟁 발발 전에 이미 중국 공산당의 팔로군 예하에서 항일 전쟁과 국공내전의 전투경험을 가지고 있는 최정예부대였다.[3] 북한군 제6사단은 국군과 경찰의 방어를 막아내며 개성-서울-천안-예산-공주로 진출하였다. 그리고 7월 16일 제4사단의 논산 장악과 때를 맞추어 금강을 도하하여 전북지방을 공략하기 시작하였다. 그러나 당시 국군과 경찰의 저지력은 상당히 미약하여 계속 후퇴할 수밖에 없었다.

전라북도경찰국은 전쟁 발발 후 치안국의 지시에 따라 즉시 비상경비사령부를

---

[1] 본 글은 한국연구원의 《한국연구》 제4호(2020년 6월)에 게재된 내용을 수정·보완한 것이다.

[2] 최용호, 「한국전쟁시 북한군 제6사단의 서남부 측방기동 분석」, 《전사》 제4호, 국방부 군사편찬연구소, 2002, 74쪽.

[3] 이광일, 「한국전쟁의 발발 및 군사적 전개과정」, 『한국전쟁의 이해』, 역사비평사, 1993, 143쪽.

설치하고, 6월 26일 도내 경찰병력을 전투부대로 개편하였다. 이어 7월 초까지 관내를 크게 서북부 평야부와 동북부 산악지대로 구분하여 경찰력을 분산하였다. 그리고 방어선을 제1지구(군산에서 익산 망성면까지), 제2지구(망성면에서 완주군 운주면까지), 제3지구(운주면에서 금산군과 무주군까지)로 설정하였다.[4]

그러나 7월 16일 충남 양촌에서 최초의 전투가 벌어지고 난 후 7월 19일 이와 같은 방어선이 무너지자 전라북도경찰국이 남원으로 후퇴하였다.[5] 7월 20일 전주를 점령한 북한군은 정읍을 돌파하고 7월 23일 오전 10시 광주(光州)까지 진입한 후 남원의 전북경찰부대와 국군을 압박하였다. 남원의 인월국민학교에 있던 전북경찰국은 7월 24일 오전 전황이 계속 불리해지자 전투본부를 함양을 거쳐 진주로 이동하기로 결정하고 해산하였다.[6] 이어 전북경찰부대는 전열을 가다듬고 8월 4일 경남 함양군 법수면에서 전북경찰 3개 중대와 북한군 제6사단간의 전투를 재개한 데 이어 계속 8월 14일 경상남도 함안군 여항면의 필봉전투, 8월 20일 미산령전투 등에 참전하였다.

본 글은 이후 1950년 9월 15일 인천상륙작전이 성공한 후 북상하지 못한 전북지역 북한군 및 좌익세력이 모악산 지역을 중심으로 빨치산활동을 개시하는 과정을 고찰하고자 한다. 그리고 경찰과 국군이 신속하게 전개한 작전도 함께 살펴보려고 한다. 이를 위해 본 연구의 범위를 경찰의 지리산·태백산전투사령부와 국군 제11사단이 1950년 11월 18일부터 다음해 3월 30일까지 전개한 빨치산 진압작전까지로 정하려고 한다.

또한 1차 자료로 최근 발견된 전라북도경찰국의 『1950년 11월 관내상황』과 김제경찰서의 『관내상황』을 참조하고자 한다. 『1950년 11월 관내상황』은 전북경찰국이 수복된 후 처음으로 관내 전투 및 치안상황을 취합, 정리한 내부문서이다. 주요 내용은 경무, 보안, 경비, 사찰, 수사, 통신 등 각 소관별로 긴급하고 중요한 사항이다. 『관내상황』은 김제경찰서가 한국전쟁 기간 동안 행한 모든 활동을 취합·정리한 내부 자료다. 필자는 이 자료를 중심으로 한국전쟁 동안 전개된 제2전선의 형성과정을 입체적으로 조명하는 계기가 되고자 한다. 그리고 한국전쟁사가 국군

---

4 전라북도경찰청, 『전라북도 호국경찰사』, 인문사artCom, 2012, 139쪽.

5 앞의 책, 145쪽.

6 앞의 책, 153쪽.

의 작전 중심에서 벗어나 경찰작전이 포함된 내용으로 다시 써지는 논의가 활발하게 펼쳐지길 바란다.[7]

2. 전북지역의 수복 후 경찰활동과 전황

(1) 전북경찰의 수복

1950년 9월 15일 인천상륙작전이 성공을 거두자 미 제8군사령부는 9월 22일 「작전명령 제101호」를 통해 미 제9군단의 제2사단과 제25사단에게 9월 23일 14시 무제한 공격명령을 하달하여 낙동강 서남부지역 추격작전을 개시하였다.[8] 그 결과 9월 24일 미 제2사단의 합천 공격을 시작으로 9월 26일 미 제24사단 제38연대가 오전 8시 거창을 점령한 후 안의를 경유하여 소백산맥을 넘어 9월 28일 오후 1시경에 전주에 도착하였다. 같은 날 오후 3시 미 제25사단 제35연대의 돌빈(Dolvin) 특수임무부대도 남원으로 진입해 같은 사단 제24연대의 매튜스(Matthews) 특수임무부대와 합류한 후 전주를 향해 북진하였다. 매튜스 부대가 남원에서 머무르는 동안 후속한 미 제25사단의 제24연대 제3대대(일명 블레어 특수부대)가 진격하여 29일 정읍, 이리를 거쳐 금강에 도달하였다. 이윽고 30일 미 제25사단의 제24연대 제1대대가 목표인 군산을 무혈점령하면서 자연스럽게 김제군에도 미군이 진주하였다. 이후 미 제25사단은 후방지역 병참선 방호임무를 맡았으며, 같은 사단의 제24연대는 군산지역을 담당하면서 예하 부대가 김제군까지, 제35연대는 이리지역을 관할하였고, 제27연대는 진주 - 함양 - 남원에 이르는 병참선을 경계하였다.[9]

호남지구에서 작전하던 북한군 제4, 6, 7, 9, 10사단은 UN군의 강력한 공격으로

7 제2전선에 관한 軍史 연구는 다음과 같다. 오문균, 「한국전쟁 시기 경찰의 역할에 대한 연구」, 《군사》 제40호, 국방부 군사편찬연구소, 2000; 정석균, 「제주4・3사건시 군・경의 토벌작전」, 《군사》 제47호, 국방부 군사편찬연구소, 2002; 김광운, 「한국전쟁기 북한의 게릴라전 조직과 활동」, 《군사》 제48호, 국방부 군사편찬연구소, 2003; 김영택, 「한국전쟁기 남한 내 적색 빨치산의 재건과 소멸(1950. 10. 5-1954. 4. 5), 《한국 근현대사 연구》 제27집, 한국근현대사학회, 2002; 박동찬, 「호남지구 게릴라 토벌작전 분석(1950. 6~4)」, 《군사》 제49호, 국방부 군사편찬연구소, 2003; 이선아, 「한국전쟁 전후 빨치산의 형성과 활동」, 『역사학의 시선으로 읽는 한국전쟁: 사실로부터 총체적 인식으로』, 휴머니스트, 2010; 송현강, 「6・25전쟁기 강경경찰서 및 대둔산지구 전투 연구」, 《군사연구》 제134호, 육군군사연구소, 2012 등이 있다.

8 국방부 군사편찬연구소, 『6・25전쟁사: 인천상륙작전과 반격작전 6』, 서울인쇄정보산업 협동조합, 2009, 300쪽.

9 앞의 책, 305-306쪽.

인해 퇴로가 차단됨으로써 그 주력은 소백산맥과 태백산맥을 이용하여 북상하였고, 나머지는 지방 좌익세력과 합류하면서 입산하여 빨치산 활동을 개시하였다.[10] 그 결과 전북지방을 점령했던 북한군 제6사단은 진주에서 전면적인 후퇴를 시작하여 11월 초 북한 함남 신청리에서 중공군을 만날 때까지 철수 병력의 대부분을 보존하여 김일성의 표창을 받았다.[11] 물론 이 부대의 일부가 부대에서 이탈하거나 또는 낙오되어 입산함으로써 빨치산이 된 경우도 있었다. 실례로 마산전선에서 후퇴하다가 서부경남 산악지대에 머물며 독자적인 빨치산 활동을 했던 승리사단 315부대는 북한군 제6사단 병력의 일부였다. 하지만 그 인원은 60명 정도에 불과했다.[12]

전북경찰의 전반적인 수복상황에 관해 전북경찰청의 『전라북도 호국경찰사』는 10월 1일을 기해 전북경찰은 도내 각 경찰서와 지서를 완전히 수복하기 위한 준비에 들어갔다[13]고 기술하고 있다. 『1950년 11월 관내상황』도 10월 1일 선발대 전주 도착을 필두로 점차 대원이 복귀하였다고 기술되어 두 가지 자료는 일치하고 있다.

▎사진 3-4-1. 『1950년 11월 관내상황』(전라북도경찰국)

이를 다시 보면 전주지역에서 작전을 수행한 미 제24사단의 제38연대가 9월 26

---

10 전쟁기념사업회, 『한국전쟁사 5권: 중공군개입과 새로운 전쟁』, 행림출판, 1990, 340쪽.

11 김경현, 『민중과 전쟁기억』, 선인, 2007, 300쪽.

12 앞의 책, 315쪽.

13 전라북도경찰청, 앞의 책, 2013, 176쪽.

일 새벽 지리산 동쪽 측면을 우회하는 진주－남원 중간지점의 전술적 관문인 함양으로 진격하여 28일 점령하였다. 그리고 같은 날 오후 1시경에 전주에 도착하였다.[14] 따라서 전북경찰대가 미 제24사단과 함께 움직였으므로 전북경찰국이 10월 1일 청사를 수복한 것은 정확하다고 판단된다.

그러나 산하 경찰서의 수복에 관해서는 다음과 같이 차이가 있다.

┃ 표 3-4-1. **전북경찰국 산하 경찰서 복귀 상황표**(1950년 11월 10일 현재)

경찰서	1950년 11월 관내상황				전라북도 호국경찰사
	지서·출장소수	수복	미수복	수복날자	수복날자
군산	15	15	-	10월 2일	10월 2일
이리	18	18	-	10월 2일	미기록
금산	11	9	2	10월 10일	미기록
무주	8	-	8	미수복	11월 10일
김제	17	17	-	10월 4일	미기록
전주	20	15	5	10월 1일	10월 1일
진안	12	11	1	10월 8일	미기록
부안	12	9	3	10월 8일	
정읍	18	10	8	10월 3일	1차 수복: 10월 4일, 최종 : 10월 26일
임실	12	3	9	10월 1일	미기록
장수	6	2	4	10월 28일	11월 20일
순창	11	2	9	10월 1일	10월 13일
고창	20	1	19	흥덕지서 진주	11월 18일
남원	19	14	5	10월 1일	

※ 『1950년 11월 관내상황(전북경찰국)』, 61-62쪽.
※ 『전라북도 호국경찰사(2013)』, 169-184쪽.

[표 3-4-1]에 의하면 11월 10일 현재 전북경찰국 산하 지서와 출장소의 수복률은 무주경찰서를 제외하고 62.81%에 달하고 있음을 알 수 있다.

---

[14] 전쟁기념사업회, 『한국전쟁사 4권: 낙동강에서 압록강으로』, 행림출판, 1990, 149쪽.

다시 서별로 수복일을 알아보면, 군산경찰서의 경우 미 제25사단의 제24연대 제1대대가 9월 30일 최종 목표인 군산을 점령하였기 때문에 10월 2일이 정확한 것으로 보인다.

그런데 정읍경찰서의 1차 수복일이 『전라북도 호국경찰사』는 10월 4일이나 『1950 년 11월 관내상황』은 10월 3일로 기록하고 있다. 또한 『전라북도 호국경찰사』는 순창경찰서의 수복일을 10월 13일로 명시하고 있으나 『1950년 11월 관내상황』은 10월 1일로 되어 있어 큰 차이를 보이고 있다. 마찬가지로 장수경찰서도 『전라북 도 호국경찰사』에는 11월 20일로 나와 있으나 『1950년 11월 관내상황』은 10월 28일로 무려 23일이나 차이가 나고 있다. 다른 경찰서의 수복일은 『전라북도 호국 경찰사』에 나와 있지 않기 때문에 『1950년 11월 관내상황』에 나와 있는 기록으로 만 알 수 있다. 이 가운데 금산경찰서는 『금산군지』에 10월 10일로 나와 있으며,[15] 이 날짜는 정확하다고 보인다.

따라서 1차 자료인 『1950년 11월 관내상황』에 의하면 11월 10일 현재 경찰서 청사 및 지서, 출장소를 모두 수복한 경찰서는 군산, 이리, 김제 순이다. 가장 늦게 수복한 경찰서는 무주, 고창, 순창, 임실, 정읍, 장수 순이다. 그 이유는 무주군의 경우 이 지역에는 철수하지 못한 북한군 제1군단 휘하 제6사단 2,000여 명과 제7 사단 임성식 부대 1,000여 명이 지리산으로 이동하면서 강력한 세력을 형성[16]하여 경찰과 국군간의 치열한 전투가 계속되었기 때문이다.

장수군에서도 남아있던 북한군과 좌익 세력들이 덕유산, 장안산으로 입산하면 서 이현상 부대로 합류하고 있는 과정에 있어 무주군과 마찬가지로 경찰과 국군간 의 전투가 지속되었다.[17]

임실군 역시 임실군당 유격대(대장 외팔이)를 비롯한 독수리병단, 벼락병단, 카츄사 병단 등이 장군봉과 회문봉 사이에 사령부를 설치하고 저항을 계속[18]하고 있었기 때문으로 보인다. 다음으로 각 서별 경찰관서의 복귀 현황을 보면 다음과 같다.

---

15 금산군지편찬위원회, 『금산군지』 1 – 생명의 고향, 미래의 땅, 제일인쇄사, 2011, 685쪽.

16 무주군지편찬위원회, 『무주군지』, 대흥정판사, 1990, 542쪽.

17 장수군, 『장수군지』, 남원 중앙인쇄사, 1997, 316쪽.

18 이들은 임실 쪽 강진면 운암댐 하류의 히여터에 유격사령부의 야전병원, 간단한 무기 및 피복공장, 유 격전 훈련소도 설치하였으며, 회문산 주변 일대 순창군과 임실군 마을은 해방구가 되어 주민들로부터 수확의 24%를 거두는 징세행정도 수행하였다. 임실군, 『임실군지』, 청웅제지 인쇄부, 1997, 256쪽.

▌표 3-4-2. 전북경찰국 산하 지역경찰관서 복귀 상황표(1950년 11월 10일 현재)

경찰서	수복/비수복	지서 또는 출장소
군산	수복	대야, 서수, 聖山, 왕산, 회현, 개정, 임피, 成山, 옥구, 옥봉, 목면, 나포지서 신풍출장소, 서포출장소
	미수복	無
이리	수복	오산, 춘포, 성당, 황등, 함라, 망성, 여산, 금마, 황화, 왕궁, 웅포, 삼기, 함열, 북일, 용안, 팔봉지서, 낭산 목천출장소
	미수복	無
금산	수복	금성, 제원, 부리, 군북, 남일, 남이, 진산, 추부, 복수지서
	미수복	신대출장소, 두두리출장소
무주	수복	無
	미수복	설천, 무풍, 적상, 안성, 부남지서, 귀목출장소, 가당출장소, 심곡출장소
김제	수복	월촌, 부량, 죽산, 성덕, 광활, 만경, 진봉, 청하, 백산, 공덕, 백구, 부용, 용지, 봉남, 봉산, 금산, 금구지서
	미수복	無
전주	수복	상관, 구이, 소양, 고산, 봉동, 우전, 이서, 조촌, 삼례, 용진, 초포, 덕진지서, 송정출장소, 운곡출장소, 하리출장소
	미수복	운주, 화산, 비봉, 동상지서, 강천출장소
진안	수복	마령, 부귀, 정천, 용담, 외궁, 상전, 안천, 동경, 백운지서, 물곡출장소, 장승출장소
	미수복	주천지서
부안	수복	단산, 동진, 변산, 보안, 백산, 상서, 줄포지서, 평교리출장소
	미수복	격포, 진서, 산내
정읍	수복	고부, 주호, 신태인, 태인, 칠보, 북면, 감곡, 입암, 소성, 옹동지서
	미수복	이평, 덕천, 영원, 산내, 정우, 내장, 산외지서, 천원출장소
임실	수복	오수, 관촌, 강진지서
	미수복	신평, 신덕, 운암, 성수, 삼계, 청웅, 덕치지서, 옥정출장소, 운곡출장소
장수	수복	계남, 계내, 천천지서
	미수복	산서, 반암, 계북지서
고창	수복	흥덕지서
	미수복	성내, 신림, 성송, 부안, 고수, 아산, 심원, 상하, 해리, 무장, 홍농, 공음, 대산지서, 대장출장소, 동호출장소, 봉암출장소, 반석출장소, 후포출장소, 조산출장소
순창	수복	적성, 금과지서
	미수복	쌍치, 구림, 인계, 동계, 복흥, 팔덕, 풍산, 유등지서, 답동출장소,
남원	수복	사매, 주생, 대산, 금지, 주천, 수지, 옥상, 산동, 이백, 운봉, 동면지서, 아영출장소, 풍산출장소
	미수복	보절, 덕과, 대강, 산내지서, 고기리출장소

※『1950년 11월 관내상황(전북경찰국)』, 63-67쪽.

이렇듯 특정 지역을 수복하였다고 해서 그 지역의 치안이 완전히 확보된 것은 아니었다. 전주경찰서는 1950년 12월 25일 외곽지역에 위치한 상관지서 남관출장소 소실, 1951년 9월 14일 완주군의 산악지대에 소재한 운주지서 소실 등 산발적으로 빨치산과 좌익세력의 공격[19]이 계속 이어지고 있었다.

그 사례로 김제경찰서를 들어보기로 한다. 김제경찰서의 『관내상황』에 의하면 1950년 10월 4일 이재현 서장[20]을 비롯한 서원 25명이 김제군 김제읍 신풍리 141의 1번지 소재 청사로 복귀하였다. 소속 경찰관의 복귀율은 1950년 11월 12일 현재 정원 203명[21]을 기준으로 할 때 12.31%였다. 따라서 이들은 즉시 군내(郡內) 치안을 확보하기 어려웠기 때문에 지원 병력이 올 때까지 경찰서 소재지인 김제읍에서 청사를 방어하며 점차 그 영역을 넓혀 나간 것으로 보인다. 다른 지역에서는 마을 자위대 또는 청방단 등이 자체적인 방어활동과 부역자 색출 등을 하면서 나름 질서를 잡아간 것으로 추정된다.

▎사진 3-4-2. 『관내상황』(김제경찰서)

이후 10월 15일과 16일에는 지원 병력인 경북경찰국 소속 경찰관 13명과 40명이 연이어 도착[22]하면서 경찰서 소속 인원이 78명으로 증가하였다. 이어 피신했던 경찰관들이 속속 돌아와 그 수는 115명에 이르렀다. 전체 총 인원도 193명으로 크

---

19 전주시, 『전주시사』, 신아출판사, 1997, 715쪽.

20 1950년 10월 1일 임명되었으며, 전임자는 하만호 경감(1950년 5월 13일 임명)이다.

21 전북경찰국, 『1950년 11월 관내상황』, 1950, 33쪽.

22 김제경찰서, 「사령원부 1950-1957」, 1958.

게 늘면서 정상적인 경찰서 기능을 회복하였다.[23]

그리고 10월 26일에는 관하 전 지서가 회복되었고,[24] 그 후에는 금산면 일대의 모악산 산악지대를 중심으로 진압작전을 전개하기 위해 '금산유격대'라는 경찰부대를 편성하였다. 특히 '금산유격대'는 경찰관만으로 구성된 부대가 아니라 의용경찰대, 지역청년들을 동원하여, 각각 350명으로 이루어진 전술소대와 중화기소대로 편제된 부대였다.[25]

(2) 빨치산 활동의 시작

1950년 9월 15일 UN군의 인천상륙작전 이후 전북지역의 북한군과 좌익세력은 모악산, 회문산 등의 험준한 산악지대로 잠입하기 시작하였다. 조선노동당의 전북 도당위원회는 9월 28일을 진후해 각 군당에 당을 비합법적인 지하당으로 개편하고, 산간지대 부락을 접수하여 식량을 비축하며, 입산 경험자 및 활동이 가능한 자는 입산시키고, 기타 간부는 일시 남강원도까지 후퇴하라는 지시를 내렸다.[26]

이에 따라 전라북도 내 빨치산[27]들은 전북도당이 중심이 되어 정읍, 순창, 완주 등 각 산악지대에서 활동하기 시작하였다. 전북도당은 전남 순창의 회문산을 근거지로 하여 임실, 남원, 순창의 각 군 빨치산 부대를 지휘하며 보급투쟁을 하였다. 조직은 조직부, 선전선동부, 간부부, 노동부, 경리부, 농민부 등 6개의 부서로 이루어져 있었으며, 도당위원장으로 방준표, 부위원장으로 조병하가 임명되어 있었다.[28]

---

23 김제경찰서, 『관내상황』, 1953, 12쪽.

24 앞의 자료.

25 앞의 자료, 59−60쪽.

26 박동찬, 「호남지구 게릴라 토벌작전 분석(1950. 6~1951. 4)」, ≪군사≫ 제49호, 국방부 군사편찬연구소, 2003, 243쪽.

27 "'빨치산'은 유격전을 수행하는 부대 또는 그 구성원을 말한다. 한국전쟁 전후 남한 지역에서 일어난 조직적 무장 유격대 활동은 사회주의 세력의 영향 하에서 전개되었다. 이들은 관점과 시기에 따라 여러 가지로 불린다. '2·7 구국투쟁'을 전후해 남로당 무장유격대는 '야산대'나 '산사람'으로 호칭되었다. 군경, 관변은 '叛徒', '共匪'라는 명칭을 사용했다. 미국 측 기록에는 이들이 '暴徒', '叛徒(rioter, insurgent)', '게릴라(guerilla)'로 기술되어 있으며, 간혹 '빨치산(partisan)'으로도 기재되었다. 이 시기 무장유격활동의 당사자들은 자신들을 '빨치산(빨찌산)' 또는 '인민유격대'로 인식하고 호칭하였다.", 이선아, 「한국전쟁 전후 빨치산의 형성과 활동」, 『역사학의 시선으로 읽는 한국전쟁: 사실로부터 총체적 인식으로』, 휴머니스트, 2010, 397쪽. 본 논문에서는 원문에 나와 있는 경우를 제외하고, 한국전쟁 전에는 '인민유격대', 이후에는 정치적 성격과 스스로 불렸던 점 등을 감안하여 '빨치산'으로 호칭한다.

28 앞의 책, 235쪽.

또한 전투조직으로 전북도유격대(사령관 방준표, 부사령관 조병하) 휘하에 있는 애택부대, 보위부대, 백학부대, 김제유격대, 임실유격대 등이 있었다.[29]

전북의 빨치산들은 한국전쟁 이전에 비해 규모와 인원이 증가하고, 인적 구성도 다양해졌다. 이는 보도연맹원 검속 피살, 전쟁 전 구(舊)빨치산 진압과정[30]에서 부락소개 및 인명 피해 등을 경험한 이유로 북한군 점령정책에 협력한 자들의 입산이 많았기 때문이다.[31]

그러나 이미 1950년 11월 전북에는 경찰에 의해 생포된 북한군들이 많이 있었다. 그 수는 전북경찰국에 16명, 군산경찰서에 80명, 이리경찰서에 150명, 김제경찰서에 101명, 전주경찰서에 507명, 진안경찰서에 37명, 정읍경찰서에 7명, 임실경찰서에 104명, 순창경찰서에 8명, 남원경찰서에 34명으로 총 1,044명이었다.[32] 금산과 장수경찰서는 통신두절로, 고창과 무주경찰서는 미복구로 인해 그 수를 취합하지 못하였다. 전북경찰국은 이들을 포로수용소로 압송하고, 의용군은 CIC대장과 협의하여 각 경찰서장이 귀가증명서를 발부하여 귀향시켰다.[33]

전북 이외의 지역에서도 빨치산 활동이 활발하게 전개되었다. 백운산에는 경남도당의 남해안사단이 근거지로 하여 광양, 순천, 곡성, 구례의 부대를 지휘하며 보급투쟁을 하고 있었다. 지리산에는 경남도당과 북한군 제2병단의 낙오병들과 좌익세력이 본거지를 두고 함양, 산청, 진주, 하동의 빨치산 부대를 지휘하였다. 운장산에는 북한군 제572부대장 강태무가 인솔하는 직속부대인 한두산부대, 가와산부

---

29 김광운, 「북한의 비정규전 조직과 전개」, 『역사학의 시선으로 읽는 한국전쟁』, 한국역사연구회 현대사분과편, 선인, 2010, 376–377쪽.

30 해방 후 남한에서 빨치산에 대한 진압작전을 본격적으로 개시하기 시작한 때는 1948년 여순사건 이후부터다. '여순 반란군토벌 전투사령부'는 10월 30일 '호남방면 전투사령부'로 그 명칭을 변경하고 지리산, 보성, 벌교, 공양지구에서 진압작전을 수행한 후 11월 30일 해체되었다. 다음해 1949년 3월 1일 육군본부는 여전히 지리산지역에 남아 활동하고 있는 빨치산에 대응하기 위해 지리산지구전투사령부와 호남지구전투사령부를 설치하여 여순사건의 주모자였던 김지회와 홍순석 등을 사살하는 등의 전과를 올렸다. 그리고 5월 9일 이 사령부를 해체하면서 호남지구의 빨치산 진압을 제5사단 예하 15연대(순천), 제20연대(남원), 제23연대 제1대대(함양군과 산청군)가 수행하도록 하였다. 1949년 9월 22일에는 내무부에서 군경수뇌회의가 개최되어 경찰에서는 지리산전투경찰대를 창설, 그 본부를 남원에 설치하여 군의 진압작전을 적극 지원하기도 하였다. 1949년 9월 28일 육군본부는 남원에 지리산전투사령부를 복설하고, 다음날 9월 29일 치안국이 충북 단양에 태백산지구전투사령부를, 전남 남원에 지리산지구전투경찰대를 설치하여 육군과 함께 빨치산 진압작전을 수행하도록 하였다.

31 김광운, 앞의 책, 2010, 409쪽.

32 전북경찰국, 앞의 책, 1950, 95–96쪽.

33 앞의 책, 94쪽.

대, 백두산부대, 압록강부대, 청천강부대 등이 근거지를 두고 진안의 빨치산부대를
이끌었다. 특히 덕유산에는 이현상이 지휘하는 제303, 304부대가 무주, 장수, 거창
의 빨치산을 지휘하였다. 이들은 모두 22,602명으로 12월 중순경 북상을 목적으로
덕유산에 총집결하였다가 중공군의 침입에 힘입어 같은 달 하순경 이들의 거점지
로 다시 이동하였다.[34]

(3) 북한군 패잔병과 좌익세력의 항전

전북경찰국의 『1950년 11월 관내상황』에 의하면 북한군의 퇴각 과정에서 이들
이 좌익세력과 함께 다양한 형태로 경찰관서를 습격하였고, 쌍방 간에 격렬한 전
투가 벌어졌음을 알 수 있다. 이 자료에 기술된 10월 3일부터 11월 11일까지 벌어
진 전투상황을 날짜 순으로 정리하면 다음과 같다.[35]

▌ 표 3-4-3. **전북경찰국의 전투상황표**(1950년 10월 3일~11월 11일)

날짜	전투상황
10월 3일 03시 30분경	정읍경찰서 태인지서에 약 80명이 내습하여 지서가 전소되고, 주민 8명이 피살.
10월 5일 05시경	정읍경찰서에 약 100명이 내습하여 서원들이 응전하여 격퇴. 전과로 7명을 사살하고, 박격포 1문, 경기관총 2정, 소총 3정을 획득하였으나 청사가 반소되고 주민 8명이 피살.
10월 6일 24시경	김제경찰서 금산지서에 1,500명(또는 2,500명)[36]이 내습하여 청사가 전소되고 주민 8명이 피살.
10월 8일 시간 미상	임실경찰서 삼계지서에 약 100명이 내습하여 청사가 전소되고 주민 1명이 피살되었으며, 시간 미상인 가운데 은암지서에 약 50명이, 신덕지서에 약 50명이 내습하여 각 청사가 전소. 02시경 청웅지서에 약 50명이 내습하여 청사가 전소되고, 식량 약간을 탈취 당함.
10월 8일 04시경	금산경찰서에 약 200명이 내습하여 서원들이 응전하였으나 중과부적으로 후퇴하였고, 빨치산들이 경찰서 청사를 방화한 후 퇴거. 피해로 경찰관 5명이 전사하고 주민 10명이 피살.
10월 9일 05시경	순창경찰서에 약 800명이 내습하여 서원들이 6시간 동안 교전하였으나 중과부적으로 남원경찰서로 후퇴하였고, 피해로 청사가 전소.

---

34 내무부 치안국 대한경찰전사발간회, 『대한경찰전사 제1집 민족의 선봉』, 흥문출판사, 1952, 81-182쪽.

35 전북경찰국, 『1950년 11월 관내상황』, 1950, 71-76쪽.

36 철필로 쓰인 숫자가 1,500명 또는 2,500명인지 불분명하다.

10월 10일 06시경	정읍경찰서 신태인지서에 약 200명이 내습하여 지서원들이 2시간 동안 교전하여 빨치산들을 격퇴. 피해로 경찰관 5명이 전사하고, 주민 7명이 피살되었으며, 청사가 전소되었다. 전과로 경기관총 1정을 획득.
10월 11일 23시경	전주경찰서 구이지서에 약 100명이 내습하여 지서원들이 후퇴. 피해로 주민 4명이 피살되었고 청사가 전소.
10월 12일 19시경	정읍경찰서 주호지서에 약 100명이 내습하여 지서원들이 응전하여 격퇴. 피해로 주민과 향방단원 11명이 피살. 또한 정읍경찰서에 약 100명이 내습.
10월 13일 03시경	김제경찰서 금구지서에 약 100명이 내습하여 지서원들이 응전하여 격퇴. 피해로 지서, 면사무소, 금융조합이 전소.
10월 14일 22시 20분경	임실경찰서에 약 100명이 내습하여 서원들이 응전하여 격퇴. 전과로 2명을 사살.
10월 15일 13시 30분경	진안경찰서 주호지서에 약 50명이 내습하여 지서원들이 응전하여 격퇴. 전과로 4명을 사살하고, 장총 2정을 획득.
10월 15일 13시 30분경	정읍경찰서 장승출장소에 약 60명이 내습하여 응전하여 격퇴. 전과로 4명을 사살하고, 장총 2정을 획득.
10월 16일 06시경	장수경찰서 반암지서에 약 360명이 내습하여 지서원들이 후퇴. 피해로 청사가 전소.
10월 19일 03시 30분경	임실경찰서 오수지서에 약 50명이 내습하였으나 격퇴. 피해로 2명이 전사하고, 5명이 중상. 전과로 12명을 사살하고, 2명을 생포하였으며, 경기관총 1정과 장총 2정을 획득.
10월 22일 05시 30분경	전주경찰서 용진지서에 인원 불상이 내습하였으나 격퇴.
10월 22일 13시경	진안경찰서 장승출장소에 약 1,000명이 내습하였으나 격퇴. 피해로 경찰관 3명이 부상. 전과로 41명을 사살하고, 12명을 생포하였으며, 99식 소총 3정과 아식 소총 11정을 획득.
10월 23일 03시경	장수경찰서 천천지서에 약 50명이 내습하여 응전하였으나 중과부적으로 후퇴. 피해로 경찰관 2명이 전사하고, 무기 16정이 피탈.
10월 23일 08시경	정읍경찰서 태인지서에 약 250명이 내습하였으나 격퇴. 피해로 2명이 전사하고, 2명이 중경상. 전과로 22명을 사살하고, 16명을 생포하였으며, 99식 소총 3정을 획득.
10월 24일 20시 20분경	임실경찰서 강진지서에 인원불상이 내습하여 응전하여 격퇴.
10월 25일 07시경	임실경찰서 강진지서에 약 300명이 재차 포위하여 내습하여 이에 응전하였으나 중과부적으로 후퇴. 피해로 경찰관 2명이 전사하고 11명이 중상을 입었으며, 무기 16정이 피탈되었고, 지서·금융조합·면사무소가 전소. 전과로 2명을 사살하고 다발총 1정을 획득.
10월 26일 06시경	진안경찰서 주천지서에 완전 무장한 약 300명이 내습하여 지서가 전소.
10월 26일 21시 38분경	이리경찰서 황화지서에 약 300명이 내습하여 지서원들이 응전하여 격퇴. 피해로 자위대원 2명이 전사하고, 1명이 중상을 입었으며, 1명은 경상을 .

10월 27일 04시경	전주경찰서 고산지서에 인원불상이 지서에 방화하고 퇴거. 피해로 청사가 전소.
10월 29일 05시 30분경	김제경찰서 금산지서에 약 400명이 내습하여 지서원들이 응전하여 격퇴. 피해로 4명이 전사하고, 3명이 부상.
10월 30일 06시경	진안경찰서 용담지서에 북한군 약 100명과 좌익세력 200명이 3방면으로 포위 내습하였으나 격퇴. 피해로 청방장교 1명이 전사하고, 지서원 2명이 중상. 전과는 14명을 사살하고, 쏘식 장총 2정을 획득.
11월 1일 11시경	진안경찰서 용담지서에 약 100명이 내습하여 지서원들이 응전하여 격퇴. 전과로 10명을 사살.
11월 1일 21시경	김제경찰서 금산지서에 다수가 내습하여 경찰대가 격퇴. 전과로 10명을 사살.
11월 4일 03시경	전주경찰서 고산지서에 약 150명이 내습하여 지서원들이 응전하여 격퇴.
11월 8일 03시경	전주경찰서 구이지서에 약 200명이 내습하여 지서원들이 응전하여 격퇴.
11월 8일 04시경	임실경찰서 관촌지서에 약 150명이 내습하여 지서원들과 주둔 국군이 격퇴. 피해로 경찰관 1명이 경상을 입었고, 주민 가옥 5동이 전소되었다. 전과로 4명을 사살.
11월 8일 24시경	부안경찰서 주산지서에 약 100명이 내습하여 지서원들이 응전하여 격퇴. 피해로 치안대원 2명이 전사하고 1명이 부상하였으며, 주민 가옥 4동이 전소. 전과로 3명을 사살.
11월 10일 0시경	부안경찰서 보안지서에 약 500명이 내습하여 지서원들이 응전하여 격퇴.
11월 10일 05시경	전주경찰서 고산지서에 약 300명이 내습하여 지서원들이 수시간 교전하였으나 중과부적으로 후퇴. 경찰관 8명, 의경 12명이 피해를 입었고,[37] 지서와 민가 8동이 전소. 전과로 25명을 사살하고, 쏘식 장총 1정을 획득.
11월 10일 07시경	부안경찰서 상서지서에 약 50명이 내습하여 지서원들이 응전하여 격퇴. 전과로 3명을 사살.
11월 11일 01시경	김제경찰서 봉남지서에 약 70명이 내습하여 지서원들이 응전하여 격퇴.
11월 11일 03시경	임실경찰서 역전출장소에 약 100명이 내습하여 경찰대가 응전하여 격퇴. 피해로 임실역이 전소.
11월 11일 05시경	부안경찰서 상서지서에 약 50명이 내습하여 경찰대가 응전하여 격퇴. 전과로 4명을 사살하고, 일본도 1점을 획득.

이 자료를 분석하기 위해 먼저 북한군과 좌익세력의 경찰관서 공격 횟수를 보면 다음과 같다.

---

37 전사, 부상 등 세부적인 내용이 기록되어 있지 않다.

▌표 3-4-4. 전북지역 북한군과 좌익세력의 인원별 경찰관서 공격 비율표(1950년 10월 3일~11월 11일)

인원(명)	횟수	비율(%)	비율(%)	비고
1,000 이상	2	4.76	9.52	연대급 이상
1,000~500	2	4.76		대대, 연대급
500~300	6	14.28	23.8	중대~대대급
300~200	4	9.52		
200~100	12	28.67	52.48	소대, 중대급
100~50	10	23.81		
50 이하	2	4.76	4.76	소대급 이하
인원 불명	4	9.52	9.52	
합계	42	100	100	

※『1950년 11월 관내상황(전북경찰국)』, 71-76쪽.

[표 3-4-4]를 보면 경찰관서를 가장 많이 공격한 북한군과 좌익세력의 부대규모는 소대~중대급으로, 이는 전체 가운데 52.48%를 차지하고 있음을 알 수 있다.

공격 시간은 시간이 명시된 39건 가운데 일몰 후 새벽시간대인 18시부터 06시까지가 36건으로 92.30%를 차지하고 있어, 대부분 야간에 공격을 감행한 것을 알 수 있다.

그리고 경찰관 및 주민, 북한군 및 좌익세력의 인적 피해는 다음과 같다.

▌표 3-4-5. 경찰관 및 주민과 북한군 및 좌익세력의 피해표(1950년 10월 3일~11월 11일)

일자	지역	경찰관서	인적 피해(명)		
			경찰관	주민	북한군 및 좌익세력
10월 3일	정읍	태인지서	-	8 피살	-
5일		경찰서	-	8 피살	7 사살
6일	김제	금산지서	-	8 피살	-
8일	임실	삼계, 은암, 신덕, 청웅지서	-	1 피살	-
	금산	경찰서	전사 5	10 피살	-
9일	순창	경찰서	-	-	-
10일	정읍	신태인지서	5 전사	7 피살	-
11일	전주	구이지서	-	4 피살	-
12일	정읍	경찰서, 주호지서	-	11 주민, 향방단원 피살	-

13일	김제	금구지서	-	-	-
14일	임실	경찰서	-	-	2 사살
15일	진안	주호지서	-	-	4 사살
	정읍	장승출장소	-	-	4 사살
16일	장수	반암지서	-	-	-
19일	임실	오수지서	2 전사 5 중상	-	12 사살, 2 생포
22일	전주	용진지서	-	-	-
	진안	장승출장소	부상 3	-	41 사살, 12 생포
23일	장수	천천지서	전사 2	-	-
	정읍	태인지서	전사 2 중경상 2	-	22 사살, 16 생포
24일	임실	강진지서	-	-	-
25일		전사 2 중상 11	-	2 사살	
25일	진안	주천	-	-	-
26일	이리	황화지서	-	2 전사 1 중상 1 경상 (자위대원)	-
27일	전주	고산지서	-	-	-
29일	김제	금산지서	전사 4 부상 3	-	-
30일	진안	용담지서	중상 2	1 전사 (청방장교)	14 사살
11월 1일		-	-	10 사살	-
1일	김제	금산지서	-	-	10 사살
4일	전주	고산지서	-	-	-
8일	전주	구이지서	-	-	-
	임실	관촌지서	1 경상	-	4 사살
	부안	주산지서	-	2 전사 1 부상 (치안대원)	3사살
10일	부안	보안지서	-	-	-
		상서지서	-	-	3 사살
	전주	고산지서	8 경찰관 피해	12 義警 피해	25 사살

※『1950년 11월 관내상황(전북경찰국)』, 71-76쪽.

[표 3-4-5]를 보면 날짜 별로 크게 3단계로 분석할 수 있다. 먼저 10월 3일부터 6일까지 북한군과 좌익세력의 공격으로 모두 주민들만 피살되었고, 그 수도 많았다. 이어 8일부터 30일까지 경찰관과 북한군 및 좌익세력 간에 서로 피해가 컸으며, 주민의 경우 마을의 자위대원이나 치안대원, 청방대원 등 이외에는 피해가 없었다. 그리고 11월 1일부터 북한군 측의 피해가 커지기 시작하였다.

김제군의 경우 북한군과 좌익세력 약 1,500명 또는 2,500명이 10월 6일부터 모악산 인근에 있는 금산지서를 공격하기 시작하였다. 이 인원은 당시 가장 많이 집결한 것으로 다시 13일 약 100명이 금산지서와 가까운 금구지서를, 29일과 11월 1일 연이어 각각 약 400명과 불상의 인원이 다시 금산지서를 공격하였다. 또한 모악산에서 멀지 않은 봉남지서도 약 70명이 공격하였다.

그 결과, 주민 8명이 피살되고, 경찰관 4명이 전사, 3명이 부상하였으며, 금산지서가 전소되는 한편 북한 측도 10명이 사살되었다. 이처럼 북한군이 퇴각한 초기에 북상하지 못한 북한군과 좌익세력이 모악산 주변에 있는 김제경찰서 관할 지서를 공격하여 양측 간에 격렬한 전투가 전개되었다. 다른 지서들은 대부분 평야지대에 위치해 있었기 때문에 공격을 한 후 후퇴하여 모악산에 다시 은거하기가 용이하지 않아 거의 피해가 없었다.

이와 같은 상황을 볼 때 전북지역에서는 10월 3일부터 6일경까지 경찰과 국군이 북한군과 좌익세력의 공격을 방어할 수 있는 준비를 제대로 갖추지 못하여 많은 주민의 희생이 따랐다는 것을 알 수 있다. 이후 경찰과 국군은 10월 말까지 마을 치안대나 청방단 등과 함께 방어태세를 구축하였고, 11월부터 지역에 따라 차이가 있지만 전반적으로 이들이 북한군과 좌익세력의 공격을 막아낼 수 있는 단계에 이르렀다고 보인다.

그러나 10월 24일과 25일 임실의 강진지서와 10월 30일과 11월 1일 진안경찰서의 용담지서 공격과 같이 북한군과 좌익세력이 연일 공격할 때는 경찰의 피해가 아주 컸다. 이는 당시 경찰과 국군이 지서 단위로까지 이들의 계속되는 공격을 막아 낼 수 있는 방어력을 확보하지 못하였기 때문으로 판단된다.

또한 공격 날짜와 지역을 분석하면 퇴로를 차단당한 전북지역 북한군과 지방 좌익세력의 이동 경로를 알 수 있다. 10월 3일부터 11월 11일까지 이들의 경찰관서 공격상황을 표로 다시 정리하면 다음과 같다.

표 3-4-6. 전북지역 북한군 및 좌익세력의 경찰관서 공격상황표(1950년 10월 3일~11월 11일)

일자	지역	경찰관서	공격 규모	비고
10월 3일	정읍	태인지서	약 80명	지서 전소
5일		경찰서	약 100명	청사 반소
6일	김제	금산지서	약 1,500명 또는 2,500명	지서 전소
8일	임실	삼계, 은암, 산덕, 청웅지서	약 250명	모든 지서 전소
	금산	경찰서	약 200명	경찰서 방화
9일	순창	경찰서	약 800명	경찰서 전소
10일	정읍	신태인지서	약 200명	지서 전소
11일	전주	구이지서	약 100명	
12일	정읍	경찰서, 주호지서	약 100명	격퇴
13일	김제	금구지서	약 100명	지서, 면사무소, 금융조합 전소
14일	임실	경찰서	약 100명	격퇴
15일	진안	주호지서	약 50명	
	정읍	장승출장소	약 60명	
16일	장수	반암지서	약 360명	지서 전소
19일	임실	오수지서	약 50명	격퇴
22일	전주	용진지서	인원 불상	
	진안	장승출장소	약 1,000명	
23일	장수	천천지서	약 50명	지서원 후퇴
	정읍	태인지서	약 250명	격퇴
24일	임실	강진지서	인원 불상	
25일			약 300명	지서, 면사무소, 금융조합 전소
26일	진안	주천	약 300명	지서 전소
	이리	황화지서	약 300명	격퇴
27일	전주	고산지서	인원 불상	지서 전소
29일	김제	금산지서	약 400명	격퇴
30일	진안	용담지서	약 300명(북한군 100명, 좌익세력 200명)	
11월 1일			약 100명	
1일	김제	금산지서	다수 내습	
4일	전주	고산지서	약 150명	

8일		구이지서	약 200명	
8일	임실	관촌지서	약 150명	
10일	부안	보안지서	약 500명	격퇴
		상서지서	약 50명	
	전주	고산지서	약 300명	지서원 후퇴
11일	김제	봉남지서	약 70명	격퇴
	임실	역전출장소	약 100명	임실역 전소
	부안	상서지서	약 50명	격퇴

※『1950년 11월 관내상황(전북경찰국)』, 71-76쪽.

[표 3-4-6]에서 볼 수 있듯이 9월 30일 미 제24연대 1대대가 군산을 탈환하자 미처 북상하지 못한 이 일대의 북한군과 좌익세력은 일단 김제군의 모악산으로 집결하였다. 그 이유는 모악산이 동쪽으로 전주의 구이면, 동북쪽으로 임실, 남쪽으로 순창의 회문산과 쌍치면, 그리고 남서쪽의 내장산까지 크고 작은 연봉으로 이어져 있어 전북에서 빨치산 활동을 하기에는 가장 좋은 조건을 갖추고 있었기 때문이다.

10월 3일 이들 가운데 약 100명이 정읍경찰서를, 80명이 정읍경찰서 태인지서를 공격하기 시작하였다. 그리고 10월 6일 가장 큰 규모인 약 1,500명 또는 약 2,500명이 모악산 인근에 있는 김제의 금산지서를 공격하여 지서를 전소시키고 다시 모악산 산악지대로 잠입한 것으로 추정된다.

10월 9일에는 약 800명이 순창경찰서를 공격하여 경찰서 청사와 지서를 전소시켰으며, 13일 모악산의 능선과 바로 연결되는 김제군의 금구지서도 공격하여 지서는 물론 면사무소, 금융조합을 전소시키는 등 마을 전체에 큰 피해를 입혔다. 점차 시간이 가면서 경찰과 국군 부대의 전력이 강화되면서 방어체제가 확립되자 이들은 10월 20일 전후로 무주의 덕유산과 진안의 운장산 산악지대로 이동한 것으로 보인다. 10월 22일 약 1,000명이 집결하여 진안의 운장산 서쪽의 부귀면 신정리에 있는 장승출장소를 공격하여 격퇴되었지만, 다시 25일 약 300명이 운장산 북쪽에 소재한 주천지서를 포위하고 공격하여 지서를 전소시켰다.

그동안 모악산 일대에 남아 있는 이들은 김제, 정읍의 지서에 대한 공격을 이어나갔지만 대부분 격퇴되었다. 하지만 26일 약 300명이 이리의 황화지서를 공격하여 지서를 전소시키고, 29일 약 400명이 전주의 고산지서를 공격하는 등 여전히 건재한 모습을 보여주었다. 게다가 11월 11일 약 70명이 김제의 모악산 인근에 있는 봉남지서를 공격하였고, 같은 날 약 100명이 임실의 역전출장소를 공격하여 임실역이 전소되는 등 큰 피해를 주기도 하였다.

그리고 11월 10일 약 500명이 부안군의 해안 산악지대 북서부에 위치해 있는 보안지서에, 10일과 11일 이틀간 약 50명이 북동부에 위치한 상서지서를 공격한 것을 볼 때 11월 초 덕유산과 운장산으로 집결한 북한군과 좌익세력의 일부가 부안군의 해안 산간지대로 다시 이동한 것으로 추정된다. 이때까지 이동한 경로를 표로 보면 다음과 같다.

▎도표 3-4-1. **북한군 퇴각 후 전북지역의 패잔병 및 좌익세력의 이동상황표**(1950년 10월~11월)

그 이유는 덕유산과 운장산을 출발하여 육로가 아닌 해로를 통해 입북할 경우 부안군을 통하는 것이 남해보다 거리적으로 훨씬 가깝고 수월하며 항해시간도 짧았기 때문으로 보인다. 게다가 부안군에는 반도라는 지형적 특성이 있는 지역으로 내륙에서 경찰과 국군이 공격을 하더라도 서해와 접해 있는 상봉(508m) 일대를 중심으로 빨치산 활동을 계속할 수 있는 산악지대가 있었다.

3. 빨치산의 형성과 경찰의 진압작전

(1) 초기 진압작전의 전개

치안국은 「비상경비총사령부 설치 훈령」을 근거로 1950년 12월 6일 지리산지
구전투사령부(이하 지전사)와 태백산지구전투사령부(태전사)를 창설하였다. 지전사는
제203, 205대대를 기간으로 하여 남원에 본부를 두고 전남·북 일원과 경남 서부
지역을 담당하게 하였다.[38] 태전사는 제200, 207부대를 기간으로 하여 경북 영주
에 본부를 두고 경북 일원, 강원 남부, 충북 동부지역을 담당하게 하였다.[39]

전북경찰국 또한 10월 1일 복귀하자마자 수복된 각 경찰서별로 전투경찰 활동
의 거점을 마련하고, 각 경찰서 단위로 진압부대를 편성하였다. 11월 동계에 접어
들자 총원 922명으로 이루어진 2개 전투경찰대대와 841명으로 편성된 10개 유격
대를 조직하고, 1951년 3월까지 도내 빨치산을 전원 진압하는 「잔비소탕 기본계
획」을 수립하고 실행하였다.[40]

국군 역시 강력하게 빨치산 진압을 개시하였다. 국군 제11사단은 경찰보다 앞서
1950년 10월 4일부터 호남과 지리산지구 작전에 돌입하여 예하 제9연대를 전남으
로, 제13연대를 전북으로, 제20연대를 지리산지구로 각각 분산하고, 5개 경비대대
와 청년방위대까지 동원하여 빨치산 진압작전을 개시하였다.[41] 이어 1950년 11월
18일부터 다음해 3월 30일까지 빨치산 진압작전을 본격적으로 전개하여 사살
1,950명, 생포 및 귀순 2,178명의 전과를 올렸다. 그러나 경찰과 국군의 인명피해
도 전사 531명, 실종 85명, 부상 843명으로 많았다.[42]

이와 같이 경찰과 국군은 전력을 다하여 빨치산을 진압하려고 하였다. 이는 다

---

38 지리산전투사령부의 신상묵 사령관(경무관)은 1951년 10월 12일 빨치산 출신 38명으로 이루어진 '보
아라부대(부대장 문순묵)'를 창설하였다. 이 부대는 10월 14일과 10월 15일 2차에 걸친 회문산 기습
작전을 펼친 후, 11월 8일과 9일 전남 담양의 가막골을 급습하여 사살 120명, 중상 100명, 생포 9명,
아지트 13개소 파괴 등의 큰 전과를 올렸다. 김형필, 『들불을 찾아서: 돌아온 빨치산의 수기』, 한국출
판사, 1952, 118−119쪽.

39 이외에 치안국은 북한군 제10사단의 안동 출현을 기회로 청도, 울산, 양산, 밀양 등에서 빨치산의 활
동이 강력해질 것에 대응하기 위해 1951년 1월 30일 경상북도 청도에 서울과 경기부대로 혼성된 운
문산지구전투사령부를 창설하였으나 작전지역내 별다른 움직임이 포착되지 않아 곧 해체하였다. 윤
장호, 『호국경찰전사』, 제일, 1995, 201−202쪽.

40 전북경찰국, 앞의 책, 1950, 77쪽.

41 김광운, 앞의 책, 2010, 377쪽.

42 국방부 군사편찬연구소, 『대비정규전사』, 서라벌인쇄주식회사, 1988, 174쪽.

음과 같은 한국전쟁에 관한 남한정부의 정책적 판단과 경찰과 국군의 대처능력에 따른 것으로 보인다.

첫째, 북한은 무력통일을 추구하고 있었기 때문에 남한정부에서는 북한에 의해 통일되어서는 안 된다는 극단적인 위기감이 팽배해 있었다.[43]

둘째, 정부의 입장에서는 전쟁이 독립된 정치적 단위인 '국가'들의 조직화된 군사력 사이에 벌어지는 실질적인 무력갈등이므로, 이를 통해 일반적으로 '국가' 건설을 촉진하는 경향이 있기[44] 때문에 한국전쟁의 승리가 신생 '대한민국'의 미래와도 직결되어 있는 문제였다.

셋째, 경찰관 국군에서는 남한정부가 한국전쟁 발발 전에 발생하였던 여순사건을 '공산주의자들의 반란'으로 규정한 이래 북한을 포함한 내·외부의 공산주의자들을 정부 전복을 획책하는 '적'으로 간주하고,[45] 1948년 12월 「국가보안법」 제정, 1949년 4월 국민보도연맹 결성 등을 통해 '반공주의'를 더욱 강화하고 있었다.[46]

넷째, 북한이 1948년 11월부터 1950년 3월까지 10차에 걸쳐 남한으로 총병력 2,345명의 인민유격대를 침투[47]시켰고, 이에 대해 남한의 경찰과 국군은 호남·지리산지구전투사령부를 창설하여 진압한 실전경험을 이미 갖고 있었다. 때문에 빨치산 진압작전을 신속하게 전개할 수 있었다.

게다가 경찰에서는 간부급 이상이 대부분 일제강점기 전력(前歷)을 가진 이들로 채워져 있었기 때문에 한국전쟁 발발 전부터 대다수가 반공주의로 무장되어 있었다. 또한 이들은 일제강점 말기 전시체제 하에서 전쟁을 경험한 적이 있었고 북한군에 대해 잘 알고 있었다.[48] 국군 역시 창설의 근간이 된 것은 일본군과 만주군 경력자들의 군문(軍門)으로의 투신이었고, 군 간부들은 여순사건 이후 숙군으로 인해 반공주의로 일체화되고 있었다.[49]

---

43 김동춘, 「냉전, 반공주의 질서와 한국이 전쟁 정치: 국가폭력의 행사와 법치의 한계」, 『경제와 사회』봄, 제89호, 비판사회학회, 2011, 342쪽.

44 전상인, 「한국전쟁과 국가건설」, 『아시아 문화』16, 아시아문화연구소, 2000, 26쪽.

45 김득중, 『빨갱이의 탄생: 여순사건과 반공국가의 형성』, 선인, 2015, 602쪽.

46 한지희, 「정부 수립 직후 극우반공주의가 남긴 상처 국민보도연맹의 조직과 학살」, ≪역사비평≫ 제37집, 역사비평사, 1996, 291–292쪽.

47 국방부 군사편찬연구소, 『대비정규전사』, 서라벌인쇄주식회사, 1988, 44쪽.

48 "일경 출신 선배의 재등용에 대해서는 지금까지도 찬·반이 갈리는 경우가 없지는 않지만 그 당시 공산당의 실체와 전술을 배워 아는 경찰이란 그들뿐이었다는 것을 상기할 필요가 있다." 전재곤, 「銃聲 없는 武警小史」, 『강원경찰전사』, 강원지방경찰청, 디자인 맑음, 2013, 495–496쪽.

한편 치안국이 전시체제로 전환하기 위해 국내(局內)에 신설한 과는 '경비과'가 아닌 '보급과'로, 날짜는 한국전쟁이 발발한 후 2달 가까이 지난 8월 20일이었다.[50] 이는 경찰의 특성상 당시 전력(戰力)이 국군에 비해 많이 약하여 직접 북한군에 대한 단독 전투를 하기에는 역부족이었고, 경찰의 장비도 상당히 열악해서 우선적으로 필요한 것이 장비 및 물자 보급이었기 때문으로 보인다. '경비과'가 '보안과'에서 독립하여 신설된 때는 정전협정 체결협상이 임박한 시기인 1953년 7월 6일이었다.[51] 따라서 한국전쟁기에 경찰의 전투는 '경비과'라는 독자적인 부서가 설치되지 않았다. 대신 치안국 총경비사령부를 정점으로 하는 전투체제로 전환되었다. 그리고 지방경찰국 단위로 경비사령부－경찰서 부대로 세분화되었다. 그 대표적인 부대는 서남지구전투경찰대로,[52] 휘하에 연대, 대대, 중대 등으로 이어지는 국군과 동일한 계선조직으로 편성되었다.

(2) 중공군 개입 후 빨치산의 이동 상황

1951년 1월 7일 북한군이 중공군의 강력한 지원에 힘입어 다시 수원을 점령하고 계속 오산과 장호원, 제천, 삼척 등의 지역까지 남하하였다. 전황은 날로 심각해져갔고 UN군이 강력하게 반격할 수밖에 없었다. 당시 전남·북의 빨치산들은 덕유산, 지리산, 기타 지역의 험준한 산악지대로 잠입, 분산되어 재기할 기회를 기다리고 있었다. 이에 대해 경찰의 지전사와 국군의 제11사단 제13연대는 빨치산에 대한 진압을 변함없이 이어 나갔다. 경찰과 국군은 이들 빨치산을 크게 '무장 병력'과 '비무장 병력'으로 구분[53]하고 작전을 전개하였다. 여기서 '무장 병력'은 북한

---

49 윤충로, 「20세기 한국의 전쟁 경험과 폭력」, 《민주주의와 인권》 제11집, 전남대학교 5·18 연구소, 2011, 256쪽.

50 「대통령령 제380호: 내무부직제중 개정의 건」(1950년 8월 10일).

51 「대통령령 제804호: 내무부직제중 개정의 건」(1953년 7월 6일).

52 서남지구전투경찰대(서전경)는 1953년 5월 1일 국군의 백야전사와 유사한 경찰부대이다. 백야전사와 서전경의 차이는 백야전사가 국군과 경찰부대로 이루어져 있었으나 지휘권이 국군에 있었고, 서전경은 경찰관만으로 조직되어 경찰이 직접 통솔하는 것이었다. 서전경은 전북의 남원·장수·임실·순창, 전남의 순천·승주·광양·곡성·구례, 경남의 함양·거창·하동의 3개도 12개 지역에서 빨치산을 진압하면서 행정경찰 활동도 수행하였다. 조직은 경비과, 정보과, 수사사찰과 등 6개과, 1개 전투훈련소, 4개 연대, 그리고 의경대, 반공포로 부대, 경찰서 부대로 구성되었다. 이 부대의 인원은 전투경찰 6,512명과 함께 각 경찰서에서 행정경찰도 함께 수행하는 경찰부대원 3,652명을 합쳐 모두 10,164명이다. 이는 1952년도 전체 경찰관 63,427명 가운데 10.26%가 서전경에 배속되어 대(對)빨치산 진압을 전담하였음을 의미한다. 1955년 7월 1일 해대되었다.

군 패잔병, 구(舊)빨치산, 극력 좌익세력 등을 말하고, '비무장 병력'은 북한군과 좌익세력의 가족, 친지, 또는 '생존'을 위한 부역 혐의 등으로 입산한 주민들로 당시 상황에서는 국가체제를 위협하는 잠재적인 '적'이었다.

UN군의 대대적인 반격으로 1월 28일 횡성이 수복되고, 중공군과 북한군이 38선 일대로 퇴각하는 등 전황이 한국 측으로 유리하게 전환되었다. 그리고 경찰과 국군은 다시 본격적으로 전남·북의 산악지대에 은신하고 있던 빨치산들에 대한 진압작전을 개시하였다. 당시 이들 빨치산의 수와 병력을 보면 다음과 같다.

▌ 표 3-4-7. **전라남·북도 지역별 빨치산 병력상황표**(1951년 1월 31일 현재)

지구	인원(수)		합계(명)	비율(%)	무기
	무장	비무장			
덕유산	2,702	1,909	4,611	36.72	박격포 6, 기관포 7, HMG 7, LMG 4
지리산	1,330	370	1,700	13.53	박격포 3, BAR 1, 기관포 2, HMG 5, LMG 9
전북지구	1,796	1,848	3,644	29.01	박격포 4, BAR 1, 로켓포 1, HMG 1, LMG 15
전남지구	1,330	1,272	2,602	20.72	박격포 10, BAR 1, HMG 11, LMG 21
합계	7,158	5,399	12,557	100	

※육군본부,『공비토벌사』, 1954, 도표 제9호.

[표 3-4-7]에 나온 병력을 보면 빨치산 세력의 순은 덕유산, 전북지구, 전남지구, 지리산이다. 그 이유는 덕유산에는 장수, 진안, 무주, 금산, 거창, 함양 등에서, 전북지구에서는 모악산을 중심으로 김제, 전주, 임실, 정읍 등에서, 전남지구에는 백아산과 화학산 등을 중심으로 나주, 화순, 보성, 장흥, 영암 등의 많은 빨치산이 잠입하였기 때문으로 보인다. 다만 지리산에는 이때까지 다른 지역의 빨치산들이 은신하러 오지 않은 시기였다. 구례, 남원, 산청, 하동, 함양 등 주변 지역의 빨치산 정도만 잠입하였기 때문에 숫자가 많지 않았던 것이다.

---

53 육군본부,『공비토벌사』, 1954, <도표> 제6호.

4. 본격적인 빨치산 활동의 개시와 후속 작전

1950년 9월 15일 인천상륙작전이 성공한 후 9월 30일 미 제25사단이 군산을 점령하였고 그 다음날인 10월 1일 전북경찰국이 복귀하였다. 이어 11월 10일 현재 경찰서 청사 및 지서, 출장소를 모두 수복한 경찰서는 군산, 이리, 김제 순이다. 가장 늦게 수복한 경찰서는 무주, 고창, 순창, 임실, 정읍, 장수 순이다. 그러나 특정 지역을 수복하였다고 해서 그 지역의 치안이 완전히 확보된 것은 아니었다. 전주 경찰서는 외곽지역에 위치한 상관지서 남관출장소 소실 등 산발적으로 빨치산과 좌익세력의 공격이 이어지고 있었다. 각 경찰서 병력은 즉시 관할 지역에서 경찰서 청사를 방어하며 점차 그 영역을 넓혀 나간 것으로 보인다. 다른 지역에서는 마을 자위대 또는 청방단 등이 자체적인 방어활동과 부역자 색출 등을 하면서 나름 질서를 잡아간 것으로 추정된다.

북상하지 못한 전북지역의 북한군과 좌익세력은 일단 전략적으로 빨치산 활동을 하기 좋은 조건을 가진 김제군의 모악산으로 집결하였다. 그리고 10월 초 가장 큰 규모인 약 1,500명 또는 약 2,500명이 모악산 인근에 있는 김제의 금산지서를 공격하는 등 각종 경찰관서는 물론 면사무소, 금융조합을 전소시키는 등 마을에도 큰 피해를 입히기도 하였다. 점차 시간이 가면서 경찰과 국군이 전력을 강화하면서 방어체제를 구축하자 이들은 10월 20일 전후로 무주의 덕유산과 진안의 운장산 산악지대로 이동한 것으로 보인다. 다시 11월 10일 부안군의 해안 산악지대에서 경찰관서를 공격한 사례를 볼 때 이들 일부가 부안군의 해안 산간지대로 다시 이동한 것으로 추정된다.

전북경찰국은 복귀하자마자 수복된 각 경찰서별로 전투경찰 활동의 거점을 마련하고, 각 경찰서 단위로 진압부대를 편성하였다. 또한 치안국은 1950년 12월 6일 지리산지구전투사령부(지전사)와 태백산지구전투사령부(태전사)를 창설하였다. 지전사는 남원에 본부를 두고 전남·북 일원과 경남 서부지역을 담당하게 하였고, 태전사는 경북 영주에 본부를 두고 경북 일원, 강원 남부, 충북 동부지역을 담당하게 하였다. 국군 역시 제11사단이 1950년 10월 4일부터 호남과 지리산지구 작전에 돌입하여 예하 제9연대를 전남으로, 제13연대를 전북으로, 제20연대를 지리산지구로 각각 분산하고, 5개 경비대대와 청년방위대까지 동원하여 빨치산 진압작전을 수행하였다.

 이후 전북지역 빨치산들은 같은 해 8월경 대둔산을 거쳐 11월 말 다시 지리산, 태백산, 신불산 등으로 이동하였다. 1951년 3월 백야전사의 강력한 진압작전으로 많은 사상자를 내고 분산하여 1952년 7월 지리산으로 은신하였다. 그리고 1953년 5월 창설된 빨치산 전담 경찰진압부대인 서남지구전투경찰대(서전경)가 작전을 개시할 때 전북도당 빨치산은 지리산에 거점지를 두고 있었다. 그 후 같은 해 12월 박전투사령부가 국군의 남부지구경비사령부와 서전경을 통합하여 강력한 작전을 계속 이어 나갔다.

 한편 본 글은 전북경찰국과 관하 경찰서의 1차 자료를 중심으로 한국전쟁 초기 전북지역에서 빨치산이 형성되고, 이들이 덕유산을 거쳐 지리산으로 이동한 과정과 경찰 작전을 고찰하였다. 다만 연구과정에서 경찰과 국군의 국문 또는 영문으로 작성된 다른 사료를 통한 교차검증이 이루어지지 않은 문세점이 있을 수 있다. 향후 더 많은 사료 발굴과 연구를 통하여 더욱 상세하게 밝혀지길 기대한다.

한국전쟁기 경찰의 주민 감시와 계몽
- 전라북도 김제군을 사례로[1]

1. 한국전쟁, 지역사회 그리고 경찰

해방 후 한반도는 국제냉전의 형성과정에서 분단되어 남한과 북한이 각기 상이한 국가체제를 형성하였다. 북한에서는 소련군의 점령상태 하에서 사회주의 국가 건설이 신속하게 진행되었다. 남한에서는 좌우익의 극렬한 대립과 투쟁을 거쳐 공산주의 확산을 저지하는 '반공국가'가 수립되었다. 분단 상황에서 발생하는 적대적인 갈등은 급기야 한국전쟁을 발발시켰고, 양측에 엄청난 인적·물적 피해는 물론 깊은 정신적인 상처를 남겼으며, 그로부터 생겨나는 아픔은 오늘날까지 계속되고 있다.

한국전쟁기 남한정부가 국가체제인 '반공국가'를 수호하고, 주민을 '반공국민'으로 존속시킬 수 있었던 기반에는 중앙과 지방 행정기관의 역할이 상당히 컸다. 일반적으로 중앙 행정기관이 전국 단위의 통일적인 사무 관장을 통해 정부의 각종 정책을 수행하는 한편, 지방 행정기관은 해당 지역사회에서 주민과 밀접한 관계를 유지하면서 그들의 일상사까지 국가권력이 작동하도록 만들었다. 대표적인 지방권력기관으로 읍·면사무소와 경찰서가 있었으며, 그중에서 경찰서가 주민을 통제하고 감시하며 동원하는데 중요한 역할을 수행하였다.

경찰서는 최말단 조직 또는 최접전 대민기관인 파출소와 지서, 출장소를 지휘하

---

[1] 본 글은 한국근현대사학회의 ≪한국근현대사 연구≫ 제89집(2019년 6월)에 게재된 내용을 수정·보완한 것이다.

며 중앙경찰기관이 하달한 각종 시책이나 지시를 이행하는 국가기관이다.[2] 게다가 전시라는 특수한 상황에서 전투경찰이라는 임무를 수행하는 준군사기관으로 기능하였다. 따라서 남한이 '반공'으로 무장하는데 핵심적인 역할을 수행할 수밖에 없었다.

또한 경찰서의 강력한 권한은 지역사회 권력구조[3]에 큰 영향력을 미치며 지방정치에도 깊숙이 관여하였다. 군(郡)단위 지방정치의 특성 파악은 한국전쟁 시기 각종 정치 갈등이나 학살사건의 역사적 성격을 제대로 이해하기 위해 중요하다.[4] 지방정치의 기반에는 언제나 군단위로 설치되어 있는 경찰서, 산하 파출소와 지서의 활동이 컸다.

본 글은 먼저 해방 후부터 한국전쟁기까지 국체를 유지하기 위한 사찰활동이 어떻게 경찰의 핵심활동으로 자리매김하여 왔는가를 고찰하고자 한다. 다음으로 김제경찰서의 사례를 통하여 지역사회에서 행해진 사찰활동을 구체적으로 알아보고자 한다. 그리고 정전협정 체결을 앞 둔 시기에 김제경찰서 사찰계가 조직한 '민중계몽대'를 분석하여 주민들을 '반공국민'으로 존속시키기 위한 경찰활동의 구체적인 모습을 드러내고자 한다. 한국전쟁 동안 김제군 전체 주민을 대상으로 사찰사범을 처리한 결과는 다른 비슷한 지역의 연구에도 도움이 될 것이다. 이를 통해 한국전쟁의 결과로 사회 전반적으로 더욱 강력해진 남한의 반공체제를 이해하는데 도움을 주고자 한다.

---

2 '출장소'는 일제강점기부터 현재까지 포구, 산악지대 등 필요한 곳에 설치되어 경찰관 1명 또는 수명이 상주하여 업무를 보는 사무소를 말하며, 지역경찰관서로 보기는 어렵다. 그 이유는 '지서'와 '파출소'는 각각 '지서장'과 '파출소장'이 관내 사무를 직장하는 구조로 되어 있으나 '출장소'는 '지서' 또는 '파출소' 소속 직원이 파견되어 각 장의 지시를 받으며 운영되기 때문이다.

3 지역사회란 용어에는 공동소유, 공동체, 공동운명체 등의 의미를 지니고 있다. 지역사회에 대한 여러 학자들의 견해를 살펴보면, 넬슨(Nelson)은 일반적으로 제한된 지역에 거주하면서 공동 의식을 가지고 조직된 관계를 통하여 공통된 이익을 추구하며, 여러 가지 활동을 분담·수행하는 인간집단이라고 하였으며, 맥클버(MacIver)는 지역사회란 공동생활권이라고 지적하고, 지역사회의 기초는 지역성과 지역사회의식이 수반되어야 한다고 정의하고 있다. 또한 지역사회 권력구조란 "일정 지역사회의 범위 내에서 지역의 변화를 창도할 수 있는 세력의 주체, 즉 지역사회 권력 엘리트들 간에 형성되어 있는 권력 배분 양태 그리고 그러한 권력 엘리트간의 권력적 상호작용을 의미"하는 것으로 이해할 수 있다. 이우권, 「지역사회 권력구조에 대한 실증연구 분석과 전망」, 《정치정보 연구》 제10권 1호, 한국정치정보학회, 2007, 7-8쪽.

4 지수걸, 「한국전쟁과 군(郡)단위 지방정치」, 《지역과 역사》 제27호, 부경역사연구소, 2010, 12쪽.

2. 김제군의 지역적 특성

김제군[5]은 전라북도에 위치해 있다. 오늘날 행정구역으로 보면 동쪽은 전주시 일부 및 완주군과 경계를 이루고, 서쪽은 만경강 하류에서 시작하여 군산시와 접하며, 남쪽은 동진강 하류를 기준으로 부안군과 정읍시와 경계를 이루고, 북쪽은 만경강 중류 연안을 따라 익산시와 접해 있다.

1899년 9월 군산항이 개항하자 일본은 이 지역에서 생산된 곡물을 자국으로 유출시키는 동시에 자국인과 자국 자본의 한국 농촌으로서의 진출을 본격적으로 시도하였다.[6] 이 시기부터 김제와 군산간의 관계가 서로 밀접하게 연계되기 시작하였다. 그리고 김제지역이 근대적인 농업기반이 본격적으로 조성되면서 미곡생산 중심지로 특화되는 발판을 마련하였다.

1912년 1월 11일 김제역이 신설되어 운송 사업을 시작하였고, 1914년 1월 1일 김제역과 이리역 사이에 부용역[7]이 신설되어 김제지역의 물화 수송권역이 한 층 더 세분화되면서 확장되었다. 이후 김제군에서는 두 차례에 걸친 일제의 산미증산 계획(1918년~1926년, 1926년~1933년) 실시로 수리시설의 개선, 간척사업, 품종개량, 퇴비장려, 심경(深耕), 제초사업 등을 통해 몽리면적(蒙利面積)의 확대와 수확량의 증대로 미곡생산중심지로서의 입지가 굳어지게 되었다.[8] 그리고 김제군은 일본인 대농장 또는 대지주에 속한 소작농가가 많은 지역이었다.

김제군에서는 해방 직후 인민위원회의 세력이 군산, 옥구, 익산 등과 마찬가지로 강세를 보였으나 정작 미군정이 실시될 때는 소규모의 방해공작이 있었을 뿐 커다란 소요사태는 없었다.[9] 1945년 12월 경찰이 인민위원회의 기록을 탈취하고,

---

[5] '김제군'은 한국전쟁기 지방자치단체명이다. 오늘날은 '김제시'이다. 그 과정을 보면 1989년 1월 1일 김제군의 김제읍, 월촌, 백산, 봉남, 황산면 일부가 김제시로 승격되었으며, 1995년 1월 1일 김제군과 김제시가 통폐합되었다. 2020년 9월 30일 현재 김제시의 총 면적은 544.90㎢로, 김제시 중앙부분인 요촌동을 가운데 두고, 시계방향으로 신풍동, 교월동, 백산면, 황산면, 봉남면, 부량면, 죽산면, 성덕면, 만경읍, 청하면, 공덕면, 백구면, 용지면, 금산면, 광활면, 진봉면으로 이루어져 1읍, 14면, 4동이며, 151리, 757마을, 1,530반으로 구성되어 있다. 주민 수는 2020년 8월 현재 남자 41,140명, 여자 41,921명으로 총 83,061명이다. 국가통계포털(2020년 9월 30일 검색).

[6] 조승연, 「일제하 농업생산기반의 형성과 일본인 대지주의 농장경영」, ≪민속학연구≫ 제6호, 한국민속학회, 1999, 396쪽.

[7] 부용역은 2008년 여객업무가 중단되어 현재 폐역이다.

[8] 김제시사편찬위원회, 앞의 책, 741쪽.

[9] 브루스 커밍스, 김자동 역, 『한국전쟁의 기원』, 일월서각, 2008, 393-294쪽.

점유했던 건물에서 나가도록 명령하여 인민위원회가 군청을 점거하고 면과 리에 재조직되었지만 이미 세력을 많이 상실한 상태였다. 다음 해 1월 일부 부락이 아직 인민위원회의 영향 아래 있자 경찰이 미 전술부대의 지원 하에 면 인민위원회들을 습격하고, 지도자들을 체포하여 이들 조직이 거의 무력화되었다.[10]

1946년 3월 16일 일제강점기에 설치되었던 도평의회, 부회(府會), 읍회, 면의회, 학교평의회가 폐지[11] 된 반면 도제(道制), 부제(府制), 읍면제는 계속 존속되어 대한민국이 수립된 이후까지 지속되었다. 1949년 7월 4일 「지방자치법」이 공포[12] 되어 1950년 8월 15일 지방의회 선거를 할 예정이었으나 한국전쟁의 발발로 연기되었다. 이후 전황이 국지전으로 변하고 국내 정국이 다소 안정되자 1952년 4월 25일 시읍면협의회 선거가 먼저 실시되었다. 그 결과 김제군에서는 읍의회 의원 15명, 월촌면 능 16개 면의회 의원 197명이 당선되었다.[13] 또한 같은 해 5월 10일 도의회의원 선거에서도 김제군에서 인근 지역보다 많은 5명이 당선되었다.[14] 이는 농촌인구가 집중된데 따른 것으로 당시 김제군이 여전히 많은 주민들의 농업력에 기반을 둔 지역임을 보여준다.

---

10 앞의 책, 395쪽.

11 「법령 제60호」(1946년 3월 14일), 내무부 치안국, 『미군정 법령집』, 연도 미상, 54쪽. 이하 발행기관과 연도는 생략한다.

12 「지방자치법」에 의하면 지방자치단체의 종류는 서울특별시 및 도와 시, 읍, 면의 2종으로 된 중층제로 하고, 구역은 행정구역으로 하되 군만을 자치단체로 하지 않으며, 기관대립주의에 따라 지방의회와 장이 각각 상호 견제토록 하면서 집행기관의 장은 중간단체의 경우 임명제, 시·읍·면은 내각책임제가 가미된 절충형으로 하였다. (김운태, 「권력구조와 정부」, 《한국정치외교사논총》 제13호, 한국외교정치사학회, 1995, 147쪽)

13 투표율이 91%인 가운데 전주, 이리, 군산 등 3개 시와 김제, 삼례, 금산, 남원, 정주, 고창 등 6개읍, 그리고 161개면에서 실시되었다. 그 결과 시 61명, 읍 91명, 면의회 1,976명, 모두 2,128명이 선출되었다. 김제시, 앞의 책, 1995, 521−523쪽.

14 도의원은 익산, 정읍, 고창은 각각 4명이었다. 전라북도, 『전북학연구Ⅰ』, 혜안, 1997, 297쪽.

3. 사찰활동의 변천

해방 직후 경찰의 사찰활동은 '공안질서 유지를 문란케 하는 다중적 불법행위를 단속'[15]하고 '정당 및 사회단체 등의 시위행렬 및 집회허가에 관한 것[16]'을 담당하는 것으로 규정되었다. 이는 "국가의 존립에 대한 직접적인 위해를 방어하는 행정 작용으로, 집회, 정치결사, 비밀결사 등을 감시하고 단속"[17]하는 일제강점기 '고등경찰'과 극히 유사한 경찰활동으로 볼 수 있다.

당시 사찰활동의 중요성은 1946년 10월 사건이 발생하고 난 후 12월 27일, 제5관구(경북)경찰청장 강수창이 경찰서장 회의에서 다음과 같이 훈시한 것에서 확인된다.

> 近間 各 方面의 情報를 綜合컨대 相當한 陰謀를 <u>惡質分子</u>는 <u>各處서 秘密의 集合 等</u>
> <u>으로서 混亂한 社會를 煽動하야 秩序를 攪亂케 함은 各位의 周知</u>하는 바이나 要컨데 <u>部</u>
> <u>下 職員의 教養 指導監督을 徹底히 하야 敏速한 情報蒐集에 努力</u>하야 (중략) 그 다음
> <u>本廳에 過般 警備總本部를 設置하고 査察網을 徹底히 하야 各己 사무를 擔當</u>케 하고 있
> 으며 各署는 此에 準하여 年末年始 警戒를 嚴重히 하여 各署는 此에 準하여 本道 治安
> 을 把握하도록 特히 要望하며(하략)[18] (밑줄은 인용자 강조)

강수창은 관하 경찰서장들에게 불법 집회나 시위를 예방하거나 진압하기 위해 정보수집을 강화하라고 특별 지시를 내리면서 관구경찰청에서는 경비총본부를 설치하여 "査察網"을 철저하게 가동하고 있다고 말한다.

그런데 강수창이 언급한 "査察網"의 基底에는 일선경찰관들의 외근활동이 있었다. 당시 외근은 일반적으로 "犯罪의 防止, 民衆의 保護와 指導, 法令의 執行, 情況의 觀察, 其他 警察 上의 效果를 擧하는"[19] 순찰을 의미한다. 이 가운데 큰 틀에서 "犯罪의 防止, 民衆의 保護와 指導"는 예방활동, "法令의 執行"은 경찰력 행사, "情況의 觀察"은 범죄 예방과 함께 "사찰", 그리고 "其他 警察 上의 效果"는 일일

---

15 「포고 제2호」(1945년 9월 7일), 『미군정 법령집』, 1쪽.

16 「군정법령 제55호: 정당에 관한 규칙」(1946년 2월 23일), 앞의 책, 48-51쪽.

17 장신, 「경찰제도의 확립과 식민지 국가권력의 일상 침투」, 『일제의 식민지배와 일상생활』, 혜안, 2004, 565쪽.

18 제5관구(경북)경찰청, 「명령계통을 확립하고 직원 교양 감독을 철저히 하라」, 『건국과 경찰』, 1948, 15쪽.

19 제6관구(전북)경찰국, 『경찰교과서 경찰복무』, 1947(추정), 34쪽.

이 법령에 명시할 수 없는 사항으로 경찰관이 판단하여 적절하게 조치를 취하여 "治安의 目的"을 달성하는 행위로 분류할 수 있다.

그렇다면 미군정기 모든 경찰활동의 지향점인 "治安의 目的"을 알아 볼 필요가 있다. 왜냐면 경찰활동으로 인해 정치, 사회, 문화, 경제 등 각 방면에 부정적인 영향이 도래한다고 하더라도 그것은 "治安의 目的"에 부합하는 정당한 국가 권력의 행위이기 때문이다.

미군정기 경찰교과서에 의하면 "治安의 目的"은 다음과 같은 '경찰작용'이었다.

> 첫째, 社會의 秩序를 妨害하는 者를 處罰하야 人類의 反社會性의 發現을 豫防하는 作用
> 둘째, 私人 相互 間에 있어서의 法律的 秩序를 維持하며 이것을 制裁하야 其 秩序의 妨害를 받지 않게 하는 作用
> 셋째, 陸海空軍의 軍備를 完全히 하야 國家의 實力을 充備함으로서 內亂 外患을 防禦하며 社會의 秩序를 保持하려는 作用 等이다.[20]

윗글을 요약하면 "治安의 目的"은 '國防力을 통한 社會的·法的 秩序의 維持'이다. 그리고 이를 위해 모든 경찰관에게는 관할 지역의 치안 책임자인 경찰서장에게 관내의 전반적인 동태를 보고하는 '主意報告'라는 의무가 부과되었다. 그 개념은 다음과 같다.

> <u>警察官이 日常 見聞하는 社會百般의 事項을 不問</u> 署長에게 報告, 施政上의 參考를 供하는 것을 말함[21] (밑줄은 인용자 강조)

'主意報告'는 당시 "不問"이 가지는 초법적 효과를 가진 것으로, 오늘날 경찰의 '견문수집보고'[22]와 유사하고, 통상 가치가 있는 경우 '첩보'라고 일컫는 것이며, 다음과 같은 방법으로 수집해야 했다.

---

20 제5관구(경북)경찰국, 『경찰법 대의』, 태성출판사, 1947, 3쪽.

21 김도원, 『경찰실무요강(상)』, 수도관구경찰청 경무과, 1948, 54쪽.

22 "견문이란 경찰관이 공, 사생활을 통하여 보고(見) 들은(聞) 국내외의 정치, 경제, 사회, 문화 등 제 분야에 관한 각종 보고서를 말한다. 견문보고는 전국의 경찰관이 시민들과 직접적으로 접촉하여 얻는 경우가 대부분이므로 시민의 소리를 여과 없이 생생하게 전달할 수 있다. 전국의 모든 경찰관이 견문을 수집하여 보고할 의무가 있으며 이렇게 생산된 보고서는 '견문수집보고'라고 칭한다." 문경환·황규진, 『경찰정보론』, 경찰대학, 2013, 147쪽.

> 警察官은 署長의 補助機關으로 署長의 手足耳目이 되어 社會百般의 現象을 充分히 認識하야 此를 署長에게 報告, 署長의 施政方針을 그릇되지 않게 하는 것이다.[23] (밑줄은 인용자 강조)

경찰관은 경찰서장의 "手足耳目"으로서 그의 "지휘 방침"을 수립하는 자료를 제공하기 주기 위해 "社會百般의 事項"이 쓰인 '主意報告'를 해야 한다는 것이다. 경찰서장은 이를 통해 관할지역의 주민과 단체의 동태는 물론 정치, 경제, 사회, 문화 등의 각 방면의 동향을 상세하게 파악할 수 있었다. 그리고 하나의 "警察官廳"[24]으로서 관내 "治安의 目的"을 달성하여야 했다.

또한 '主意報告'는 치안국의 부속기관인 경찰전문학교의 실무 참고서에 다음과 같이 '戰時 경찰관의 敵情報告', 경찰관은 "경찰서장의 觸角이며 안테나"와 같이 비유되기도 하였다.

> 治安局長, 警察局長이, 警察署長, 或은 警察隊長과 外勤警察官과의 關係는 戰線에 譬喩한다면 前者는 後方의 軍團本部 聯隊本部 等이요 後者는 恒常 敵과 對峙하고 있는 第一線의 士兵이다. 그러므로 交戰하고 있는 때는 勿論 비록 그 以前일지라도 敵情을 詳細히 偵察하여 두어야 할 것이며 이것은 恒常 本部에 報告하여야 할 것이다. 外勤員은 署長의 觸角이며 안테나에 該當하는 것이므로 日常 見聞하는 바와 같이 感觸하는 바 警察的 事象을 빠지지 않고 捕捉 報告하여야 할 것이다.[25] (밑줄은 인용자 강조)

윗글을 통해 보면 "第一線의 士兵"인 경찰관은 사실상 통치의 첨병으로서, 또한 경찰서장의 한 肢體로서 관내 "警察的 事象"을 선택해야 했다. 그런데 이 "警察的 事象"은 순찰활동에서 수집되는 관내 정보 보다 "社會思潮", "政界要人, 各團體員, 要視察人의 言動" 등 다분히 정치적인 "事像"이 더 중요하였다. 이를 다음 인용문에서 확인할 수 있다.

---

23 김도원, 『경찰실무요강(상)』, 수도관구경찰청 경무과, 1948, 54쪽.

24 "警察官廳이라 함은 警察에 關한 國家의 意思를 決定, 表示하며 또한 外部로부터 意思 表示를 받고 이를 處理할 權限을 기잔 國家의 行政機關을 말함이다. (중략) 現行 制度 上의 警察官廳은 內務部長官, 서울市長, 各 道의 道知事, 公安署長(警察署長)이다." 박재우, 『신경찰법』, 대성출판사, 1949, 174-175쪽.

25 경찰전문학교, 『주의보고 제요』, 경찰문고4, 관문사, 1958, 22-23쪽.

主意報告의 內容은 여러 가지의 社會百般의 事像으로 <u>社會思潮 警察</u>, 批判, 各種 風
俗警察 事務에 對한 改善意見, 希望, 海外歸來者 或은 <u>政界要人, 各團體員, 要視察人의</u>
<u>言動 等 百般의 事項을 恒時 耳目을 活動하야 動靜을 時時로 自進 報告할 것이며</u> (하
략)[26] (밑줄은 인용자 강조)

그리고 "社會思潮 警察"은 다시 '정계사찰'로까지 구체화되면서 최말단경찰기관
인 파출소나 지서에 근무하는 외근경찰관이 사찰계와 긴밀한 관계를 유지하면서
수행한 '호구조사'를 통해 은밀하게 이루어졌음을 알 수 있다.

警察의 査察은 目下 '政界상의 사찰'로 이는 <u>政界 團體의 要視察人 及 要注意人은 自</u>
<u>身이 對象임을 깨닫지 않도록 絶對 極祕로 取扱</u>하여야 하며, 派出所에서는 戶口調査時
住尺의 動靜에 有意하면서 <u>査察係와 綿密한 連絡</u>을 取해야 한다.[27] (밑줄은 인용자 강조)

구체적인 사찰활동은 1948년 5·10선거를 앞두고 제2총감부 김명하가 『민주경
찰』 제8호에 기고한 「第一線 警察官의 査察實務에 對한 一考察」 제하의 글을 통
해 알 수 있다. 이 글을 보면 사찰활동은 한국전쟁 이전부터 치안질서를 유지하기
위한 핵심활동으로서 다음과 같은 자질을 가진 경찰관이 담당하여야 했다.

第一線에 선 勇猛한 戰士임을 認識하고, 査察은 機眼이 必要하며, 識見이 많은 社會
的 經驗家이고, 判斷力과 研究心이 豊富하며, 秘密을 嚴守하여야 하고, 自信을 가지고
社交家가 되어야 하며, 敏捷한 活動이 必要하다.[28]

1948년 사찰활동은 다음과 같은 절차로 이루어졌다.
먼저, "居住別·地域別(洞里部落) 區分에 衣한 調査, 國體團體 調査, 職業·知識·
財産·前科·持名受配 등에 관한 調査"를 하고, "要視人物을 臺帳에 整理하고 優秀
한 連絡者를 適材適所에서 獲得"[29]해야 한다. 이후 경찰관은 다음 사항을 파악하
여야 했다.

---

26 김도원, 『경찰실무요강(상)』, 수도관구경찰청 경무과, 1948, 54쪽.

27 앞의 책.

28 김명하, 「第一線 警察官의 査察實務에 對한 一考察」, 『민주경찰』 제8호, 경무부 교육국, 1948, 72쪽.

29 앞의 책, 73쪽.

言動 及 情報의 蒐集, 要視人物의 動向 內査, 壁報·落書·單傳(삐라)의 發見 內査, 不純分子의 組織關係·系統, 連絡場所 及 同方法·暗號·指令 關係 內査, 暴動·陰謀·策動·테로·破壞에 關한 內査, 集會·煽動 其他 政治關係 內査, 凶器·爆發物 危險 關係 內査, 郵便物 檢閱, 外來人 關係 內査, 部落·工場·會社·官廳·團體內 動向 內査, 各 記念日 前後의 動向·示威 關係 內査, 新聞·라디오·雜誌·流言을 通하야 世界情勢 及 國內 動向 空氣把握[30]

다음, 방법은 "潛伏, 潛入, 變裝, 家宅 及 所持品 偵察, 盜聽, 寫眞撮影, 寫本作成, 談話"[31]로, 수단과 방법을 사실상 가리지 않았다고 하겠다.

그 후 정치, 사회, 사상, 단체를 배경으로 하는 집회와 시위가 많이 발생하고, 이에 관한 중대사건도 급증하자 1947년 8월 사찰에 관한 사건은 범죄정보과가 주로 취급하고, 종래 범죄정보과에서 담당하던 정치적 사찰이라는 업무가 정보사무라는 이름으로 수사국 총무과로 이관되어 사찰업무가 정규화 되었다. 이후 기존 특무과[32]는 주로 독직범(瀆職犯), 경제범, 사기, 횡령 등 일반 수사에 관한 사건을 담당하게 되었다. 다시 1947년 10월 「특무과 관장사무규정」이 개정되어 경무부장 특명사건과 중대한 일반사건은 특무과가, 경미사건은 관구경찰청이 담당하였다.

같은 해 12월 13일 「警搜總 제411호」에 의해 관구경찰청에 사찰과가 설치되고, 분장 사무가 규정되었는데, 이에 따라 수사과 업무 간에 마찰이 없어지면서 다음과 같이 지방경찰 단위에서 사찰업무가 조직적으로 정비되면서 정규 기능화 되었다.

첫째, 사찰과는 정치, 사회단체 및 이를 배경으로 하는 범죄정보 수집, 비합법적 집회 및 집단행동 사찰, 폭동·시위·불법시위 행동 사찰, 반군정적·비민족적 범죄, 관련 통계 등을 담당하였다.

둘째, 수사과는 사복경찰관의 인사 및 복무규율, 수사행정에 관한 제반기획, 사복경찰관에 대한 교양 및 감독, 경제사범을 포함한 일반범죄 수사, 기타 사법경찰

---

30 앞의 책.

31 앞의 책, 73-74쪽.

32 '특무과(Special Service Section)'는 1946년 1월 16일 경무부에 수사국이 신설되면서 산하 총무과에 '특무대'가 설치된 것이 시초이다. 같은 해 3월 '특무대'가 총무과에서 분리되면서 '특무과'로 정식 직제화 되었다. 주로 ① 경무부장 특명사건 ② 각 부처장이 의뢰한 사건 ③ 경무부장의 지시에 의한 각 관구경찰청이 취급한 사건의 재심사 ④ 군정청사 내에서 발생한 사건 ⑤ 기타 조선의 복지에 악영향을 미치는 중요사건 ⑥ 전국에 영향을 미치는 사건 등을 취급하였다. 김헌, 「특무과의 존재」, 『민주경찰』 제6호, 경무부 교육국, 1948, 73-74쪽.

에 관한 사항과 각종 범죄통계 등을 담당하였다.

이를 감안해 보면 사찰은 중요인사나 사건에 관해 정보를 수집한 후 이를 분석하고 판단하여 관계부서에 전달하여 관련 대책을 강구하는 보조적인 역할만 한 것이 결코 아니었다. 오히려 관련 사범에 대해 직접 수사하여 법원에 기소하여 처벌까지 이르게 할 수 있는 수사경찰의 일부로서 행해진 독자적인 활동이었다.

그 후 사찰활동이 극대화되면서 모든 경찰활동을 장악하게 된 계기는 바로 한국전쟁이다. 1948년 11월 4일 대통령령 제18호 「내무부 직제」 제6조의 내용이 "사찰과는 민정사찰과 외사경찰에 관한 사항을 분장한다"는 내용이 "사찰과는 민정사찰과 외사경찰 <u>특명에 의한 사찰</u> 사항을 분장한다(밑줄은 인용자 강조)"로 변경되면서 사찰활동의 범위가 크게 확대되었다.

1948년 11월 4일 전북 부안경찰서가 1958년에 발간한 『사찰교양 자료집』[33]에 이에 관한 내용이 상세하게 정리되어 있다.

이 자료에 의하면 '사찰경찰'은 다음과 같은 경찰활동을 말한다.

> 民主共和國制인 <u>大韓民國의 國體에 對한 安全保障과 安寧秩序를 維持하기 위하여 暴功騷擾 等 對하여는</u> 물론 <u>國體를 否認, 破壞, 變革하려는 一切의 不任要素 等에 對處하고 行하여지는 一連의 組織的인 警察活動</u>이다.[34] (밑줄은 인용자 강조)

여기서 "國體를 否認, 破壞, 變革하려는 一切의 不任要素 等에 對處하고 行하여지는 一連의 組織的인 警察活動"이라는 정의는 미군정기 "國防力을 통한 社會的·法的 秩序를 維持"하는 사찰활동을 그대로 계승하였다. 이에 따라 사찰부서는 한국전쟁 등 국가 위기 때 다음과 같은 지침에 따라 경무, 보안[35], 수사 등 모든 경찰활동을 장악하여야 했던 것이다.

> 非常事態가 發生하였을 때에는 <u>平時 査察組織, 勤務方法을 全部 改變하여 一大 綜合</u>

---

33 전북경찰국 관하 부안경찰서가 등사본으로 발간하였다.

34 부안경찰서, 『사찰교양 자료집』, 1958, 1쪽. 이하 『사찰교양 자료집』으로 기술한다.

35 '보안'은 오늘날의 "국가존립의 기초가 되는 국민, 영토, 주권 등 국가적 법익을 안전하게 보장하기 위하여 국가체제에 위협이 되는 저항세력 및 파괴활동에 대한 첩보수집 및 수사 활동 등을 수행하는 경찰활동(박종문, 『경찰보안론』, 경찰대학, 2013, 4쪽)"이 아닌 당시 '경비, 경위(警衛), 풍속영업 취체, 교통 등 업무를 담당하는 것이다.

查察力을 發揮할 수 있는 警察의 非常態勢를 取하고 警察官의 召集, 部隊編成, 輸送, 配置, 犯罪의 鎭壓·檢擧 等의 所謂 初非常警戒가 實施된다. 이러할 때 <u>查察의 行政 司法의 各 作用은 國體保衛와 公安維持의 警察 本業의 使命에 集合되어 있는 綜合警察力의 一 體로서 活動을 行하게 되어</u>(하략)[36] (밑줄은 인용자 강조)

윗글에 나와 있는 지침에 의해 사찰경찰관들은 '국민보도연맹'과 자연스럽게 연계되었다. '국민보도연맹'이란 1949년 4월 '대한민국정부 수립과 남로당의 멸족정책으로 탈당전향자가 속출하므로 전향자·탈당자를 계몽·지도하여 명실상부한 대한민국 국민으로서 멸사봉공의 길을 열어준다'는 목적으로 사상검사인 오제도의 제안에 따라 내무부 등 관료 및 기타 각계 인사의 동의를 거쳐 결성된 조직이다.[37]

그리고 경찰이 '국민보도연맹' 조직에 관여하는 것은 사찰경찰의 주요 활동 가운데 하나였다. 사찰경찰관들은 '국민보도연맹'이 한국전쟁 발발 전까지 점차 전국적으로 확대되는 과정에서 지방 보련조직의 핵심 간부로서 사찰경찰의 활동을 수행하였다. 전북 김제군의 사례는 현재까지 알려진 것이 없지만 경남도연맹의 경우를 보면 이사장이 경남경찰국 사찰과장, 마산지부에서는 상임지도위원이 마산경찰서 사찰계장, 성주군지부에서는 지도위원이 사찰주임 등으로 구성되어 있었다.[38]

또한 국가 수호를 위한 사찰경찰의 절대성은 다음과 같이 한국전쟁기 제6대 치안국장 홍순봉(1952년 3월 18일~1952년 5월 25일)의 지휘 방침에도 그대로 드러난다.

1. 人事의 刷新
2. 民弊의 根絶
3. 信賞必罰
4. <u>査察強化</u>
5. 治安確保[39] (밑줄은 인용자 강조)

이처럼 "査察強化"가 경찰 본연의 임무인 "治安確保"보다 우선순위에 놓여 있었던 것이다. 물론 홍순봉의 지휘 방침은 1951년 12월 2일부터 3월 31일까지 3개 사

---

36 『사찰교양 자료집』, 9쪽.
37 김선호, 「국민보도연맹의 조직과 가입자」, ≪역사와 현실≫ 제45호, 한국역사연구회, 2002, 297쪽.
38 앞의 논문, 306쪽.
39 내무부 치안국, 『민주경찰』 제26호, 1952, 7쪽.

단, 4개 전투경찰 연대, 7개 전투경찰대대 등으로 이루어진 백야전사가 빨치산 진압작전을 완수한 후에도 빨치산들의 거점지가 기존 지리산, 회문산 외에도 속리산과 한라산 지역으로 계속 확산되는 상황 속에서 수립되었다. 당시 실정에 비추어 보면 "治安確保"보다 국가보위를 위한 "査察强化"가 더 앞서는 것도 무리가 아니었다. 하지만 경찰이 본연의 임무인 '치안' 보다 '사찰'이 더욱 시급하고 중요한 경찰임무로 강조되었다는 사실은, 역으로 한국전쟁기 경찰의 가장 중요한 임무는 '전투와 사찰'임을 단적으로 보여준다.

4. 김제경찰서의 사찰: '반공국민' 존속을 위한 활동

(1) 김제군 수복 이후 사찰활동

해방 후 경찰은 크게 '보안경찰'과 '특수경찰'로 구분된다. '보안경찰'은 공공의 안녕질서를 위한 경찰활동으로 '치안경찰' 또는 '안녕경찰'을 의미하는 반면 '특수경찰'은 "특수한 사회적 이익의 보호"를 목적으로 한 경찰활동[40]으로 규정되었다. 이에 따라 사회질서를 유지하고 사회적 약자를 보호한다는 측면에서 '보안경찰' 또는 '수사경찰'의 인원, 권한, 조직력 등이 '특수경찰'인 '사찰경찰' 보다 우월하여야 하나 실제 현실은 그렇지 못했다.

당시 사찰경찰의 위상은 1953년 7월 김제경찰서가 한국전쟁기 중요활동을 별도로 정리한 『관내상황』의 직원배치표를 통해 잘 알 수 있다.

▌표 3-5-1. **김제경찰서 직원배치표(지역관서 인원 제외, 1953년 7월 현재, 단위: 명)**

직위/계별	총경	경감	경위	경사	형사	순경	계	비율(%)
서장	1						1	0.73
경무		1	1	3		7	12	8.82
병사			1	1		3	5	3.67
경리			1			4	5	3.67
直外			1	2		14	17	12.5

---

40 박재우, 『신경찰법』, 대성출판사, 1949, 41-42쪽.

邑派				1		7	7	5.14
驛派				1		6	7	5.14
유치장						5	5	3.67
통신			1	2		4	7	5.14
보안			1	2		4	7	5.14
경비			1	2		4	7	5.14
수사			2	2	11	6	21	15.44
사찰		1	2	2	28	5	38	27.94
계	1	2	11	17	39	66	136	100

※『관내상황』, 17-18쪽.

[표 3-5-1]을 보면 본서에서 가장 인원이 많은 부서는 사찰계이며, 다음으로 수사, 직할 외근, 그리고 경무계의 순이다. 그 인원은 전체 경찰서 직원 278명[41]의 13.66%에 해당하며, 전체 외근직원(본서 소속 직할외근·읍내 파출소·역전파출소원과 지서원 134명 포함)의 56.83% 다음으로 가장 많은 수를 차지하고 있다. 또한 범죄수사를 전담하는 수사계와도 비교가 되지 않는다. 사찰계는 계장의 계급이 경감 일뿐 아니라 사찰형사 수도 2.5배가 넘는 17명이나 더 많아 수사계보다 조직력이 월등하다는 것을 확인할 수 있다. 이와 같이 김제경찰서 사찰계의 막강한 위상은 그간 해방부터 한국전쟁이 정전되기 직전까지 계속 이어진 활동을 보면 전국의 다른 경찰서에서도 비슷할 것으로 판단된다.

김제경찰서가 수복되자마자 사찰계가 전력을 다하여 활동한 사항은 북한군 또는 좌익으로부터 피해를 입은 주민 등을 대상으로 부역자를 파악, 검거하는 것이었다. 1950년 11월 12일 현재 사찰계는 주민을 일일이 심사하여 부역사실이 없다고 판단되는 주민 3,052명에게 양민증을 발급하였다.[42] 이는 1949년 구(舊)빨치산

41 경찰서 인원은 크게 경찰서 안에서 근무하는 직원과 경찰서 이외의 지역에서 근무하는 직원으로 구분된다. 전자의 경우 보통 '본서' 소속이라 하며, 후자는 '지역경찰관서' 소속이라고 한다. 여기에 나온 전체 경찰관 수는 '본서'와 '지역경찰관서'의 직원을 모두 포함한 것이다.
42 전북경찰국, 『1950년 11월 관내상황』, 97쪽.

진압지역을 관할하는 전남경찰국이 주민검열을 통과한 주민들에게 '국민증'으로 발급하고, 경남경찰국도 '도민증'으로 발급[43]한 데 이어, 한국전쟁기 전북경찰국 역시 이와 유사한 증명서를 발급하였음을 알 수 있게 하는 대목이다.

이 같은 사찰활동은 김제경찰서가 수복한 후 한국전쟁 기간 동안 변함없이 진행되었다. 그 결과 1953년 6월 30일 현재 사찰계의 좌익세력 검거현황은 다음과 같다.

▌표 3-5-2. 김제경찰서 사찰계의 좌익세력 검거 현황표(1953년 6월 30일 현재, 단위: 명)

자수 패순자		합계1(명)	합계2(명)	비율1(%)	비율2(%)
敗順者	북한군	5	141	3.54	2.07
	빨치산	136		96.45	
지방공산분자		6,644	6,644	-	97.92
합계		6,785	6,785	-	100

※『관내상황』, 104-105쪽.
※비율2는 김제군 전체 좌익세력의 수에 대한 비율이다.

[표 3-5-2]를 분석하면 첫째, 김제경찰서 사찰계는 군, 전북경찰국 및 김제경찰서의 경찰부대와 접전하여 생포한 북한군과 빨치산을 "敗順者"로 규정하였다. "敗順者"란 군경과의 단순히 '전투에서 패한 자'가 아니라 '전투에서 패하여 항복한 자'를 지칭한다. 둘째, 통상 경찰이 쓰는 용어인 '공비'가 아닌 "빨치산"으로 기술하면서 이를 "북한군"과 함께 "敗順者" 부류로 구분하였다. 여기에 나온 북한군은 빨치산과 함께 모악산 일대에서 재산활동을 한 자로 추정된다. 셋째, 『관내상황』에는 "빨치산"의 출신이 기록되어 있지 않으므로, 김제군 출신이 아닌 타 지역에서 이동한 모든 빨치산이 포함된 것으로 보인다. 넷째, "지방공산분자"는 단순히 북한군 점령 하에 노무 등에 동원된 "부역자"가 아니라 북한군과 좌익세력의 보급투쟁 등에 적극적으로 협조한 김제군 주민으로 추정된다.

또한 [표 3-5-2]에 나온 빨치산과 북한군이 김제군 주민인지 확인하기는 쉽지 않다. 다만 김제군 주민으로 볼 수 있는 지방공산분자 6,644명이 당시 김제군

---

43 김영미, 「대한민국의 수립과 국민의 재구성」, 《황해문화》 제60호, 2008, 111쪽.

민의 몇 %에 해당하는지를 보면, 이들의 수는 1949년도 전체 군민 수 208,802명[44]
의 3.18%에 해당한다. 아울러 이들 가운데 전주형무소로 이감되지 않은 주민들은
김제경찰서 사찰계의 각별한 조사는 물론 특별한 감시를 받은 것으로 판단된다.

그리고 1953년 6월 30일 현재 부역자 검거현황은 다음과 같다.

▌표 3-5-3. 김제경찰서 사찰계의 부역자 검거 현황표(1953년 6월 30일 현재, 단위: 명)

검거부역자		합계	미검거 부역자			합계	총합계
남	여		입산	도피	월북		
1,670	111	1,781	88	68	9	165	1,946

※『관내상황』, 104-105쪽.

[표 3-5-3]을 보면 1949년도 전체 군민 수 208,802명 가운데 부역자로 검거
된 주민 비율은 0.85%, 검거하지 못한 부역자의 비율은 0.07%로, 전체 군민의
0.93%가 부역혐의로 사찰계의 조사를 받거나 전국에 수배되었다. 특히 검거하지
못한 부역자 가운데 절반이 넘는 53.33%가 모악산을 비롯한 산악지대로 입산하였
다. 그리고 이외의 지역으로 도피하여 검거 수배된 주민이 41.21%, 그리고 월북
주민이 5.45%를 차지하고 있다.

따라서 검거·미검거 부역자 1,946명과 "지방공산분자" 6,644명을 모두 합하면
그 수가 8,590명으로, 이는 전 주민의 4.11%가 부역 또는 북한군과 빨치산의 활동
에 동조하였다는 이유로 사찰대상이 되었다는 결과가 나온다.

(2) 한국전쟁 말기 사찰활동

김제경찰서는 1953년 7월 27일 판문점에서 정전협정이 체결되기 전 특별사찰활
동을 하였다. 근거 자료는 김제경찰서가 6월 10일 작성한 「休戰會談을 圍繞한 非
常事態 對備에 對한 非常警戒 實施計劃의 件」이다. 이 문서의 내용을 보면 일개
경찰서가 단독으로 기안할 수 있는 것이 아닌 것으로 판단되는데, 김제경찰서가

---

[44] 1949년도 김제군민 수는 한국인 208,802명(남 105,256명, 여 103,546명), 외국인 96명(남 45명, 여 5
명)으로 총 208,898명이다. 이후 중단되었다가 1955년부터 다시 집계되었다.

전북경찰국으로부터 또는 전북경찰국이 치안국의 지시에 의해 계획을 수립한 것
으로 추정된다.

그러면 이 문서는 어떤 내용을 담고 있을까. 먼저 이 계획을 수립하게 된 배경
은 다음 인용문과 같이 이승만에 대한 경찰의 깊은 충성심과 북진통일론 지지에서
찾고 있음을 확인할 수 있다.

> 緊迫한 國際情勢의 微妙한 動向으로 因하여 板門店에서 開催된 休戰 會談은 大韓民
> 國에 對하여 重大한 危機에 直面케 하여 全民族은 兩大 陣營의 서슬대에 므르고 바렀
> 다. 六月 六日 午前 十一時에 李大統領 閣下로부터 發表된 韓國提案 및 七日 午前 九時
> 에 發表한 重大談話에 依據하여 全國民은 一致團結하여 民族自決의 體制를 早速히 가추
> 어 北進허지 않으면 안 될 百尺竿頭에 선 것이다.

위 문서를 분석하면 다음과 같다.

첫째, 대상은 ① 사상면에서 공산주의자, 중도노선, 반정부계열, ② 정치면에서
㉠ 정당사회단체의 간부급과 정부에 대하여 석연치 않는 부류, ㉡ 외국기관과 통
첩할 우려가 있는 부류, ③ 경제면에서 부유층, 밀수 또는 폭리상습자, ④ UN군,
국군, KLO부대[45]의 상이군인, ⑤ 월남민, ⑥ 학생층(특히 불량배 학생)이었다.

여기서 주목해야 할 점은 "④ 유엔군, 국군, KLO부대의 상이군인"으로 군인들
과 국가를 위해 부상을 입은 "상이군인"이 사찰대상이라는 것이다. 이는 "國體를
否認, 破壞, 變革하려는 一切의 不任要素 等에 對處하고 行하여지는 一連의 組織
的인 警察活動"[46]이기 때문에 국가를 위해 헌신하였다 하더라도 사찰대상에서 제
외되지 않았음을 보여준다.

둘째, 사찰방법은 미군정기에 비해 크게 달라지지 않았는데, 대상자의 현재 동
태를 신중하게 사찰하라는 지시가 전달되었다. 그 내용은 다음과 같다.

> <u>監視 尾行 內査 等</u>을 함은 勿論 所在를 明確히 할 것

---

45 KLO부대는 1949년 미극동군사령부이 조직한 직할 부대로, 한국전쟁 중에 첩보 수집, 후방 교란 등의
  특수 임무를 수행하였으며, 1954년 해체된 특수부대다. 그 수는 1953년 초 약 3,000명에 이르렀던 것
  으로 보인다. 조성훈, 「전쟁을 전후한 첩보부대의 조직과 활동」, 『한국전쟁사의 새로운 연구2』, 국방
  부 군사편찬연구소, 2002, 111 – 113쪽.
46 『사찰교양 자료집』, 1쪽.

　對象者 決定에 對하여는 鎭重한 態度와 徹底한 檢討를 必要로 함은 勿論 <u>過去 經歷</u>
<u>에만 置重치 말고 現在의 動態에 深深한 考慮를 할 것</u> (밑줄은 인용자 강조)

　셋째, 검문검색은 효율을 강화하여 구체적인 성과를 거두기 위해 종래 실시하던
방식을 재검토하여 이동검문소 7개소를 운영하였다. 제1검문소는 신풍공장 앞, 제
2검문소는 전기회사 앞, 제3검문소는 김제농업기술학교 주변, 제4검문소는 백산행
수사주임 관사 후방, 제5검문소는 군산행 교동(서산옥) 앞, 제6검문소는 죽산행 향교
앞, 제7검문소는 부안 방면 교차로였다. 이와 같은 방식은 주요 도로망을 중심으
로 모든 김제군 지역을 촘촘하게 아우르는 효과적인 검문검색 체제였다. 원래 검
문검색은 사찰활동이 아닌 보안활동이다. 하지만 한국전쟁기 극대화된 사찰경찰은
이렇게 보안활동을 장악할 정도로 강력하였다.

　넷째, 선무활동으로 동리회장을 지역별로 소집하여 계몽회를 개최하였다. 이 자
리에 참석한 경찰간부는 국민이 가져야 하는 시국에 대한 인식과 새로운 각오를
고취시켰다. 반원과 동리회장에게는 불순분자의 책동에 관한 대책을 세우도록 하
고, 불순분자 색출에 적극 앞장서도록 교양을 실시하였다. 아울러 관내 국민학교
장들을 소집하여 아이들에게 반공정신도 강화하여 수상한 사람을 보면 경찰관서
에 신고하도록 주지시켰다. 또한 이와 같은 사찰활동의 효과를 거두기 위하여 선
무활동을 할 경우 읍내에는 사찰계장과 주임이, 각 지서관내는 지서 주임이 참석
하여 계몽회는 물론 일반 집회에서도 다음 사항을 이행하도록 하였다.

　李承晩 大統領閣下의 聲明 又는 特別內容을 周知시켜 <u>國民精神이 李大統領에게 綂一</u>
<u>하여 雜粉이 生하지 않게 留意할 것</u>
　知識層은 勿論 一般 國民이 <u>時局의 前途를 悲觀하는 傾向이 없이 反託의 過去를 回</u>
<u>想하도록 하여 國民士氣 昂揚에 努力할 것</u> (밑줄은 인용자 강조)

　다섯째, 모든 소속 경찰관들은 유언비어 단속을 철저히 하여 주동자는 반드시
검거하고, 30명 이상이 집단으로 이동할 때는 사전에 경찰서장의 승인을 받도록
하였으며, 진봉면 일대의 항만과 선박에 대한 동향도 각별히 파악하도록 하였다.

(3) '민중계몽대' 사례

1) 조직 구성

정전협정을 바로 앞둔 시기인 1953년 6월 16일 김제경찰서는「査察警察 活動强化에 관한 件」에 의거해서 경찰서 간부와 지역 유력인사로 이루어진 '민중계몽대'를 발족하였다. 이 조직을 관장한 부서는 사찰계로, 이는 통상 경찰서가 주관하는 각종 행사를 경무계에서 전담하는 방식에서 벗어난 상당히 예외적인 경우였다.

'민중계몽대'라는 용어는 본 문서에 나와 있는 "김제군지구 민중계몽대 명부"에 나온다. 또한 활동보고서인 "민중계몽좌담회 상황보고"의 제목 앞에 "市·洞, 郡·邑·面"과 "경찰서 명"이 인쇄되어 있는 것을 감안할 때 이 조직은 치안국의 지시에 의해 김제경찰서뿐 아니라 전국 경찰서에서 조직된 것으로 판단된다.

그렇다면 경찰은 '민중계몽대'를 구성해야 하는 필요성을 어떻게 설명하고 있을까. 이 문서는 다음과 같은 글로 시작한다.

> 現下 時局은 決戰段階에 突入됨에도 不問하고 <u>後方 民衆의 精神는 極히 와해 되여 政治面으로나 經濟面에 있어서도 重大時局으로 逆行하여 갈 뿐外라 民心亦 離反되어 가고 있은 傾向</u>이 顯著함은 <u>各級 指導者層의 唯我的인 放任에서 基因</u>되는 것으로 國家將來의 發展과 聖戰完遂를 爲하여 焦燥한 感을 不禁케 하는 實情에 臨하야 各位은 表面上에 나타나고 있는 <u>掃蕩作戰에 못지않는 覺悟下 全査察力을 動員 民心收攬에 最大한 力量發揮와 敗敵順 工作에 莫擊한 努力을 傾注</u>하여 所期의 成果를 擧揚코저 <u>本署 幹部 및 各 政黨 社會團體層 幹部로 構成</u>된 地方啓蒙家을 各 編組을 하였기 傳達합니다. (밑줄은 인용자 강조)

당국자는 먼저 당시의 상황을 "정전협상 체결이 거의 마무리되어 가는 현재 시국이(한국정부와 미국정부 간의 정전협정 체결문제로 인하여: 인용자) 정치, 경제적으로 아주 심각하게 전환되어 언제 이전 상황(정전협상의 결렬로 인한 치열한 전쟁 상황으로 회귀: 인용자)으로 돌아갈지 모르는 가운데 주민들이 이에 대한 경각심을 잃어버리고 있어, 한국이 전쟁에서 승리할 지, 또는 향후 어떻게 될지 크게 우려"가 된다고 보았고, 그 원인을 각계각층의 지도자들이 자신들의 이기주의로 인해 현 정국의 중대성을 국민에게 제대로 알려주지 않은데서 찾았다. 따라서 '모든 경찰간부들은 빨치산과 전투를 한다는 굳은 결심으로 전 사찰력을 총동원하여 주민들의 해이해진 정신을 바로 잡는데 전력을 다해야 하며, 동시에 아직 남아있는 빨치산에 대한 귀순공작도 함께 수행해서 소기의 성과를 거둘 필요'가 있다. 이러한 의미에서 민중계몽대의 설립에 대해 치안국은 독자적으로 주민을 '반공국민'으로 존속시키기 위해 내린 결단이라고 설명하고 있다.

이러한 결단은 "한국이 전쟁에서 승리할 지, 또는 향후 어떻게 될지 크게 우려"된다는 부분에서 '반공국민'의 존속을 위한 감시와 계몽활동이 정전되기 전부터 준비되어 정전 후에도 계속 지속되었음을 보여주는 사례라고 할 수 있다.

그렇다면 경찰의 이와 같은 취지를 이해하기 위해서는 먼저 당시 국내외 정국을 검토할 필요가 있다. 한국에서는 1953년 3월 30일 이승만이 정전반대 성명을 내었고, 그 이틀 뒤인 4월 1일부터 전국적으로 '북진통일 국민운동'이 격렬하게 일어나고 있었다. 이 같은 궐기대회와 민중대회는 전국에서 7,500회나 개최되었는데, 그중에서 지방의회 대회는 540회, 동원 인원은 800여만 명이라 발표되었을 정도로 대규모의 캠페인이었다.[47] 국회에서도 이승만의 북진통일을 지지하는 결의안을 통과시키는 등 당시 전사회적으로 정전반대 분위기가 아주 거세게 전개되고 있는 상황이었다. 김제군 주민 역시 인근 군산과 이리지역 등에서 개최된 '북진통일 국민운동'의 집회에 참가하고 있었다. 김제경찰서의 사찰보고서에 의하면 '북진통일 국민운동 김제군 연대'는 연대장 김○○(자유당)을 중심으로 활동이 이루어지고 있었으며, 가입 주민 수는 전 군민의 31.90%에 달하는 67,506명이었다.[48]

이승만의 정전반대에도 불구하고 결국 UN군과 공산군측간에 정전회담이 다시 시작되었고, 이승만은 이를 계기로 통해 남한사회에서 한층 더 자신의 지위를 강화하는 계기가 되었다.[49] 정전회담 재개와 관련한 문제로 한미 간의 갈등이 최고조에 있던 6월 16일 「査察警察 活動强化에 관한 件」이 시행되었다. 그리고 이틀만인 6월 18일 이승만은 일방적으로 부산, 광주, 논산 등 7개 지구 포로수용소에 분산 수용된 반공포로 27,388명을 석방하였다.[50]

---

47 서중석, 『이승만과 제1공화국』, 역사비평사, 2010, 132쪽.

48 『관내상황』, 103쪽.

49 홍석률, 「이승만 정권의 북진통일론과 냉전외교정책」, 《한국사 연구》 제85호, 한국사연구회, 1994, 141쪽.

50 포로수용소명과 석방 포로 수는 다음과 같다. ( )는 수용 인원이다. 부산지구 거제리 제2수용소 392명 (3,065명), 부산지구 가야리 제9수용소 3,930명(4,027명), 광주 제5수용소 10,432명(10,610명), 논산 제6수용소 8,024명(11,038명), 마산 제7수용소 2,936명(3,825명), 영천 제3수용소 904명(1,171명), 부평 제10수용소 538명(1,486명), 대구 제4수용소 232명(476명), 육군본부, 『한국전쟁과 반공포로』, 국군인쇄창, 2002, 280쪽.

김제경찰서는 이와 같은 국내외 정국 하에서 내린 치안국의 판단과 결정 그리고 지시에 따라 '민중계몽대'를 결성하였다. 명단은 다음과 같다.

▌표 3-5-4. **김제군지구 민중계몽대 명부(1953년 6월 16일 현재)**

반	직위	성명	연령	소속	사상동향
제1반 민중계몽가	경무계장	강○○	41	김제경찰서	온건함
	부위원장	안○○	49	자유당	〃
제2반 민중계몽가	사찰계장	민○○	31	김제경찰서	〃
	자유당 부위원장	백○○	58	자유당	〃
제3반 민중계몽가	경무주임	변○○	31	김제경찰서	〃
	조사부장	황○○	35	자유당	〃
제4반 민중계몽가	경비주임	김○○	29	김제경찰서	〃
	선전부장	정○○	29	자유당	〃
제5반 민중계몽가	외근주임	신○○	29	김제경찰서	〃
	勞民部長	오○○	45	자유당	〃
제6반 민중계몽가	보안주임	권○○	32	김제경찰서	〃
	감찰부장	김○○	45	자유당	〃
제7반 민중계몽가	병사주임	전○○	31	김제경찰서	〃
	내무과장	김○○	42	군청	〃
제8반 민중계몽가	통신주임	최○○	41	김제경찰서	〃
	읍장	조○○	41	읍사무소	〃
제9반 민중계몽가	경리주임	정○○	31	김제경찰서	〃
	교장	최○○	45	김제농고교[51]	〃
제10반 민중계몽가	수사형사주임	최○○	39	김제경찰서	〃
	서무과장	김○○	39	김제여중[52]	〃

---

[51] 1950년 6월 1일 설립한 '공립 김제농업중학교'로 본 문서에서는 고교로 오기하였다.

[52] 1941년 3월 31일 김제공립고등여학교로 인가가 난 후 1947년 9월 30일 김제여자중학교로 개명하였다.

제11반 민중계몽가	수사주임	주○○	42	김제경찰서	〃
	사회계장	강○○	42	군청	〃
제12반 민중계몽가	사찰형사주임	이○○	28	김제경찰서	〃
	행정계장	문○○	42	군청	〃
제13반 민중계몽가	사찰주임	홍○○	-	김제경찰서	〃
	총무과장	이○○	41	세무서	〃

※ 김제경찰서, 「查察警察 活動强化에 關한 件」, 1953.

[표 3-5-4]를 보면 민중계몽대는 모두 13개의 반으로 세분화되었으며, 경찰서 간부들과 김제군에서 영향력이 큰 주민들로 구성되어 있다.[53] 민중계몽가들의 직업과 직책을 정리하면 다음과 같다.

▍ 표 3-5-5. **김제군 민중계몽가의 직업별 구성표(1953년 6월 16일 현재)**

소속	직책	인원(명)	비율1(%)	비율2(%)
군청	과장1, 계장 2	3	23.05	38.43
읍사무소	읍장	1	7.69	
세무서	과장	1	7.69	
학교	고교1, 중학교 1	2	15.38	15.38
자유당	부위원장 2, 부장 4	6	46.15	46.15
합계	13	13	100	100

※ 김제경찰서, 「查察警察 活動强化에 關한 件」, 1953.

[표 3-5-5]를 보면 민중계몽가 역시 반관반민적인 성격이 강함을 확인할 수 있다. 이들 가운데 자유당 김제군당 간부가 지역 공무원보다 많은 수를 차지하고 있다. 그리고 연령은 40대가 9명으로 가장 많고, 다음이 30대 2명, 20대와 50대가 각각 1명으로 대부분 온건한 사상을 갖고 있는 것으로 보인다.

---

53 이 가운데 주민들을 '민중계몽가'로 기술한다.

이와 같이 자유당 간부가 많은 이유를 알기 위해 자유당 김제군당을 보기로 하자. 김제경찰서 사찰계가 작성한 '정당과 사회단체 현황'에 의하면, 이 단체는 한국전쟁 말기 김제군의 정당과 사회단체 가운데 규모가 가장 컸다. 그 현황을 보면 다음과 같다.

▌표 3-5-6. **김제군의 정당과 사회단체 현황**(1953년 6월 말 현재)

정당 사회단체명	대표자명	연령	세력 및 활동
자유당 김제군당	최○○	47	당원 수는 10,255명으로 사상운동에 활약
국민회 김제군지부	〃	〃	회원 수는 5,000명으로 애국애민사상 고취로 국민조직에 노력 중
대한청년단 김제군團部	송○○	40	단원 수는 1,250명으로 애국청년육성에 주력함
민주국민당 김제군당부	조○○	32	당원은 약 1,000명으로 추산

※『관내상황』, 101-102쪽.

[표 3-5-6]을 보면 자유당 김제군당원 수가 전군민[54]의 4.85%를 차지하는 10,255명[55]이다. 다음으로 국민회, 대한청년당, 민주국민당 순이다. 이 가운데 자유당이 세력과 활동 면에 있어 군내 여론을 다른 정당과 사회단체에 비해 강력하게 주도할 수 있는 조직이었다, 게다가 당시 자유당이 당시 정국에 관해 가장 친정부적인 시각을 갖고 있었기 때문에 민중계몽가 구성에서 자유당 간부가 가장 많을 수밖에 없었다. 따라서 김제경찰서 사찰계가 선정한 민중계몽가는 군내(郡內) 여론을 주도하는 자유당 간부, 주민과 밀접한 관계를 맺고 있는 지역 공무원과 교장 등으로 사실상 군(郡)의 '유력인사'들이었다.

2) 계몽 활동

반별로 편성된 경찰서 간부와 민중계몽가는 상호 협의하여 매달 2회 이상 계몽좌담회를 개최하기 위한 날짜를 정해야 했다. 민중계몽가의 사정에 따라 날짜가

---

54 1953년 7월 현재 전체 주민의 인구 현황은 211,555명(한국인 211,409명, 외국인 146명), 가구 수는 37,823호(한국인 37,778호, 외국인 45호)이다. 『관내상황』, 16쪽.

55 앞의 자료, 101-102쪽.

정해지면 장소를 선정하는데 각기 다른 장소에서 계몽좌담회를 열어야 했다. 그 이유는 경찰서 간부가 산간부락 위주로 순회하며 부여받은 임무를 수행했던 반면에 민중계몽가는 군내(群內) 모든 읍면소재지나 주민이 많이 모여 사는 곳을 중심으로 활동하도록 되어 있었기 때문이다.

또한 이들은 편의적으로 장소를 정해서는 안 되었고, 주민을 동원해도 안 되었으며, 언제나 주민들이 있는 곳으로 찾아가야 했다. 장소 역시 주간에는 농가가 밀집되어 있는 곳(集團體態地)의 정자, 원두막, 나무 그늘 밑 등이었고, 야간에는 공동으로 작업하는 사랑방(共勤舍廊房) 등 항상 소규모로 주민이 모이는 곳이어야 했다. 계몽좌담회가 끝나면 참여한 경찰간부는 반드시 민중계몽가의 활동을 확인한 후 "民衆의 眞情한 動態를 記載한 報告書"인 "민중계몽좌담회 상황보고"를 작성하여 사찰계에 제출하여야 했다. 이는 민중계몽가 역시 사찰대상임을 보여준다.

다음으로 좌담회의 내용은 "傀儡政權의 不當性과 共産主義의 蠻行性 指摘, 民主主義와 韓國[전쟁: 인용자]의 勝利的 條件 列擧, 戰政局의 解說과 必勝의 信念 昂揚, 敗順 勸告(自由와 生命保障을 力說), [농업: 인용자]生産增强 意欲 鼓吹, 政府施策의 正當性 指摘 等"이었다. 그리고 입산도피자나 월북자의 가정을 방문하여 위안하고, 정부 지지자들을 적극 옹호하는 한편 반정부자들의 주장을 반박하였다. 이와 함께 군경 유가족과 상이군인도 방문하여 이들이 정부의 정책에 반대하지 않도록 위로하여야 했다.

특히 경찰간부들은 민중계몽을 하면서 "민심을 戰局, 政局, 經濟面으로 區分한 實態, 勞務動員 및 徵召集에 관한 住民의 不評不滿, 農村實情에 關한 事項을 詳細하게 蒐集"하고, "軍警 遺家族의 實態, 入山逃避子의 實態, 負痛軍人과 在鄕軍人의 動態, 官公署의 動態, 各 政黨, 社會團體 等"을 "嚴密內査한 後 그 結果를 報告하여 施政에 反響"시켜야 했다. 또한 입산도피자 가정을 방문하였을 때는 "敗順勸告文"을 가족, 연고자, 친교자 등에 배부하되 제1종 권고문은 직접 입산도피자에게 전달하도록 하고, 제2종은 지정된 장소에 게시하여야 했다.

5. '반공국민'으로 존속시키기 위한 '감시'와 '계몽'

전라북도 김제군은 한반도의 서해안에 접한 곳에 위치한 지역이다. 19세기 말부터 인근 군산의 개항과 호남선 추가 개통, 그리고 김제평야의 미곡 생산과 여타 지역의 각종 물화를 수송하기 위한 지역으로서 크게 발전하게 되었다. 그리고 일제강점기 동안 농업에 종사하는 많은 주민들이 일본인 대농장 또는 대지주에 속한 소작농으로서 살아왔다. 해방 후 인민위원회의 활동이 있었으나 그리 큰 영향력이 없었으며, 한국전쟁이 발발하기 전까지 이와 같은 농업중심의 지역적 특성은 변하지 않고 그대로 이어졌다.

경찰의 사찰활동은 해방 직후 주로 '공안질서 유지를 문란케 하는 다중적 불법행위를 단속'하고 '정당 및 사회단체 등의 시위행렬 및 집회허가에 관한 것'을 담당하는 것이었다. 이후 사찰경찰 활동은 점차적으로 사찰 사범을 직접 수사하여 법원에 기소하여 처벌까지 이르게 할 수 있는 수사경찰의 일부로서 행해진 독자적이고 강력한 경찰활동으로 변하게 되었다. 그리고 한국전쟁 발발로 사찰활동이 극대화되면서 경무, 보안, 수사 등 모든 경찰활동을 장악하는 것으로 크게 확대되었다.

이 같은 사찰활동의 중요성으로 인해 김제경찰서 사찰계는 지역경찰관서를 제외한 경찰서 자체조직에서 가장 인원이 많은 부서였다. 범죄수사를 전담하는 수사계와 비교가 되지 않을 정도로 조직력도 월등하였다. 이를 기반으로 사찰계는 전 주민의 4.11%를 부역 또는 빨치산의 활동에 동조하였다는 이유로 조사하였다. 또한 한국전쟁이 정전되기 직전에도 사찰대상으로 빨치산 활동을 하다 자수한 주민이나 좌익단체 등에서 전향한 자, 그리고 북한군으로 근무하다 석방된 반공포로 등도 포함하였다.

한국전쟁이 정전되기 전 김제경찰서가 조직한 '민중계몽대'는 당시 경찰이 한국전쟁 하의 주민을 어떻게 이해하고 있는지를 잘 보여주는 사례이다. 이 계몽대는 순회 계몽좌담회를 열어 주민들의 반공의식을 고양하고, 경찰이 민정을 파악하는 데 도움이 되며, 빨치산을 그들의 가족 및 친지를 통해 귀순을 종용하는 등 다각적인 활동을 염두에 둔 조직이었다. 게다가 이 조직에 의해 이루어진 '계몽좌담회'는 종래 남한정부가 주민들을 동원하여 선동하는 '광장 정치'가 아니라 경찰간부나 군(郡)의 유력인사인 민중계몽가가 직접 주민들을 찾아가 소규모로 개최된 것이었다. 이러한 김제경찰서의 '민중계몽대' 사례는 주민들을 '반공국민'으로 존속시키기 위한 경찰의 감시와 계몽활동이 그전보다 주민 친화적이고 자연스러운 방식이면서도 더욱 치밀하게 행해졌음을 보여준다.

이와 같은 한국전쟁기 지역사회에서 행해진 김제경찰서의 사찰활동은 주민에게 직접적·일상적으로 작동된 '국가권력의 실체'로서 1950년대 '반공 이데올로기'가 정착되는 기반이 되었다고 볼 수 있다. 그 후 사찰활동은 1960년 6월 1일 대통령령 제1583호에 의해 치안국 특수정보과가 정보과로, 시·도경찰국의 사찰과가 정보과로, 경찰서 사찰계가 정보계로 개편되면서 기존 업무가 대공업무로 변하면서 또 다른 국체 보존을 위한 경찰활동으로 전환되었다.

06

. . . .

'고마운 순경'과 '민주경찰행진곡'의 발굴과 그 함의[1]

1. 경찰사 연구의 외연 확대를 위하여

현재까지 알려진 경찰 노래를 보면 먼저 공식 행사에 빠짐없이 연주되고 불리는 '국립경찰가'가 있다. 이 '국립경찰가'는 이기완이 작사하고 현재명이 작곡하였다. 정확한 제정일자는 알려져 있지 않으나 1947년 10월 21일 발표된 기록이 있다.[2] 다음으로 오늘날 불리고 있지 않지만 '전투경찰대가'도 있다. 이 노래는 김석야가 작사하고 박준석이 작곡하여 1970년 11월 13일 전투경찰대 창설과 함께 제정된 것으로 보이나 이에 관한 상세한 자료도 발견되지 않았다.[3]

또한 과거 시민과 함께 하는 행사에 있어 적극적으로 연주되었던 '포돌이 송'이 있다. 이 노래는 1999년 김병길이 작사하고 장인표가 작곡한 것으로, 언제든지 약자에게 도움을 주는 친근한 경찰의 이미지를 그대로 담고 있는 활기찬 동요풍의 곡이다. 따라서 현재 불리고 있거나 과거 불렸던 경찰노래는 위 3개로 알려져 있다.[4] 이 노래들은 경찰관의 공직관을 확립하거나 친시민적인 경찰상 등을 정립하

---

1 본 글은 경찰인재개발원의 『논문집』 제31집(2015년 12월)에 게재된 내용을 수정·보완한 것이다.

2 『민주경찰』 제4호(1947년 12월 발간 추정)에 실린 국립경찰 창립 제2주년 기념사진과 동 잡지 17쪽을 보면 1947년 10월 21일 13시 창덕궁 비원에서 열린 축하연회에서 '경찰가'가 발표되었다는 내용이 있다. 또한 동 잡지 128쪽에 실린 '국립경찰가'는 기록상에 남아 있는 가장 오래된 '국립경찰가'로, 가사 3절 2소절이 지금의 "나라와 겨레의 길잡이 되어"가 아닌 "인민에 모범되며 인민에 배위"로 되어 있다.

3 악보는 (구)경찰대학이 1970년대 초 발간한 것으로 추정되는 『새마을의 합창』에 수록되어 있다.

4 이 외에 경찰전문학교(현 경찰인재개발원의 전신) 교가 등이 있으나 전국 단위의 경찰노래가 아니므로 논외로 하였다. 단 경찰전문학교 교가의 최초 가사가 오늘날의 것과 많이 다르므로 『민주경찰』 제4호

는데 중요한 역할을 하고 있음은 어느 누구도 부인하기 어렵다.

이러한 가운데 『민주경찰』 제39호(1954년 4월)에서 찾은 '고마운 순경'과 '민주경찰행진곡'은 경찰사적으로 중요한 의미를 갖고 있다. 이 노래들은 한국전쟁의 정전 이후 사회적으로 혼란하고 경제적으로 어려운 시절에 경찰이 어떻게 시민에게 가까이 다가갔는지를 보여주는 중요한 사료라고 생각된다. 또한 당시 경찰지휘부가 내부적으로 이를 활용하여 경찰관들의 사기를 진작했을 것이라는 방증도 된다고 판단된다. 그러나 이 노래들의 제정과정에 관한 자료는 현재까지 발견되지 않았다.

그럼에도 불구하고 본 글은 이들 경찰노래의 탄생과 의미를 다음과 같이 밝히고자 한다.

첫째, 이 노래들의 작사자·작곡자를 알아 볼 것이다. 이를 통해 당대 최고의 문예인들에 의해 경찰 노래가 지어진 것임을 알 수 있을 것이다. 게다가 이런 사실은 당시 예술문화적 영향력이 경찰조직까지 미쳤다는 것을 추론할 수 있을 것이다.

둘째, 이 노래들이 제정되었을 때의 사회적 배경과 경찰 활동의 변화를 살펴볼 것이다. 한 시대의 경찰활동은 당시 사회 배경과 불가분의 관계가 있다고 할 수 있다. 특히 이 노래가 실렸을 때는 한국전쟁의 아픔이 남아 있는 때였다. 막대한 인적·물적 피해가 발생하였고 미국의 경제 지원으로 국가가 유지되는 어려운 상황에서 이 노래들이 지어진 시대적 특수성을 이해할 것이다.

셋째, 전술한 노래들의 발굴을 통해 도출한 경찰사적 함의를 알아볼 것이다. 이를 통해 국민과 경찰관의 일상사를 다룰 수 있는 미시사적 연구도 다양한 중층적 요소에 의해 가능하다는 것을 보여주고자 한다.

기존 경찰사 연구는 제도사, 전사(戰史) 등을 중심으로 되어 있어 경찰활동이 어떻게 구체적으로 사회에 작동하였는가를 이해하는데 에는 다소 부족한 부분이 있다. 이를 해결하기 위해서는 다양한 시각의 연구가 필요하다. 따라서 본 글은 경찰사를 문화사 측면에서 고찰하여 경찰사 연구에 관한 새로운 사례를 제시하려고 한다.

(1947년 10월)의 134쪽에 실린 '國立警察專門學校校歌(新)'의 가사를 그대로 인용한다.
1. 세기에 아츰해에 날리는 깃발 / 반만년 역사 실은 태극이로다 / 애국에 넘처나는 거룩한 정신 / 단결로 직히련다 우리의 나라
2. 동방의 숨은 도덕 키워가려면 / 겨레를 밧드려는 公僕뿐이다 / 大義에 빛내이자 우리의 望想 / 동족애는 謙讓이로다 후렴) 잊지마라 동지여 한맘 한길로 / 닦아서 빛내이자 민주의 경찰

2. 『민주경찰』 제39호에 게재된 '고마운 순경'과 '민주경찰행진곡'

1954년 어린이날을 한 달 앞두고 『민주경찰』 제39호(1954년 4월)에 '고마운 순경' 과 '민주경찰행진곡'이 게재되었다.

▌사진 3-6-1. 『민주경찰』 제39호 표지

(1) 고마운 순경

▌사진 3-6-2. '고마운 순경' 악보

그 가사를 보면 다음과 같다.

1. 길 걸을 때나 잠 잘 때나 공부할 때나
언제든지 우리들을 보호합니다

2. 착한 아이 되라고 지도해주고
길 잃은 아이 도와 집 찾아주는

3. 무거운 짐 옮겨주는 고마운 어른
우리 마을 지켜주는 친절한 순경

(후렴) 고마우신 순경아저씨 어린이의 벗
우리들은 순경아저씨가 참말 좋와요

본 노래의 작사자는 박화목, 작곡자는 윤용이다.

먼저, 박화목(朴和穆, 1924~2005)을 살펴보면 연출가·동화작가·수필가로 호는 은종(銀鐘)이다. 출신지는 황해도 황주(黃州)이며 만주에서 성장하였다. 평양신학교 예과와 하얼빈 영어학원에서 수학한 후 1952년 봉천신학교와 한신대학교 소속 선교신학대학원을 졸업하였다. 1941년 월간 어린이 잡지 「아이생활」에 동시 '피라미드'를 발표하면서 정식으로 문단에 등단하였다. 이후 기독교 신앙을 아동문학에 투영하여 구원과 동심의 세계를 서정적 필체로 그려내며 한국 아동문학에 큰 기여를 하였다. 1957년 첫 시집인 『초롱불』을 출간한 후 『그대 내 마음의 창가에 서서』·『꽃 이파리가 된 나비』·『시인과 산양』등 16권의 시집 및 동시집을 출간하였다. 그 외에도 수필집 『그 추억의 길목에서』·『보리밭』과 동화집 『아기별과 개똥벌레』·『인형의 눈물』을 남겼으며, 1995년에는 『아동문학개론』을 저술하여 한국 아동문학의 이론을 정립하였다. 또한 가곡 '보리밭'과 동요 '과수원길' 등을 작사하였다.[5]

다음, 작곡자는 윤용하(尹龍河, 1922~1965)로 황해도 은율 출생이다. 고향에서 보통학교 5학년까지 다니다가 만주로 건너가 심양에서 졸업하였다. 그 뒤 만주의 카톨

---

5 한국사전연구사, 『국어국문학자료사전』, 1998, 1177−1178쪽.

릭교회에서 합창단원으로 활동하면서 음악에 심취하였다. 당시 심양관현악단의 일본인 지휘자 가네코로부터 틈틈이 작곡·화성학 등을 배웠으나 거의 독학과 음악적 경험으로 합창곡·동요곡 등을 작곡하였다. 해방 후 만주에서 귀국하여 박태현·이홍렬 등과 함께 국민개창운동과 음악가협회 등을 통하여 음악운동을 전개하였다. 한국전쟁 때에는 종군작가로서 군가와 '사병의 꿈' 등을 작곡하였고, '민족의 노래'·'광복절의 노래' 등은 격동기에 많이 불린 노래들이다. 대표작으로는 가곡 '보리밭'·'동백꽃'·'한가윗달' 등이 있고, '나뭇잎 배'·'무지개다리' 등의 동요를 작곡하여 동요작곡가로서도 평가를 받았다. 그밖에 미완성 오페라로 '견우직녀', 오페레타 '해바라기 노래', 교향곡 '개선' 등이 있으나, 점차 그의 작품영역은 가곡 세계가 중심이 되었다.[6]

(2) 민주경찰행진곡

▌ 사진 3-6-3. **'민주경찰행진곡' 악보**

그 가사는 다음과 같다.

> 1. 독수리 날개 펴 지키는 무궁화
> 빛나는 휘장에 줄기찬 그 용맹
> 내 겨레 생명과 질서를 확보해

---

6 한국예술종합학교, 『한국작곡가사전 Ⅰ』, 1995, 290−295쪽.

> 물불을 가리랴 밤낮을 싸운다
>
> 2. 비바람 눈보라 휘몰아 쳐와도
> 나라에 바친 몸 용기는 끓는다
> 언제나 민중을 위하야 살려는
> 이 보람 이 명예 지니고 나간다
>
> (후렴) 우리가 서는 곳 안전이 따르고
> 우리가 가는 곳 어데나 밝아라

본 노래의 작사자는 양명문, 작곡자는 김동진이다.

먼저, 양명문(楊明文, 1913~1985)은 1942년 일본 도쿄센슈대학(東京專修大學) 법학부를 졸업하였으며, 1944년까지 동경에 머무르면서 문학창작을 연구하였다. 광복 후 북한에 머물러 있다가 1·4후퇴 때 월남하였다. 1951년 11월에 전국문화단체총연합회 구국대원으로 종군하였다. 1955년부터 1958년까지 서울대학교 문리과대학, 수도의과대학 등에서 시론과 문예 사조를 강의하였고, 1966년 이후에는 국제대학 국어국문학과 교수로 재직하였다. 1957년 우리나라에서 열린 국제펜클럽 제29차 세계작가회의에 한국대표단의 일원으로 참석하기도 하였다. 그의 작품에 나타난 시정신은 주로 언어의 기교미를 배척하고 분출되는 감정과 생각을 그대로 직선적으로 표현하는 것이었다. 또한 자연과 생활에 대한 관조의 경지를 보이는 작품과 민족정신을 바탕으로 한 현실참여적인 작품이 특징이다. 시집으로는 『화수원(1940)』·『송가(1947)』·『화성인(1955)』·『푸른 전설(1959)』·『이목구비(1965)』·『묵시묵(默示默, 1973)』 등이 있다.[7]

다음, 작곡자인 김동진(金東振, 1913~2009)을 보면, 그는 일제강점기인 1913년 평안남도 안주군(지금의 안주시)에서 목사의 아들로 태어나 어릴 때부터 교회에서 서양음악을 접하였다. 11세에 안윤덕에게 바이올린 연주를 배웠고, 평양의 숭실중학교를 거쳐 1936년 숭실전문학교 문과를 졸업하였다. 그 후 일본고등음악학교로 진학하

---

7 한국사전연구사, 『국어국문학자료사전』, 1998, 1892쪽.

여 바이올린을 전공하고 1938년 졸업한 뒤, 이듬해 만주 신경교향악단(新京交響樂團)에 입단하여 제1바이올린 연주자 겸 작곡가로 8년 동안 일하였다. 해방 후 평양으로 돌아와 평양교향악단과 합창단의 전신인 중앙교향악단과 합창단을 조직하였다. 1950년 한국전쟁이 발발하자 월남하여 육군 종군작가단의 일원으로서 '육군가' 등 여러 곡의 군가를 작곡하였다. 1952년 숙명여자대학교 음악강사를 거쳐 1954년 대한민국예술원 회원이 되었고, 1974년 경희대학교 음악대학 학장이 되었다. 1931년 김동환작시의 가곡 '봄이 오면', 1933년 이은상 작시의 '가고파'를 작곡하였다. 이후 '내마음(1940)'과 '수선화(1941)', 칸타타 '조국찬가(1955)', '초혼·못잊어(1960)', '목련화(1974)', 가극 '춘향전(1993)', '세계 속의 새 한국 내 조국에 영광 있으라(1996)' 등을 남겼다.[8] 그러나 그는 "대동아전쟁의 의의를 철저하게 관철시킬 가요 등을 보급하려는 목적"으로 만주작곡연구회가 설립되자 회원으로 가입해 활동하였고, '만주국 군가', '군함행진곡', '몽고' 등을 작곡·발표하는 등의 친일 행적으로 인하여 민족문제연구소의 『친일인명사전1』에 등재되어 있다.[9]

3. 한국전쟁의 피해와 당시 사회상

'고마운 순경'과 '민주경찰행진곡'이 게재된 때는 한국전쟁이 정전되었음에도 전후 사회적 혼란이 지속되던 시기였다. 먼저 전쟁으로 인한 인명 피해를 보면 정부 통계에서 민간인 피해는 학살 12만 8,936명, 사망 24만 4,663명, 납치 8만 4,532명, 행방불명 30만 3,212명, 의용군 40만 명으로, 모두 116만 1,343명이었다.[10] 그리고 군인·군속·전투경찰의 피해 상황은 전사 23만 1,787명, 실종납치 5만 1,632명으로 도합 28만 3,9419명이었다.[11] 또한 1951년 8월 현재 한국정부가 미국 원조 당국과 합동으로 소요 원조 규모의 산정을 위해 전쟁 피해 상황을 조사한 결과에 따르면, 제조업의 경우 건물 피해액이 약 5,100만 달러, 시설 경우가 6,381만 5,000 달러, 기타 원료·제품 등 44만 1,000 달러로 도합 1억 1,526만 달러의 전쟁 피해를 입은 것으로 나타났다.[12]

---

8 한국예술종합학교, 『한국작곡가사전 I』, 1995, 93-98쪽.

9 민족문제연구소, 『친일인명사전1』, 2018, 315-316쪽.

10 와다 하루끼, 『한국전쟁』, 창비, 2009, 327쪽.

11 김광동 외, 『한국 현대사 이해』, 경덕출판사, 2007, 162쪽.

이와 같은 전쟁의 피해는 수많은 국민들을 고통에 빠지게 하였다. 한국전쟁으로 인하여 거의 모든 산업시설이 파괴된 상황에서는 미국의 원조는 필수적이었지만 단순히 구호적인 성격의 것이었다. 즉, 국민경제의 발전을 위한 기반 조성보다는 당장의 안정과 수습에 역점을 둔 것이었다. 이는 미국의 대한 원조의 내용 중 PL 480에 의한 잉여 농산물로 대변되는 소비재가 원조의 80% 이상을 차지한데서 입증된다.[13]

게다가 한국전쟁을 거치면서 한국사회는 미증유의 지역간·계층간 인구이동을 경험하였다. 농촌에서는 농촌희생적인 자본축적 방식에 의해 잠재실업이 증가했으며 도시에서도 제대군인이 늘어나면서 빈민이 형성되었다.[14] 한국산업은행 조사부에 의하면 실업자 수는 1952년 126만 명, 1954년 132만 명에 달했다. 이 시기의 다른 자료에 의하면 1955년 2월 10일 현재 완전 실업자 수는 200만 명에 달하고 그 밖에 반실업자, 유랑농민, 파산한 도시 소시민이 1,000만 명 이상이었던 것으로 되어 있다.[15]

특히 농촌에서는 농가 호당 부채 규모가 현저하게 늘어났다. 즉 1951년에 1,066 환이던 농가부채가 1953년에는 그 3.8배인 4,036환으로, 다시 1957년에는 46,200 환으로 4년 동안에 무려 11.4배로 늘어나고 있다. 그간의 물가상승을 감안하더라도 이는 상상을 초월하는 엄청남 폭증이라 할 수 있다.[16] 또한 농민층의 내부구성의 변화를 보면 여전히 빈농층이 70%로 가장 많았다. 그들은 생계비의 부족분을 날품팔이에 의존하며 보충해야 했으며 그 가족의 일부는 머슴살이를 하기도 하였다. 그래도 모자란 부분을 부채로 져야 했던 빈농들은 봄만 되면 생계를 유지할 곡식이 바닥나서 초근목피(풀뿌리와 나무껍질)에 의존하는 농가가 많았다.[17]

이외로 전국적이고 조직적으로 전후 재건하기 위하여 '유엔 민사처'는 '주한민사처'로 그 명칭을 변경하였다. 이 기관은 운송, 공중위생, 체신, 공공근로, 전력, 사회복지사업, 노동, 농촌 교도, 임업, 홍수 통제, 관개, 공안, 철도와 항만 등 매우 광범위한 분야에서 활동하였다.[18]

---

12 앞의 책, 162−163쪽.

13 김인걸, 『한국 현대사 강의』, 돌베개, 1998, 192쪽.

14 앞의 책.

15 장상환, 「해방후−1950년대의 경제」, 정성호 외 『한국전쟁과 사회구조의 변화』, 백산서당, 1999, 176쪽.

16 이대근, 『해방후−1950년대의 경제』, 삼성경제연구소, 2002, 52−453쪽.

17 한국역사연구회, 『한국 현대사2』, 풀빛, 1993, 170−171쪽.

4. '고마운 순경'과 '민주경찰행진곡'의 경찰사적 함의

한국정부는 전쟁이 발발하자 전투를 위하여 경찰관을 긴급 모집하였는데 그 수가 1953년에 6만 3천명을 넘었다. 이는 일제강점기 남한지역 경찰관 수의 5배를 넘는 숫자였다. 따라서 경찰은 1953년 7월 휴전이 성립되자 먼저 경찰관 정원을 전시체제에서 평시 체제로 전환하기 위하여 인원을 전전 수준으로 목표로 한 대규모 감원이 동년부터 시행되어 3차에 걸쳐 이루어 졌다.

이와 함께 동년 12월 「경찰관직무집행법」이 제정되어 경찰직무의 표준을 정하였다. 1954년 4월에는 일제강점기하에 제정된 「경찰범처벌규칙」이 폐지되고 이를 대신하는 「경범죄처벌법」이 제정, 공포되는 등 경찰 업무가 생활안전 중심으로 전환되었다. 특히 1954년에는 경찰 예산이 동년부터 '전란수습비 특별회계'에서 '일반 회계'로 환원되어 전후 외국원조로 인한 경찰의 시설과 장비 확충에 큰 전환을 이루게 되었다. 그 결과 동년 1월 16일 국무회의에서 서남지구 전투사령부를 설치하기로 결정하였다.[19]

그러나 서남지구 전투사령부를 설치되기 전 3월 7일 용초도 포로수용소에서 폭동이 일어나 23명이 사살되고 42명이 부상을 입는 사건이 발생하였다. 또한 3월 16일 광양군 용지동에서 북한의 전남독립연대와 교전이 벌어져 20명이 사살되고 15명이 생포되었다. 이어 장흥군 장평면에서는 경찰이 공비를 급습하여 3명 사살, 3월 25일 천안군 성환면 무월리에서 공비 2명을 생포하는 등 전쟁 이후 혼란과 교전이 간헐적으로 이루어지고 있었다.[20]

따라서 치안국은 이와 같이 국민들이 한국전쟁으로 인하여 극도의 어려움을 겪고 있자 언제나 국민과 함께 하면서 도움을 주는 경찰관의 이미지를 전파하기 위하여 '고마운 순경'을 지은 것으로 보인다. 특히 이 노래를 적극 홍보하기 위한 일환으로 1954년 5월 28일[21] 과 10월 21일[22] 라디오에 방송이 되었다. 서울시경찰국도 같은 해 10월 22일 제9회 경찰의 날 기념 어린이 음악회를 개최하였고, 이 자

---

18 허은, 『미국의 헤게모니와 한국 민족주의』, 고려대학교 민족문화연구원, 2008, 160쪽.

19 치안국, 『한국경찰사 1948. 8~1961. 5』, 1973, 783쪽.

20 앞의 책, 783쪽.

21 18시 10분 어린이시간 노래 알범 고마운 순경 外, 「라디오」, 『조선일보』, 1954년 5월 28일.

22 18시 10분 노래교실 '고마운 순경' 방송 어린이노래회, 「라디오」, 『조선일보』, 1954년 5월 28일.

리에서 어린이들이 '고마운 순경'을 합창하기도 하였다.[23]

또한 '민주경찰행진곡'이 제정된 때의 경찰조직은 한국전쟁이후 경찰 원래의 활동으로 들어가는 과정이지만 여전히 전시 경찰의 성격을 지니고 있었다. 이 노래의 행진곡풍의 음율과 힘찬 경찰의 모습이 있는 가사를 고려하여 볼 때 치안국이 경찰관의 사기를 고취하고 조직의 안정을 기하기 위하여 지은 것으로 추정된다.[24]

5. 새로운 경찰사 연구를 위한 다양한 연구의 필요성

『민주경찰』 제39호에 게재된 '고마운 순경'과 '민주경찰행진곡'은 한국전쟁의 후폭풍이 가시지 않은 시기에 경찰이 어떻게 시민과 조직원에게 가까이 다가갔는지를 보여주는 중요한 사료라고 생각된다. 필자는 문헌조사를 통해 '고마운 순경'은 가곡 '보리밭'과 동요 '과수원길'의 박화목이 작사하였고, '민족의 노래'·'광복절의 노래'의 윤용하가 작곡하였음을 밝혔다. 또한 '민주경찰행진곡'은 민족정신을 바탕으로 한 현실참여적인 작품을 많이 쓴 시인 양명문이 작사하였고, '가고파'의 김동진이 작곡하였음을 확인하였다.

이러한 노래가 발표된 시기는 한국전쟁 이후 미국의 단순 구호적 성격의 원조 하에 도시에서는 제대군인 등 증가에 따른 빈민층이 형성되었을 때였다. 특히 농촌에서는 농민들이 생계비의 부족분을 날품팔이에 의존하여 보충해야 했으며 봄만 되면 생계를 유지할 곡식이 바닥나서 초근목피에 의존하는 경우가 많았다.

따라서 치안국은 국민들이 한국전쟁 이후 어려운 사회여건 속에서 언제라도 도움의 손길을 요청할 수 있는 따뜻한 경찰의 이미지를 전하기 위하여 1954년 어린이날을 한 달 앞두고 '고마운 순경'을 발표한 것으로 보인다. 또한 당시 경찰 활동을 보면 전시활동에서 평시활동으로 전환되는 시기였으나 간헐적으로 공비와의 교전이 벌어지고 있었다. 이에 치안국은 여전히 접전하는 경찰관의 사기 충전에 기여하고 조직의 안정을 기하기 위하여 '민주경찰행진곡'을 제정, 각종 대내외 행사에 이 곡을 활용한 것으로 추정된다.

이상으로 필자는 '고마운 순경'과 '민주경찰행진곡'의 탄생 배경과 의미를 현재

---

23 『민주경찰』 제45호, 1954년 11월, 3쪽.
24 임일만 전 경찰인재개발원 경찰악대장과 김효근 전 마샬군도 공화국 경찰악대장이 이 노래들을 편곡하였다.

까지 발견된 사료를 기반으로 알아보았다. 앞으로 더 많은 사료가 발견됨으로써 경찰 관련 노래에 대해 더욱 정확한 연구결과가 나오길 바란다. 또한, 향후 경찰사가 사회사·문화사 등과 연계됨으로써 더욱 미시적이고 총체적으로 밝혀지길 기대한다.

07

· · ·

금산경찰서 한 경찰관의 『교양수부』와 『교양자료집』(1955~56년)을 통해 본 사찰 활동[1]

1. 사찰경찰은 은밀하게 작동된 정치적 기반인가?

이승만 정권은 1951년 12월 (원외)자유당을 창당하여[2] 국민회, 대한농민총연맹, 대한청년단 등으로부터 전폭적인 지원을 받으면서 영구 집권을 기도해 나갔다. 남한은 여전히 전시 중에도 불구하고 1952년 8월 부산정치파동, 1954년 11월 사사오입 개헌파동 등으로 인해 정치적 혼란 속에 빠져들었다. 1955년 12월 조봉암을 중심으로 진보당이 창당되면서 야권의 세력화가 이루어졌으나 1956년 5월 정부통령 선거는 물론, 8월 지방 선거마저 부정 선거로 치러지면서 이승만 정권은 더욱 곤고해졌다.

그 과정에서 전국의 경찰서 사찰계와 산하 파출소, 지서 등이 관제 선거에 동원되었다는 것은 널리 알려져 있다. 실제로 당시 각 경찰서에서는 사찰계를 중심으로 한 활발한 정보수집과 대민사찰이, 지역경찰관서에서는 주민을 대상으로 한 반

---

[1] 본 글은 한국근현대사학회의 ≪한국근현대사 연구≫ 제93집(2020년 6월)에 게재된 내용을 수정·보완하였다.

[2] 1952년 12월 23일 부산에서 공화민정회 소속 국회의원들을 중심으로 (원내)자유당과 이승만을 지지하는 (원외)자유당이 발당하였으며, 국회의원들을 중심으로 만들어진 (원내)자유당이 이미 당명을 자유당으로 정했음을 알았음에도 이승만의 지시로 만들어진 (원외)자유당이 당의 명칭까지 도용하였다. 이 (원외)자유당이 후에 이승만 정권이 붕괴될 때까지 집권여당이었다. 민주화운동기념사업회, 『한국민주화운동사1』, 돌베개, 2010, 40쪽.

공사상 계몽 등이 이루어지고 있었다. 그럼에도 불구하고 현재까지 경찰의 내부 자료[3]를 통해 이승만 정권 간에 형성되었던 내밀한 관계를 밝힌 연구 성과를 찾기 어렵다.

경찰의 사찰 활동에 관한 연구는 먼저 강혜경의 「한국경찰의 형성과 성격 (1945-1953년)」[4]이 있다. 이 논문은 미군정기부터 한국전쟁까지 전반적인 사찰경찰의 변천과 활동을 고찰하였다. 다음으로 이윤정의 「한국전쟁기 지역사회와 경찰 활동 : 전라북도 김제군을 사례로」[5]가 있다. 그는 김제경찰서가 한국전쟁기 활동을 정리한 내부 문서인『관내상황』을 분석하여 지역사회에서 행해진 사찰계의 활동 결과를 살펴보았다. 그 외에 경찰이 한국전쟁 동안 반공 이데올로기를 수호하는 과정에서 행해진 민간인 학살을 주제로 한 문헌연구[6]와 한국전쟁의 실상, 국가 폭력에 대응한 민중의 모습 및 피해, 피난과 경제성, 가족의 이산 상황 등을 주제로 한 구술사연구[7] 등을 통해 경찰의 사찰 활동이 일부 밝혀진 바 있다. 그러나 이윤정의 논문을 제외한 연구 대부분은 경찰의 1차 자료를 고찰하지 못했고, 이윤정의 연구 또한 구체적으로 사찰 실무에 관한 사항을 밝히지는 못하였다. 이는 사찰이 원래 비밀성을 갖고 있어 조직 외부에 상세한 활동이 알려지기 어려웠고, 내부 문서 역시 보존 기간이 끝나는 즉시 폐기되는 등 관련 자료를 확보하기 어려웠기 때문으로 판단된다.

이러한 가운데 필자는 금산경찰서의 한 경찰관이 1955년 5월 19일부터 1956년 7월 22일까지 기록한『교양수부』와 참고자료인『교양자료집』을 한 수집상을 통해

---

3 서울시경찰국 사찰과가 1955년 작성한『사찰요람』이 2000년 5월 도서출판 선인에서 영인본으로 출판한 것이 유일하다.

4 숙명여대 사학과 박사논문, 2002년.

5 성신여대 사학과 박사논문, 2018년.

6 주요 연구를 보면 신기철,『진실, 국가범죄를 말하다』, 도서출판 자리, 2011; 이동진, 「한국전쟁과 제노사이드: 경북 영천군을 사례로」, 《사회과학 담론과 정책》 4월호, 경북대학교 사회과학연구원, 2012; 이윤갑, 「한국전쟁기 경북 성주군의 부역자 처벌과 피학살자 유족회 활동」, 《한국학 논집》 47, 계명대 한국학연구소, 2012; 이성호, 「반공국가 형성과 지역사회의 변화: '월파유고'의 한국전쟁기 기록을 중심으로」, 《지역사회연구》 21, 한국지역사회학회, 2013 등이 있다.

7 주요 연구로 표인주 외 7명,『전쟁과 기억: 마을 공동체의 생애사』, 한울 아카데미, 2003; 표인주 외 7명,『전쟁과 사람들: 아래로부터의 한국전쟁 연구』, 한울 아카데미, 2003; 윤택림,『인류학자의 과거 여행: 한 빨갱이 마을의 역사를 찾아서』, 역사비평사, 2004; 함한희, 「한국전쟁과 여성: 경계에 선 여성들」, 《역사비평》 여름호, 역사비평사, 2010; 정진아, 「한국전쟁기 좌익피해담의 재구성: 국가의 공식 기억에 대한 도전」, 《통일 인문학》 56, 건국대학교 인문학연구원, 2013 등이 있다.

입수하였다. 『교양수부』는 1952년 8월부터 1968년 2월까지 시행된 '경찰교양[8]의 일환인 '과제교양'을 완수하기 위해 학습 내용을 기록한 개인 일기다. 『교양자료집』 또한 경무계가 교양이 필요하다고 판단되는 내용을 등사본으로 인쇄하여 소속 직원에게 배포한 것이다. 이들 자료에 포함되어 있는 '사찰실무'는 기존 연구에서 밝혀내지 못한 일선경찰서의 사찰 활동을 구체적으로 알 수 있게 하는 자료라는데 그 가치가 있다고 판단된다.

따라서 필자는 이 『교양수부』와 『교양자료집』을 분석하여 1950년대 중반 전라북도 금산군[9]에서 행해진 경찰의 사찰이 이승만 정권을 위해 은밀하게 작동된 또 다른 정치적 기반인지 고찰하고자 한다. 그리고 이를 사례로 전국에서 행해진 당시 경찰의 사찰활동이 "국체를 부인, 파괴, 변혁하려는 일체의 不任要素 등에 대처하고 행하여지는 일련의 조직적인 경찰활동"이라는 정의[10]를 충실하게 이행하였는가를 알아봄으로써 한국현대사를 보다 더 상세하게 이해하는데 도움이 되고자 한다.

2. 『교양수부』와 『교양자료집』의 분석

『교양수부』는 가로 173mm, 세로 252mm, 총 128쪽, 세로쓰기 형식으로 되어 있으며, 이 가운데 98쪽이 기록되어 있다. 왼쪽 상단에 날자·요일·날씨와 왼쪽 하단에 '금산경찰서'가 붉은 색으로 인쇄되어 있다. 기술 내용은 다음과 같이 구성되었다.

---

8 1952년 8월 8일 「경찰관 교양규정」이 내무부 훈령 제42호로 제정됨으로써 경찰관에 대한 교양이 제도적으로 시행되었다. 교양종류는 '일상교양, 소집교양, 순회교양, 과제교양, 강습교양, 견학교양'으로 모두 6종이었다. 이후 1968년 2월 7일 내무부령 제26호로 「경찰관 교육훈련 규정」이 제정되면서 종래 '경찰교양'이란 용어가 '직장훈련'으로 변경될 때까지 지속되었다.

9 금산군은 오늘날 북동쪽으로 대전시 동구·중구, 충북 옥천군, 영동군과 경계를 이루면서 전북 무주군과 접해있고, 남서쪽으로 전북 진안군과 충남 논산군과 군계를 이루면서 전북 완주군과도 인접해 있다. 주로 산간지역으로 당시 경지면적이 전체의 3할에 불과했으나 인삼생산지로 유명했으며, 군청과 경찰서가 금산읍 상리에 있었다. 1959년도 자료에 의하면 행정 구역은 1읍 9면에 행정리 106개리, 자연 부락 320개로, 금산고교 등 3개 고교, 진산중학교 등 5개 중학교, 금성국민학교 등 26개 국민학교, 군북고등공민학교 등 3개 고등공민학교, 지방(芝芳)공민학교 등 7개 공민학교가 있었다. 또한 주민 가운데 대학교 및 전문학교를 졸업한 수는 남자 200명, 여자 7명이었다. 향토문화연구회, 『우리 고장 금산편』, 가림출판사, 1959, 22-25쪽. 1963년 1월 1일 행정구역 개편에 따라 전라북도에서 충청남도로 편입되어 오늘에 이르고 있다.

10 부안경찰서, 『사찰교양 자료집』, 1958, 1쪽.

▍표 3-7-1. 『교양수부』 내용 구성표

번호	날짜	분류	문	답	쪽수	필기류	확인
1	1955년 5월 19일	경찰관직무 집행법	무기사용 경우	의의, 조건 및 정당방위 설명	4	펜	경무주임 (필기)
2	미기재	형법	공범	개념, 교사범과 종법, 판례 기술, 숙제(사례)	5	펜	판례
3	6월 14일		죄와 수죄	설명	4	연필	
4	미기재		죄형법정주의	의의, 책임무능력자 설명	5	펜	
5	6월 16일		경합범	의의	3	펜, 연필	
6	6월 17일		처리상의 일죄	설명	3	연필	
7	미기재	경찰관직무 집행법	경찰의 보호조치	개념, 불심검문	3	펜	
8	9월 9일	형법	형의 집행 과정	형의 선고유예, 형의 집행, 가석방	6		
9	9월 22일	경무	행정사무처리	목적, 민원처리요령, 처리행정청	2		경무주임 (필기)[11]
10	10월 12일	경비	계엄법	입법 취지, 계엄의 의의	1		경무주임 (필기)
11	10월 19일 (오기 추정)		경비계엄	경비계엄, 비상계엄, 계엄령의 선포	1		경무주임 (필기)
12	10월 13일	경찰관직무 응원법	경찰관직무응원법	입법 취지, 내용	2		
13	10월 14일	교양	기부금모집금지법	법의 목적, 의의, 기부금 모집 방법	3		
14	10월 15일			前續	1		
15	1956년 2월 16일	사찰교양 제1편	제1문~15문	제1답~15답	7		
16	2월 17일	사찰교양 제2편	제1문~15문	제1답~15답	5		
17	2월 17일 (중복)	사찰교양 제3편	제1문~15문	제1답~15답	5		
18	2월 18일	사찰교양 제4편	제1문~15문	제1답~15답	7		

11 '경위 최순희'로 기재되어 있다.

19	2월 18일 (중복)	사찰교양 제5편	제1문~15문	제1답~15답	7		도장12
20	2월 20일	사찰교양 제6편	제1문~15문	제1답~15답	6		
21	미기재	사찰교양 제7편	제1문~15문	제1답~15답	3		
22	7월 22일		제1장 총강 제1절-제2절	단순 필기	4		
23	7월 23일		제3장 제1절 11조-16조	단순 필기	2		
24	7월 24일		제17조-제54조 (발췌)	단순 필기	5		
25	7월 27일		제56조-제58조	단순 필기	1		
26	7월 28일	지방자치법	제59조-제63조	단순 필기	1		
27	7월 29일		제64조-제70조 (발췌)	단순 필기	1		
28	7월 30일		제5절 후보자의 선거운동	단순 필기	1		
29	7월 31일		제71조의 2항-제75조	단순 필기	2		
30	8월 2일		제75조-92조 (발췌)	단순 필기	1		도장 (불명)
31	9월 10일		대한민국 헌법	단순 필기	1		
32	10월 7일	모의연습	모의연습	월남한 동포 등 중요 단어	1		

[표 3-7-1]을 보면 작성 기간이 1955년 5월 19일부터 같은 해 10월 15일까지 「형법」, 「경찰관직무집행법」 등의 내용이 문답 형식으로 연필과 펜으로 쓰여 있다. 이후 중단되었다가 1956년 2월 동안 '사찰교양'이라는 제목으로 관련 내용이 쓰여 있다. 그리고 7월 22일부터 10월 7일까지 「지방자치법」에 관한 내용과 평가를 위한 모의연습이 기록되어 있다. 전반적으로 교양학습이 불규칙하게 이루어졌으며, 작성 요일 역시 특이한 점이 없다.[13]

---

12 '최진주'라고 새겨져 있다.

13 미기재 일을 제외한 총 27일 가운데 월요일 3회, 화요일 3회, 수요일 3회, 목요일 5회, 금요일 6회, 토요일 4회, 일요일 3회이다.

▌ 사진 3-7-1. 『교양수부』 사진(1956년 2월 17일)

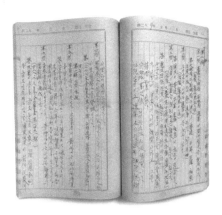

그러나 이를 월별로 분석하면 금산경찰서가 국가의 중대사를 앞두고 관련 교양을 강화한 것을 알 수 있다.

▌ 표 3-7-2. 교양 기재월 분석표

번호	연월	횟수	비율(%)	비고
1	1955년 5월	1	3.22	
2	미기재	1	3.22	
3	6월	4	12.90	미기재 1일 포함
4	미기재	1	3.22	
5	9월	2	6.45	
6	10월	5	16.12	일반 법률학
7	1956년 2월	6	19.35	사찰실무
8	미기재	1	3.22	2월 작성 추정
9	7월	8	25.80	지방자치법
10	8월	1	3.22	
11	9월	1	3.22	
12	10월	1	3.22	

위 표를 보면 1956년 5월 15일 정부통령선거를 앞둔 2월에 '사찰실무'가 6회, 8월 8일 지방선거를 앞둔 7월에 「지방자치법」을 중심으로 이루어졌고, 횟수 역시

가장 많은 8회였다. 이는 금산경찰서가 양대 선거에 큰 관심이 있었으며, 소속 경찰관에게 특정 교양을 집중적으로 실시하였다는 것을 보여준다.

『교양자료집』은 가로 350mm, 세로 260mm인 등사인쇄물로, '사찰교양 1~10편, 기타'로 구성되어 있으며, 총 34장이 남아 있다. 구성은 『교양수부』에 기록된 것과 같은 형식인 각각 15개의 문답, 전북경찰국 간부 명단 등으로 되어 있다. 그 내용을 표로 보면 다음과 같다.

▌ 표 3-7-3. 『교양자료집』 내용 구성표

번호	구분	문	답	장수
1	사찰 교양 1~10편[14]	1~3문 선거법	해당 답안	각 편당 3~6장
		4문~15문 사찰실무	해당 답안	
2	전북경찰국 및 도내 주요 인사 명단	경찰기동대장	이동희 총경	1
		전북경찰국 과장 및 서장	서정석 경무과장 등 19명	
		전북도지사 및 국장(내무국, 산업국, 문교사회국)	신동우 도지사 등 4명	
		금산군 출신 저명 정치인	임영신(중앙대학 총장), 유진산(민의원) 등 5명	
		전북 출신 민의원	이철승(전주) 등 22명	
3	기타 (정부 각부[실] 장차관 및 국회 각분과위원 차량번호 일람표)	대통령, 부통령 등 45명	차량 번호	3

[표 3-7-3]을 보면 금산경찰서 경무계가 사찰계로부터 사찰업무 사항과 도내 각종 정보를 제공받아 『교양수부』 작성을 위한 학습자료 또는 참고자료로 인쇄하여 소속 경찰관에게 배포한 것을 알 수 있다.[15]

---

14 순서가 변한 경우가 있고, 3개가 아닌 4개 문답이 선거법에 관한 것도 있다.

15 본 『교양수부』의 내용에는 『사찰정보제요』가 나온다.(2월 17일－제7문) 현재까지 알려진 비슷한 자료로는 1959년 경찰전문학교가 경찰문고 제6권으로 발간한 『사찰실무제요』가 있다. 그 주요 내용이 간첩 행위의 단속, 이적 통신·물자·폭동·군사 관계 단속 그리고 신국가보안법 등으로, '정보'도 이에 포함되어 있으나 사찰실무에 관한 것이 없다. 따라서 이 자료를 통해 별도로 사찰 책자가 존재하였음을 알 수 있다.

▌사진 3-7-2. 『교양자료집』 사진(제1편)

▌사진 3-7-3. 『교양자료집』 사진(제5편 제8문-제11문)

※왼쪽에 자유당의 중앙당부와 서울특별시당·도당의 조직을 표로 설명하고 있다.

▌사진 3-7-4. 『교양자료집』 사진(제5편 제11문-제15문)

※오른쪽에 자유당의 시·군·구당부, 읍면동·시당부, 里洞당부의 조직을 표로 설명하고 있다.

■ 사진 3-7-5. 『교양자료집』 사진(제4편 11문-15문)

※오른쪽에 금산군 국민반의 수와 왼쪽에 대한노총의 최고위원 이름이 수기로 기록되어 있다.

이를 근거로 필자는 『교양수부』에 기록된 '사찰 실무'외에 『교양자료집』에 있는 내용도 당시 사찰 활동을 구체적으로 알 수 있게 하는 자료라고 판단하였다. 따라서 이 두 자료에 나온 총 문답 150개 가운데 선거법 31개와 문답이 없는 2개를 제외한 117개를 분석한 결과, 다음과 같은 특징을 발견할 수 있었다.

첫째, '사찰'이 "외사경찰, 각종 정보수집, 신문·잡지·출판물·저작물에 관한 사항, 기타 각종 사찰에 관한 사항"이라는 경찰업무로 규정[16]된 데로 구분하면, 그 비중은 정보(63개), 사찰(43개), 외사(7개), 출판(4개) 순으로, 각각 53.84%, 36.75%, 5.98%, 3.41%를 차지하고 있다.

둘째, '정보'와 관련된 문답을 세분화하면, 그 비중은 정치(35개), 주민(5개), 집회(5개), 노동(3개), 단체(3개), 종교(3개), 활동(3개), 공관리(3개), 경제(2개), 국제정세(1개) 순으로, 정치정보가 전체 57.14%, 주민과 집회 정보 7.93%, 그 외 노동·단체·종교·활동·공관리 정보가 각각 4.76%로, 정치정보가 월등히 높은 비율을 차지하고 있다.

셋째, '사찰'과 관련된 문답을 세분화하면, 그 비중은 주민(27개), 방법(12개), 개념(4개) 순으로, 이 가운데 주민 사찰이 62.79%, 방법 27.9%, 개념 9.3%로, 주민 사찰이 가장 높은 비율을 차지하고 있다.

넷째, '외사'는 '사찰' 업무에 대한 비중이 높지 않았으며, 거주 외국인(4개), 활동

---

16 이근갑, 『경찰복무』, 동아출판사, 1948, 68−72쪽. 『1953년 경찰통계연보』에 나온 치안국 특수정보과의 분장사무도 "정치, 문화 및 민정의 사찰, 외사경찰 및 특수정보에 관한 사항"으로 이전과 큰 차이가 없었으며, 『1956년 경찰통계연보』에는 '대북특수사찰'이 추가되었다.

(2개), 범죄(1개)로 모두 7개에 불과했으며, 이 가운데 거주 외국인에 관한 내용이 가장 많았다.

다섯째, '출판'에 관한 사항은 국내신문(2개)과 외국 간행물(1개)에 관한 문답으로 모두 3개뿐이다. 그 이유는 금산군이 도시 지역이 아닌 주로 산간지역으로 이루어져 있었던 까닭에 관련 사항이 적었기 때문으로 보인다.

3. 자료에 기록된 사찰 개념[17]

(1) 중요성

금산경찰서는 사찰의 중요성을 지극히 강조하고 있었다. 이는 "오늘날 사찰제일주의를 부러짓는 것을 말하라"라는 질문에 "금년도의 국가 대괴제인 국가를 좌우할 수 있는 현시국에는 특히 사찰경찰의 활동 중요시 되는 것이다"라는 답안(2월 20일 – 제14문)을 통해 확인할 수 있다. 본 내용이 기술된 때인 1956년 2월을 보면 다음과 같은 특징이 있다.

첫째, 이승만의 영구 집권을 위한 발췌개헌안이 가결된 헌정 유린사태(1952년 8월 부산정치파동)와 사사오입 개헌파동의 결과로 야기된 정족 수 미달에 따른 위헌적인 개헌(1954년 11월 27일) 등으로 인해 정치·사회 등 각 방면으로 반이승만 정서가 심각하게 고조되어 가고 있었다.

둘째, 1955년 12월 22일 조봉암, 장건상 등이 혁신정당인 진보당을 창당하여 이승만 정권에 정면 도전하고 있었다.

셋째, 1956년 5월 15일 정부통령선거, 8월 8일 시·읍·면의 단체장과 의회 의원 선거, 그리고 8월 13일 도의원 선거를 앞두고 있었다.

이처럼 정치적으로 극히 중요하던 시기를 금산경찰서는 "국가 대과제인 국가를 좌우할 수 있는 현시국"으로 판단하고 있었고, 이에 따른 사찰이 그 어느 때보다 중요했기 때문에 "사찰제일주의"가 등장했던 것으로 판단된다.

---

17 모든 자료에 있는 인용문은 당시 시대상을 살리기 위하여 원문 그대로 옮기고, 쉼표와 띄어쓰기를 하였으며, 명백한 오타인 경우 수정하였다. 또한 『교양수부』는 별도로 자료명을 쓰지 않고 작성일자 만을 쓰며, 『교양자료집』은 자료명을 쓰기로 한다.

(2) 대상

금산경찰서는 먼저 호구조사를 통해 "1955년 금산군의 주민 수는 88,188명, 가구 수는 14,850호"로 파악하고 있다(날짜 미기재-제10문). 이어 "관내 주민 중 한글을 아는 사람은 얼마나 되며 또한 문맹자의 수는 얼마나 되는가"라는 질문에 대한 답안이 "금산군 내 한글을 아는 사람은 10,479명, 금산읍 한글 해득자 1,084명, 금산군 내 한글을 알지 못하는 사람 5,479명, 금산읍 내 한글을 알지 못하는 사람 860명"이라는 점을 볼 때 전 주민의 한글 해독능력까지 상세히 알고 있다(『교양자료집』 제8편-제10문).[18]

이들 가운데 빨치산 전력이 있는 주민은 "생포 355명, 자수와 귀순 4,353명, 부역자 5,500명"이었다(2월 20-제4문). 이는 전체 주민의 각각 0.4%, 4.93%, 6.23%가 사찰대상임을 보여 준다. 금산경찰서는 이들 모두를 "사상, 통신 등의 자유를 존수하기보다 민주주의 사회를 폭력으로 파괴하여 그 사회의 질서를 교란케 하는 행위 즉 민주정치를 국시로 한 우리나라의 국체를 불법으로 변혁한다거나 혹은 파괴하는 등 一切 행위는 물론 나아가서는 폭동 소요 등으로 사회 공공의 질서를 교란케 할 때 그 행위가 형벌법에 저촉이 되어 基 법이 적용하는 바에 의하여 형의 언도를 受한 자"들인 "사찰전과자"로 명명하여 관리하고 있다(2월 18일-제7문).

한국전쟁 기간 동안 의용군에 입대하였거나 경미하게 부역한 주민도 "민간인 구류자"로 별도로 분류하면서 그 수는 전체 주민의 0.09%에 해당하는 "86명"이라고 기록하였다[19](날짜 미기재-제5문). 여기에 나온 의용군 입대자는 강제적으로 동원된 주민을 의미하는 것으로 보이나 그들 역시 경미한 부역자와 동일하게 꾸준히 관리되었음을 알 수 있다.

또한 금산경찰서는 1954년 7월 7일 전북 警査 제1429호에 의거하여 중점 감시대상을 '요시찰인'으로 명명하고, 다시 "국체의 침해와 사회 공공의 안녕을 침해할 우려가 있는 불순요소를 내포한 분자"인 '특수 요시찰인'과 '보통 요시찰인'으로 구분하고 있다(1955년 2월 16일-제4문, 2월 17일-제4문, 『교양자료집』 제3편-제4문). 그 수는 "특수 요시찰인 4명", "보통 요시찰인 145명"[20]으로, "각각 생업에 종사하며 별다른

---

18 이를 다시 보면 전 주민 수의 6.21%가 문맹자임을 알 수 있다.
19 "월북자는 금산군에서는 없다"고 부기하였다.
20 전 주민의 0.16%에 해당한다.

불순상태 없이" 생활하고 있었다(2월 17일[날짜 중복]–제4문). 그동안 이윤정 연구로 중점 사찰대상자는 '요시찰인'과 '보통 요시찰인'으로 구분된다고 알려져 왔다. 그러나 본 『교양수부』와 『교양자료집』을 참조할 때 '특수 요시찰인'도 존재했음을 알 수 있게 한다.[21]

이와 함께 요시찰인의 범위에는 외국인도 포함되었고(2월 17일–제8문), 그 수는 "금산군 총 26명(중국인 남 12명·여 8명, 일본인 남 1명·여 5명)"이었다(2월 16일–제8문). 이들 외국인에 대한 사찰 주관점은 "1955년 2월 15일자 전북 警査 제○○○○호(기재 없음: 인용자)에 나타난 사찰 요시찰인에 준할지며, 특히 외국인인고로 간첩 혐의 유무 외국과의 서신 왕래관계 외국인과의 접촉 상황 기타 일반과의 접촉 상황 등을 세밀히 시찰한다. 시찰을 요하는 자는 1. 정치범을 범한 외국인 전과자, 2. 6·25 당시 부역한 외국인, 3. 白系 露人, 4. 공산주의 사상을 抱持한 자 5. 아국인으로 쏘共 중공 기타 외국 공산당에 가담한 자, 6. 공산주의자로서 외국에 도피한 자, 7. 해외에서 귀국한 자로 사찰을 요하는 자(중공계열에 捕된 자 포함)"였다(『교양자료집』 제2편–제8문).

그러나 감시대상에는 요시찰인만이 아닌 반공 주민도 포함되어 있다.

"반공애국청년이란 무엇이며 귀 관내 보호하고 있는 수는 몇 명이나 되는가"라는 질문에 대해 "북한 괴뢰군으로서 6·25사변 중 아군에 포로로 포로수용소에 수용중이다. 송환을 거부하고 공산포로와 투쟁 중 휴전협정 체결 전에 기 반공사상의 확고성을 인증 받았으며, 이후 이대통령 각하의 영단으로 4286년 6월 18일과 4287년 1월 20일에 휴전협정을 근거로 판문점 비무장지대까지 송환되었으나 결사 송환을 반대하여 일제히 석방된 자를 말한다. 당 관내에는(1953년: 인용자) 6월 18일 8명, (1954년) 1월 20일 4명 합하여 12명을 보호하고 있음"이라는 답을 통해 볼 때 반공포로 역시 사찰 대상임을 알 수 있다(『교양자료집』 제8편–제5문).

이와 함께 "귀환용사란 무엇이며 귀 관내에 그 수는 얼마인가"라는 질문에 대한 답안도 "우리 국군이 공산 괴뢰군과 전투 중에 포로가 되었다가 휴전협정 과정에서 포로교환으로 귀환한 자를 말한다. 당 관내에는 10명 중 군입자 4명, 재가자 6

---

21 「內治情報 제2267호 통첩: 요시찰인 사무취급에 관한 건」(1954년 6월 22일, 경남경찰국)에 의하면, '要視察人'은 대부분 좌익계 인사로 당시 정치활동을 하거나 출옥, 도피한 자들이었다. '普通 要視察人'은 과거 좌익 활동을 하여 자수하였거나 가담한 자, 재판을 통해 刑이 유예된 자, 그리고 '반공포로'로 석방된 자들이었다.

명"이라는 것을 볼 때 한국전쟁 당시 북한군에 의해 포로가 되었다가 귀환한 주민도 그 대상이 되고 있다(『교양자료집』 제10편 – 제5문).

특히 "관내에 제대장병과 상이용사회원은 각각 몇 명인가"라는 질문과 "근거 (1954년 6월 23일자 전북 警察 제1,335호) 제대 장병 1,280명, 용사회원 68명, 계 1,348명"라는 답안(제9편 – 제5문)과 '애국참전동맹' 가입자에 관한 현황에 대한 질문에 대한 답안이 "금산군에서는 없다"는 답안(『교양문답집』 제9편 – 제14문)[22]을 감안할 때 금산경찰서의 사찰 대상은 전북경찰국의 지시로 친정부 성향을 가진 단체나 제대군인까지 포함되었음을 알 수 있다.

이상 사찰대상자를 살펴 볼 때, 이들 모두는 "국체를 부인, 파괴, 변혁하려는 일체의 不任要素 등"[23]에 해당하는 '者'들로서 1953년 6월 10일 전북 김제경찰서가 정전을 바로 앞두고 작성한 「휴전회담을 圍繞한 비상사태 대비에 대한 비상경계 실시계획의 건」에 나온 사찰대상[24]과 상당히 비슷하다. 오히려 시간이 지남에 따라 그 범위가 확대되어 일선경찰서의 사찰계가 구체적으로 관리하고 있었음을 알 수 있다.

(3) 방법

금산경찰서는 먼저 사찰 활동을 극대화하기 위하여 관내 '사찰정보망'을 구축하고 있었다. '사찰정보망'은 "민중의 소리를 그대로 듣는 것 민중의 심리 이상 동향을 그대로 캣취하는(catch) 것으로 국가정책에 대한 민중의 방향을 그대로 捕取하는 것이다. 이러한 문제를 시기적으로 신속 민활하게 수집 통합하야 국가시책에 반영시킬 수 있는 자료의 제공"을 위한 것이었다(2월 17일 – 제6문, 2월 17일[날짜 중복] – 제6문).

이를 위해 "평상시 각별하게 주의하며 사찰업무를 수행하는 활동"인 "사찰경계"가 이루어졌고(2월 16일 – 제6문), 그 방법은 "① 사회정세와 관내 사정의 파악 ② 사찰

---

[22] 그 수는 각각 전체 군민의 1.45%, 0.07%임을 감안할 때 상이용사회의 가입률이 극히 저조하였다는 것을 알 수 있다.

[23] 부안경찰서, 『사찰교양 자료집』, 1958, 1쪽.

[24] ① 사상면에서는 공산주의자, 중도노선, 반정부계열, ② 정치면에서는 ㉠ 정당사회단체의 간부급과 정부에 대하여 석연치 않는 부류, ㉡ 외국기관과 통첩할 우려가 있는 부류, ③ 경제면에서 부유층, 밀수 또는 폭리상습자, ③ UN군, 국군, KLO부대의 상이군인, ④ 월남민 ⑤ 학생층(특히 불량배 학생), 이윤정, 「한국전쟁기 경찰의 주민 감시와 계몽 – 전라북도 김제군을 사례로」, 《한국근현대사연구》 89, 2019, 160 – 161쪽.

경비의 예견 ③ 정보의 소유 개소 ⓐ 사회적 유력자 ⓑ 신문 잡지의 보고원 ⓒ 다중집합소 ⓓ 과격분자 급 基 가족 및 친교가 유한 자 ④ 수집상의 유의사항 ⓐ 기밀 保持 ⓑ 신속 정확 ⓒ 정보원칙은 육하원칙 구비할 것 ⓓ 자기의 전망 판단(소견)을 기재하고 출처의 분명(을 기한다: 인용자)"으로 상당히 구체적이었다(2월 17일–제6문).

또한, 정보 수집활동은 "① 외국기관은 무엇이 있으며 어떠한 것인가 ② 외국상사는 무엇이 있으며 무엇을 하는가 ③ 외교정책에 대한 반향은 어떠한가 ④ 외국인 및 基 종업원의 동향은 어떠한가 ⑤ 국제회의 등 어떠한 것이 있으며 어떻게 추진되는가(반향 등으로 관찰)"라는 질문과 답안을 통해 볼 때 국내외 외국인 및 상사·단체, 국제회의 등을 대상으로 하는 '외사정보'로 까지 확대되어 있다(2월 18일–제4문).

다음, 금산경찰서는 사찰사범은 물론 주민을 도로나 기타 특정되지 않은 장소에서 무작위로 검문하여 신체를 일시 구속할 수 있었다. 그 근거는 1953년 12월 14일 법률 제299호로 제정된 "경찰관직무집행법 제2조 불심검문"이었다(2월 17일[날짜 중복]–제5문). 이에 따라 사찰경찰관은 "특수한 거동 기타 주위에 사정을 합리적으로 판단하여 이러한 범죄를 범하고 있거나 또는 범하려 하고 있다고 의심할 만한 이유가 있는 자(1항)"를 "그 장소에서 질문을 하는 것이 본인에게 불리하거나 또는 교통의 방해가 된다고 인정되는 때에 질문하기 위하여 주민을 부근지서나 파출소에 동행할 것을 요구(2항)"할 수 있었다(2월 18일–제5문). 물론, 주민은 이를 거부할 수 있었지만 한국전쟁으로 인한 이데올로기적 갈등과 국가 권력이 극대화된 정치·경제·사회적 분위기에서 이와 같은 경찰관의 강압적인 요구를 거부하기 어려웠을 것이다.

수배 역시 "전 직원에 엄중 口達 수첩에 기재케 하며 범인 必捕에 주력토록 하고 과하 일반에 수배하여 관내에 잠복 유무를 수사케 하는 일방 수배인물대장을 비치하고 수시 직원으로 하여 공람"하도록 하였다(날자 미기재–제4문). 이후 구체적으로 "읍내에는 뻐스 등 정류소를 중심으로 하여 대전, 전주, 진안, 무주에서 올라오는 출입구 일대 및 인구가 조밀한 시장일대와 각 여관, 음식점, 무허가 하숙옥, 독립 가옥이 산재한 주변, 기타 경찰 취체 대상자 등에 대하여 중점을 (2) 군내는 각 뻐–스 승강장 및 각종 취체 대상자 및 요시찰인의 가옥, 기타 추부, 제원, 군북, 부리, 남일, 남이, 각 방면에 접하고 있는 산악지대에 대한 용의점에 중점을 두고 일반 수배범과 동일하게 처리"하였다(『교양자료집』 제10편–제6문).

그리고 사찰계의 중요 업무인 시위와 집회에 관해 단속할 수 있는 근거는 "1946년 2월 20일 경무부장과 공보부장이 연합으로 통첩한 「시위 행렬 급 집회

규칙」"이었다(2월 17일[날짜 중복]-제9문). 이를 통해 경찰당국은 "煽騷 혹은 狂暴하고 又는 범죄를 선동 曲庇하고 범죄인 又는 형사피고인을 覺하고 恤惑을 변호하는 경우 기타 포고령 제2호 소정의 안녕 질서를 保持하기 위하야 필요한 경우에는 시위운동 又는 집합에 대하야 제한 중지 又는 해산을 명령"할 수 있었다(2월 18일-제9문). 또한 집회를 '집합'이라는 용어로 사용하면서 그 개념을 "다수인이 공동의 목적을 위하여 일정한 장소에 일시적 회합함을 말한다. 집합에는 옥내 옥외 집회가 있다"(2월 17일-제9문)고 정의한 점을 감안할 때 사찰 범위를 일반 종교, 종친회, 친목 행사 등으로 까지 확대한 것을 알 수 있다.

다만, "시위행렬이란 무엇인가"라는 질문에 대해 "다수인의 회동의 목적을 달성하기 위하여 동일한 일시 장소에 집합 시위(하여: 인용자) 기 취지를 선정 주지시키는 행렬 행사"란 답안과 "결사란 무엇인가"에 대해 "특정 다수가 공동 목적을 위하여 임의로 결합하는 계속성 있는 단체를 말함"이라는 답안을 볼 때 시위와 결사에 관해서는 보편적인 정의를 하고 있었다.

이와 같은 사찰 활동을 효과적으로 수행하기 위하여 금산경찰서 경찰관에게 매월 부여된 정보수집 건수는 다음 표와 같다.

▌표 3-7-4. 매월 정보수집 건수표[25]

부서		내/외근	갑류	을류	병류	총건수	점수
본서	사찰계	내근	-	2	2	4	8
		외근	2	5	8	15	33
	수사계	내근	-	2	2	4	8
		외근	1	3	6	10	16
	기타 부서	내근	-	2	1	3	7
지역관서(지서)		외근	1	2	2	5	13

※『교양자료집』제1편-제7문.

이를 참고하여 본『교양수부』작성자가 자신의 정보수집건수를 "을류 2건, 병류 1건, 계 3건으로 총 점수는 7점"으로 기재한 점을 보면, 그는 금산경찰서 기타 부서의 내근 근무자임을 알 수 있다(2월 16일-제7문).

---

25 현재까지 갑, 을, 병류로 구분한 기준을 알 수 없다. 다만 사찰대상의 중요성에 따라 구분된 것으로 추정된다.

한편, 사찰 활동을 위한 운영경비에 관한 명확한 내용을 찾을 수 없다. 다만 "잡부금이란 무엇인가"라는 질문에 대해 "합법적인 공과금 또는 허가를 받은 기부금품 등을 제한 기타의 비합법적인 징수금을 말한다. 예컨대 지서 잡비, 면 연료비, 운영비, 접수비 등 일반 민중에게 각출하는 금품을 말한다."는 답안을 통해 볼 때(2월 18일-제12문) 당시 주민에게 비공식적으로 거둔 금품이 경찰관서는 물론 일반 행정기관까지 널리 만연되었음을 알 수 있고, 이에 따라 부족한 사찰활동 경비가 자연스럽게 충당되었을 것임을 추정할 수 있다.

4. 자료에 나타난 사찰 실무

(1) 선거정보 수집

본 『교양수부』와 『교양자료집』의 내용은 앞에서 본 바와 같이 기본적으로 각 편당 15개 문답으로 이루어져 있으며, 그 가운데 1번부터 3번까지 문답이 「헌법」, 국회의원과 지방의원 선거법, 그리고 선거와 관련된 경찰실무에 관한 것이다. 대표적인 내용은 "대통령과 부통령의 헌법상 지위를 설명하라"(제1편-제1문), "우리나라는 어떠한 선거제를 택하고 있는가?"(제2편-제2문), "투표 종료 후의 투표함 기타의 처리요령을 설명하라"(제3편-제3문), "대통령은 재임 중 형사상의 소추를 말할 수 있는가"(제4편-제1문), "선거일은 언제까지 공고하는가?"(제6편-제2문), "헌법상 대통령 부통령 선거에 관한 규정을 설명하라"(제9편-제1문), "투표소 내 무기를 휴대하고 들어갈 수 있는가"(제10편-제2문) 등이다.

먼저, 금산경찰서는 정부통령선거에 관해 다음과 같이 교양을 실시하고 있다. "투표의 비밀을 탐지할 권한이 있는가, 없는가"(2월 17일-제3문)라는 직접적으로 사찰과 관련된 질문에 단호하게 "(헌법)누구든지 투표한 후보자의 성명을 진술할 의무가 없으며 국가의 어떠한 기관이라도 그를 질문할 수 없다. (지방자치법)어떠한 입법 행정기관이나 법원일지라도 선거인이 투표한 의원 후보에 관하여 질문하지 못한다."고 답안을 쓴 점을 감안하면 금산경찰서는 공식적으로 선거 개입을 분명하게 부정하고 있다. 이와 같은 점은 "투표 종료 후의 투표함 기타의 처리요령을 설명하라"라는 질문에 대해서도 "투표 종료 후 지체 없이 투표함을 봉쇄 봉인 후 投票錄이나 잔여 투표용지를 같이 해서 선거구개표위원회에 송부하여야 한다."(2월 17일[날짜 중복]-제3문)는 답안에서도 확인할 수 있다.

이어 지방선거에 대한 법적 근거에 관한 질문을 시작으로(2월 18일[날짜 중복]-제14문) 각종 지방의회와 업무를 설명한 한 후(2월 18일[날짜 중복]-제15문) 선거사범의 개념을 설명하고 있다(미기재-제15문). 그리고 "경찰관은 선거에 관여할 수 있는가"라는 질문에 대해 "국가 및 자치단체의 공무원은 선거운동을 할 수 없다"고 다시 한 번 경찰의 선거개입을 분명하게 부정하고 있다(2월 16일-제10문). 또한 "이장 반장이 선거운동을 할 수 있는가"와 "의용소방대원이 선거운동을 할 수 있는가"라는 질문을 통해서도 "이동리장은 선거운동을 할 수 없다"고 선거동원 마저 불법으로 보고 있다(미기재-제12문, 제14문).

특히 "각종 선거에 있어서 賣權을 방지하여야 할 이유를 설명하라"라는 질문에 대해 "국민의 민주역량을 평가하는 척도가 됨으로 민주발전상 우리나라에서는 절대 삼가야 할 긴요지사이다"는 답안 역시 민주국가를 위한 공정한 선거 실시의 필요성도 정확하게 인식하고 있다(2월 17일[날자 중복]-제14문).

그러나 금산경찰서는 "(1952년 4월 15일 읍·면의회 선거와 5월 10일 도의회 선거 이후: 인용자) 지방의회의 수와 세력분포"에 관한 질문에 대한 답안이 "도의원 2명 조권형(자유당) 김귀복(자유당), 읍의원 15명(자유당 5명, 민주당 2명, 부인회 1명, 무소속 7명, 면의원 총 인원수 123명)"이라는 것(2월 14일-제14문)과 각 읍면의원 정원과 출마자를 일일이 기록한 것(2월 20일-제10문) 그리고 우리 도 도의원은 몇 명이며 基중 자유당 의원은 몇 명인가"라는 질문에 대한 답안이 "의원수 정원 46명, 1명 결원, 현재 45명, 자유당 33명, 민주당 2명, 국민회 1명, 무소속 8명, 계 45명"임(『교양자료집』 제10편-제11문)을 볼 때 기존 선거결과에 관한 상세한 정보를 갖고 있었다. 국회의원 선거 역시 마찬가지였다. "전번 국회의원 선거(1954년 5월 20일 제3대 선거: 인용자)에 귀 관내에서는 누가 제일 많이 득표하였으며 그 표수는 얼마나 되었는가"라는 질문에 대한 답안이 "민의원 유진산 득표수 15,569표(차점), 임영신 득표수 14,306표"임을 볼 때 역대 국회의원 선거동향도 관리하고 있음도 명확히 알 수 있다(『교양자료집』 제10집-제10문).

물론, 이와 같은 선거정보는 한 지역의 치안을 책임지는 경찰서가 관내 현황을 파악하기 위한 자료나 선거를 공정하게 치루기 위해 치안대책 수립을 목적으로 수집할 수 있다. 그럼에도 "귀 관내에서 차기 지방의원(도, 시, 읍, 면)에 누가 출마하리라고 보는가"라는 질문에 대한 답안으로 "㉠ 基 성명과 소속 정당 기타 성분 관계는 ㉡ 基中을 누가 당선 전망이 있는가"라고 재질문한 것을 볼 때 1956년 8월 8일 있을 지방선거에 관한 동향을 파악하고 있음을 알 수 있다(2월 17일-제10문). 이는

"귀 관내에 지난번 도의원 선거때의 최고 득점자는 누구이며 금번에는 누가 가장 유망한가"라는 질문에 대해 "(1) 지난번 조권형, 김귀복 (2) 금번(공란)"이라는 답안에서도 확인할 수 있다(『교양자료집』 제9집-제10문). 따라서 금산경찰서 사찰계는 단순한 선거정보 수집활동이 아닌 선거 결과까지 예상하였으며, 이를 전북경찰국 사찰과에 보고한 것으로 추론할 수 있다.

(2) 정당정보 수집

금산경찰서는 정당을 "국민적 이익을 위한 공헌을 하기 위하여 다수인의 인정을 받은 원칙적 기초를 성취시키기 위한 사람의 집단"으로 정의하였다(2월 16일-제9문). 이어 열성당원의 개념을 "소속 정당의 당헌, 당령, 당책 및 결의를 충성이 존수하는 당원"으로 보고 있다(2월 16일-제12문).

여기까지는 별다른 문제가 없으나 여당과 야당에 관한 인식은 상반되게 나타나고 있다. 즉 여당은 "정부의 정책을 지지하는 당"으로, 야당은 "정부의 정책을 반대하는 당"으로 극단적으로 구분하고 있다(2월 16일-제9문). 또한 "여당을 육성 강화하여야 할 이유를 설명하라"라는 질문에 대해 "여당인 자유당에서는 삼천만의 위대하신 영도자 이대통령 각하를 총재로 모시고 기 애국애족의 정신과 독립노선을 신봉하며 국가시책을 적극 협력하여 민주대한 건설에 총력을 경주하고 있음으로 이를 육성 강화하려는 것임"이라는 답안을 제시한 것을 볼 때 자유당에 대한 금산경찰서의 우호적이고 편중된 시각을 알 수 있다(『교양자료집』 제9집-제11문).

이어 자유당에 관해서는 "현 대통령은 어느 정당에 속하는가?"라는 질문을 통해 "여당인 자유당 총재로 계심"이라는 답안을 제시하여 이승만과 여당 간의 관계를 명확히 밝히고 있다(『교양자료집』 제10집-제3문). 여당의 강령 또한 "① 노동자 농민의 지위를 향상한다. ② 남녀를 동등히 대우한다. ③ 지방 파벌을 타파한다. ④ 민주 발전을 보호 육성한다."면서(2월 16일-제11문) 자유당의 선거홍보물과 유사하게 기술하고 있다(2월 17일-제11문). 또한 국회의원 수에 관해서도 "민의원 203명, 자유당 소속 의원 136명"으로 기술하면서 자유당 소속 위원 수를 유독 강조하고 있다(미기재-제11문).

이와 함께 자유당 조직을 "총재-중앙당부-서울특별시·각 도당부-시·군·구당부-읍면동시동당부-리동당부"라는 전 조직을 도표를 통해 자세히 설명하고 있다(2월 18일[날짜 중복]-제11문). 덧붙여 "중앙당부 산하에 서울시당 각 도당 각 군당 각 면당 각 리당 등이 있는 바 이를 각급 당부"라면서 상임집행위원회를 "각급 당부의 간부급을 선출 조직된 합의체인 바 주로 당헌, 당령, 당책 등이 안건을 심의 또는 건설하여 常執 방침을 결정 집행하는 것"이라고 다시 한 번 기술하고 있다(2월 18일-제11문).

특히 "귀 관내의 자유당 정부위원장 및 각 간부의 성명을 아는가, 기 정당 수는 얼마나 되는가?"라는 질문에 대한 답안으로 군당은 물론 읍면당의 모든 간부의 이름을 기재하고 있고 "당원 수 6,000명"이라는 것에서도 금산경찰서가 자유당에 관해 상세하게 알고 있다(『교양자료집』 제9집-제3문). 게다가 자유당의 선전부장 등 주요 인사(2월 20일-제11문), 자유당 금산군당의 주요 간부(날자 미기재-제9문)의 이름을 반복 기술하였으며, "자유당 중앙정치훈련원을 수료한 금산군민 수 9명"까지 파악하고 있다(2월 17일[날짜 중복]-제11문). 여기에 더하여 자유당을 적극 지지하는 국민회에 관해서도 "회장은 정생옥, 회원 수는 32,000명[26]"이라고 기술하고 있는 점을 볼 때(2월 20일-제9문) 금산경찰서가 자유당에 관해서는 조직과 강령은 물론 지지 세력까지 아주 세세하게 파악하고 있었음을 알 수 있다

반면에 야당에 대해서는 전반적으로 간략하게 기술하고 있다. 먼저 야당을 "민주당, 민정당, 진보당, 勞農黨, 조선민주당, 대한국민당(대한여자국민당)"으로 적시하고 있다(2월 20일-제8문). 이 가운데 진보당에 관한 "조직요원 명단은 대표위원 조봉암, 서상일"(2월 17일[날자 중복]-제13문), 민주당의 최고위원은 "대표 최고위원 신익희, 최고위원 조병옥·장면 곽상훈·백남훈"이라고 명시하고 있다(『교양자료집』 제9편-제12문). 그리고 조선민주당에 관해서는 "해방 후 북한에서 활약한 당인데 유일무이한 단체로서 원당수는 조만식인데 이윤영씨가 최고위원"이라고 되어 있다(2월 18일[날짜 중복]-제12문). 마찬가지로 "勞農黨의 주동인물은 누구인가"라는 질문에 대한 답안이 "전진한"(『교양자료집』 제8편-제12문), 또한 "민정당 조직의 주동인물은 누구인가"라는 질문에서도 "이범석, 장택상, 배은희"라고 간단하다(『교양자료집』 제10집-제12문). 이는 금산경찰서가 갖고 있는 야당의 대한 관심도가 여당에 비해 현저히 낮다는 것을 보여 준다.

한편, "우리나라 정치요인을 아는 대로 말하라"라는 질문에 대한 답안이 "여당

---

26 전체 금산군민의 36.28%에 해당한다.

계 이기붕·최순주·이충환·황성수, 야당계 신익희·조병옥·조봉암, 민정당계 장택상·이범석”이라는 것을 볼 때 이들을 중요 정치인으로 보고 있다(『교양자료집』 제8편-제11문). 특히 금산경찰서의 말단 조직인 지서에서 근무하는 경찰관은 “관내에 중앙 정치요인이 있다면 지서 순경인 귀하의 취할 조지사항”으로 “4288년 4월 15일자 전북 경사정 제○○○○호(문서번호 미기재: 인용자) 요인동태 파악의 건에 의거 관직명, 성명, 도착 연월일, 숙박지, 출발예정 월일시 비고(來管 용건 및 체류 중 동태) 등 서식으로 본서에 즉보”하여야 했다(『교양자료집』 제8집-제9문). 이는 당시 정치인이 불시에 지방을 방문한 경우 경찰의 최말단 조직을 통해 그 동향이 상부에 보고되었다는 것을 알 수 있게 한다.

(3) 방첩활동과 신원조사

금산경찰서 사찰계는 중요 업무의 하나인 방첩을 지역사회로 확대하여 “본 지서 단위로 방첩지도 구역을 정하고, 해당 경찰관으로 하여금 국민반상회 및 계몽좌담회 又는 민경좌담회 등을 병행하여 방첩지도 선전에 주력하고 있으며, 관내 각 직장에 방첩단을 조직하여 방첩태세를 확립하고, 적 오열의 책동을 미연에 診障함과 동시 색출 검거에 주력”하고 있다(미기재-제8문).

그중 직장방첩단은 “매월 1일 행정구역의 읍, 면 단위로 각 직장 방첩단장 회의를 소집, 방첩에 대한 훈화, 비밀류의 책임 보관 기간, 출입자의 동향 내사 및 방첩에 자체적 방첩 태세를 확립케 하는 일방 본 서원 및 각 지서 출장소 관할 구역 내의 직장에 관한 방첩태세를 감찰하기 위하여 본서 사찰형사 4명을 선발, 2명식 2개조로 편성 매월 국민방첩일인 20일을 기하야 부단한 독찰을 실시”하고 있다(『교양자료집』 제8편-제8문). 또한 ‘도민방첩일’을 전북경찰국으로부터 “1953년 2월 10일자 全北 警査外 제229호에 의해 매월 20일”로 하달받아(『교양자료집』 제10편 제8문), “각 직장단 체제별로 기 조직된 직장방첩단을 동원하여 방첩 태세를 강화하고, 서에서는 계몽 선정 및 모의전 등을 실시하여 방첩사상을 앙양시키는 일방 적응한 계획을 수립하여 실질적인 행사”를 하고 있다(『교양자료집』 제9편-제8문).

이와 함께 “㉠ 敬老愛幼 사상 主楊, ㉡ 반상회를 통할 국책 침투, ㉢ 金廊房 등 대소 집회를 통한 민경친선좌담회”를 개최하였고(2월 17일-제12문), 그 행사 내용은

"1. 반상회를 통한 정부시책 침투, 2. 각종 회합을 통한 민중 계도, 3. 경로애유 사상의 함양, 4. 각 국민학교 및 중학교에 훈화 실시, 5. 민간 유지 예방 및 書輸을 통한 민중 계도, 6. 민성함 운용, 7. 군경 유가족 위안을 통한 계도, 8. 기타 정기적 또는 수시 실시되는 행사를 통한 계도 실시"였다(『교양자료집』 제2편-제12문). 이후 사찰계 직원은 '계몽개최상황보고서'를 작성하여 제출하였고, 세부 사항은 "일시 및 장소, 상세한 집합 인원(농업, 상업, 공업, 노동, 회사원, 공무원, 학도, 기타), 활동 내용(지도, 계몽, 좌담, 활동), 민중의 여론, 반응 및 효과, 특수 공작 상황 그리고 사회자"로 이루어져 있다.[27]

신원조사 역시 사찰의 일환으로 행하여졌다. 신원조사는 도민증 분실 시 재발급[28]과 관련되어 자연스럽게 이루어졌다. 도민증은 "3급 이상의 국가공무원과 2급 이상의 지방공무원, 현역 군인, 경찰관, 만14세 미만자, 만 60세 이상의 자"에게는 발급되지 않았다(2월 20일-제5문). 또한 분실한 경우에도 "별다른 규정이 없고 서 자체로서 분실당사자는 10일 이내에 당국에 現由書를 첨부, 분실계를 屆出하면 서에서는 수배, 認後 1개월 후 그가 확실하면 재교부"하도록 되어 있다(2월 17일[중복]-제7문). 그 과정에서 신원조사 항목에 있는 '사상관계, 국체관계, 법률상 상벌유무, 성질 급 소행, 6·25(전쟁) 1·4(후퇴) 당시 동태, 家計(가족 사항), 현 거주 연월일'이라는 사항을 "정치주의 사상의 과정과 현재의 이념을 절충적으로 판단함"(2월 17일-제15문)에 의해 조사한다고 답안을 기술한 점을 볼 때 신원조사 시 사찰경찰관의 주관적인 의견이 다분히 들어갔음을 알 수 있다.

다만 이들에 대한 신원조사는 "불순용의자에 대한 신원조회 상 필요한 요목을 설명하라"는 질문에 대한 답안이 "4988년 8월 8일자 全北警査 제1,465호에 의해 (1) 본적, 주소, 성명, 직업 별명 (2) 생년월일 성별 (3) 성질, 소행, 세평, 정당사회단체 가입 유무 급 사상경향 (4) 학력 (5) 경력의 개요 (6) 전과 유무 (7) 재산 관계 및 생활 정도 (8) 6·25사변 중에서 行狀 (9) 도민증 발급 연월일 및 번호 (10) 병역 관계 (11) ○○방면 여행 轉居 사실 유무 및 기 사유 (12) 기타 참고 사항"이라는 것을 볼 때 "불순용의자"와 달리 조사 세부항목이 달랐다(『교양자료집』 제10편-제7문).

---

27 양식 2호 방첩지도구역 모범방첩부락 계몽개최상항(황: 인용자) 보고서
28 도민증 발행신청서의 기재 사항은 본적, 주소, 직업, 호주와의 관계, 성명, 생년월일, 본도거주 연월일, 소속 정당 및 사회단체, 학력, 경력, 현 근무처 순이다.

물론 도민증을 소지하지 않거나 소지하지 않는다고 해서 이를 강제하거나 처벌할 수는 없었다(2월 18일[날짜 중복]-제5문). 그럼에도 경찰서 사찰계에서는 "1. 미검자에 대하야는 기 사유를 구명한 후 이유서를 제출하게 하야 수검토록 하고 2. 불소지자에 대하여도 기 이유를 구명한 후 본적 또는 전 기류지에 신원조회를 하여 기 신원을 확보하는 한편 도민증 발급 수속을 완료 후 발급"하여 사찰 업무를 이행하였다(『교양자료집』제5편-제5문).

그리고 외국인의 경우 미등록외국인은 관련법에 의해 처리하였고(2월 18일-제8문), 출국을 명할 수 있었다(2월 18일[중복]-제8문). 다만 외국인범죄자에 대해서는 "㉠ 일반 파렴치범은 수사계에서 정치범은 사찰계에서 각각 취급한다. ㉡ 基 범죄가 전국 또는 他道局과 관계되고 외국과의 연계 있는 중요사건은 치안국장이 具申하여 基 지시에 따라 처리한다. ㉢ 타국에 관련있는 보통사건은 범죄장소 국(局)에서 취급한다. ㉣ 외국인 범죄통계는 사찰계 외사반에서 취급한다(근거 1955년 8월 11일자 전북 警査 제1279호 예규 통첩)."는 원칙에 의해 그 업무가 분장되어 있었고, 권한 행사도 달랐다(2월 17일[중복]-제8문).

한편, 『교양수부』에는 "유숙신고[29]라 무엇인가 未屆出者에 대하여는 여하한 조치를 말하라"라는 질문에 대한 답안이 "치안을 확보하기 위한 하나의 조치에 불과한 것으로서 未屆出者에 대한 하등의 법적 조치는 할 수 없음. 국민반을 통한 국민적인 협조를 촉구할 수 있는 것이다"고 기술되어 있다(2월 17일-제5문). 이를 감안할 때 종래 애국반이 개칭된 국민반이 유숙신고제도보다 더 활용성이 높았다는 것을 알 수 있다.

(4) 반공사상 계몽

금산경찰서는 "1953년 11월 30일자 전북 警査 제2,366호에 의거 민중계몽조직을 구성"하였다(2월 18일[날짜 중복]-제6문). 이와 같은 민중조직은 한국전쟁이 정전되

---

29 유숙신고제도는 지방자치단체에서 실시한 것으로, 서울에서 1949년 6월 5일 시령 제6호로 공포되었고, 그 외의 지역에 관한 내용은 현재 알 수 없다(김영미, 『동원과 저항』, 푸른역사, 2009, 303쪽.). 주요 내용을 보면 주민의 집에 외래자가 숙박했을 때 유숙자 명부에 기록한 후 경찰서나 지서 등 지역경찰관서에 제시하여 검인을 받았다. 검인을 받기 위해서는 숙박한 곳과 경찰관서간의 거리가 4km 이내이거나 숙박자가 오후 9시 전에 도착한 때는 당일, 이후에는 다음 날 오전 9시 전에 지역경찰관서를 방문하여 검인을 받아야 했다. 주의 사항인 "위반이 있을 시는 법규에 의하여 엄중 처벌함"이라는 내용이 유숙부 주의사항에 명시되어 있었다.

기 직전 김제경찰서가 경찰간부나 郡의 유력인사로 결성된 '민중계몽대'를 조직하여 주민의 반공정신을 고양하도록 한 계몽좌담회[30]의 후속 활동으로 판단된다.

『교양자료집』 제5집-제6문은 민중계몽조직의 발족 배경에 대해 다음과 같이 설명하고 있다.

> 민중조직의 필요성은 우리나라 국시에 의하여 공공사회생활에 있어서 자기 국가에 대한 의무와 권리 또는 자기가 속하여 있는 국민의 일원으로서의 위치를 정확하게 인식케 하고, 자기의 생활관을 국가시책에 빛추어 순응하도록 지도하여 정확한 판단을 할 수 있는 소질을 넣어 주며, 특히 우리나라는 괴집(괴뢰 집단: 인용자)의 간첩의 암약과 반정부분자들 책동 무지몽매한 민중을 유언비어 기타 감언이설을 현혹케 하여 사리의 정확판단을 못하게 하여, 국가 시책에 대한 정확한 인식을 하지 못하게 하는 경향이 있음을 부인치 못할 현실로서, 앞으로 북진통일의 숙원달성과 민주대한의 건설과 민족의 영원한 행복을 위하여는 무엇보다도 민중에게 민주주의 이념을 체득케 하고 국가시책에 대한 인식을 갖게 하며, 애국애족의 열의를 고도로 앙양시켜주는 정상적이고 구체적이며 체계적인 민중계몽가이 절실이 요청되는 바임. 그럼으로 우리 경찰은 조직적이며 계획성 인는 민중계몽가을 철저히 하여 소기의 성과를 거양케 하기 위하여 강력한 민중조직이 필요한 것임 (밑줄은 인용자 강조)

위 인용문을 보면 금산경찰서가 주민이 북한의 간첩활동이나 반정부주의자 등의 감언이설에 현혹되어 사리분별이 분명하지 않다고 전제하고, 주민을 반공이 중심이 되는 국가시책에 적극 순응하도록 지도하기 위하여 강력한 민중조직을 결성하였음을 알 수 있다. 그 기저를 보면 "국론통일이란 무엇인가"라는 질문에 대한 답안이 "북진통일이란 국가와 민족의 지상과제 완수의 이념하에 이론이 없고 즉 이대통령 각하께서 웨치고 게시는 뭉치면 살고 헤지면 죽는다는 말씀과 같음"이라는 점을 감안할 때(2월 17일-제13문) 이승만에 대한 무조건적인 숭배가 자리잡고 있음을 알 수 있다. 게다가 "관내에 공산주의를 선전하는 자가 있다며 여하히(해야 하는가: 인용자)"라는 질문에 대한 답안을 "국가보안법 제3조에 의하여 처단한다"고 공산주의자에 관한 처벌을 "처단"이라는 용어로 강경하게 기술하고 있음을 볼 때 극우반공사상도 그 바탕이 되고 있음을 알 수 있다(미기재-제4문).

---

30 이윤정, 「한국전쟁기 경찰의 주민 감시와 계몽」, ≪한국근현대사연구≫ 89, 2019, 162-165쪽.

그러나 민중계도를 위한 내용은 반공사상 고취만으로 이루어진 것이 아니었다. "왜 우리 국민은 사치를 해서는 안되는가"라는 질문에 대해 답안이 "사치의 의의 ＝ 사회적 지위 및 재산상태에 비추어 불필요하게 고가한 것을 소비 사용하는 것 (1) 경제학적으로 본 사치의 이득＝미술은 藝의 발전을 촉구 (2) 사치의 폐해 1) 자본증가의 요소인 축재를 방해 2) 국민의 기풍을 미약케 함 3) 부자의 사치 생활 은 <u>빈자의 욕망이 되어 사회적 계급 의식을 강화케 함, 북진통일의 성업을 완수치 못하고</u> 또 재건도상에 있는 현시국 하 사치는 국민생활을 허영에 이끌고 국민의 정신을 漸弱케 하여 국민의 축재를 저해하여 민주주의의 불건전화를 가져 온다(밑줄은 인용자)"는 것임을 볼 때 주민의 근검절약 정신 또한 국가 체제 유지와 이승만의 북진통일 주장과 연계되어 있다(『교양자료집』 제10집－제14문).

(5) 노동 · 사회 · 종교정보 수집

금산경찰서는 노동단체인 대한노총에 관해 "최고요원은 정대천(민의원), 김주홍(철 도조원), 이준수(광산노조책)"이며(2월 17일[날짜 중복]－제11문), 농민회에 관해 "농민회 지 부장 엄문섭, 부회장 양상석"(2월 18일－제10문)으로 파악하고 있다. 여기서 주목할 부 분은 대한노총과 농민회는 자유당을 전폭 지지하는 세력이자 핵심적인 사회단체라 는 것이다. 이러한 친이승만 단체도 경찰서 단위에서 상세하게 파악되고 있었다. 또한 노동조합은 "관내에 없다"라고 기술한 점을 감안할 때(2월 18일[날짜 중복]－제10문) 대한노총 외에도 모든 노동 단체에 관한 정보도 수집하고 있음을 알 수 있다.

또한 기타 단체로 흥사단과 종친회 모임에 관한 내용도 흥미롭다. 먼저 흥사단 에 관해서는 "기미년 독립운동을 계기로 해서 해외 특히 미국에 있는 우리 동포들 이 수양단의 일종으로 이를 조직한 단체로서 우리 한국 운동과 인물 발출에 힘을 써 왔던 것이다. 흥사단의 책임자는 이객호로 되어 있고, 基 단원은 민주당계 인물 이 많이 있어 야당의 床이라고 해도 과언이 아니다"(2월 18일－제13문)는 내용에서 금 산경찰서는 흥사단원 가운데 민주당계가 많이 있다는 이유로 야당 계열의 단체로 보고 있다.

게다가 화수회도 사찰대상이 되었다(미기재－제13문). 구체적으로 "김해 김씨(대표 김귀복)·호수 1,869호·인구 수 9,000명·호수 비율 12.4%, 해평 길씨(대표 길기성)·호 수 538호·인구 수 3,341명·호수 비율 3.6%, 밀양 박 김씨(대표 박래홍)·호수 420호·

인구 수 2,144명·호수 비율 2.8%, 반암 박씨(대표 박여전)·호수 367호·인구 수 1,812명·호수 비율 2.4%, 해주 오씨(대표 오상영)·호수 354호·인구 수 2,022명·호수 비율 2.4%, 남원 양씨(대표 양남석)·호수 299호·인구 수 1,647명·호수 비율 1.9%"라고 파악(『교양자료집』 제9편 제9문)하고 있음을 볼 때 이들 종친회가 정치·사회적으로 관내 여론을 주도할 수 있는 유력단체이기 때문에 상세하게 분석한 것으로 판단된다.

(6) 출판·언론정보 수집

출판과 관련하여 "귀 관내거민 중 신문을 구독하고 있는 사람은 대개 몇 명이나 되는가? 어느 신문을 제일 많이 읽는 자 또한 관내에 領布되고 있는 각종 신문 부수를 알고 있는가?"라는 질문에 대해 "군내에는 18종의 신문이 있다. 基 구독부수는 1,421부에 달한다. 3개 지방지(전북, 삼남,[31] 군산일보), 5大신문 중앙지이다"라는 답안과 여당계 신문은 "국도신문, 서울신문", 야당계 신문은 "동아일보, 한국일보, 경향신문, 조선일보"라고 기술되었음을 통해 볼 때 사찰 활동의 범위는 지방 언론까지 확대되었음을 알 수 있다[32](2월 17일[날짜 중복]-제10문).

또한 "외국 간행물의 단속과 법적 근거"라는 질문에 "(1946년 5월 29일자 군정법령 제88호) 간행물의 위반자는 군정법령에 의하여 처단됨"이라고 답안을 기술하고 있다(2월 20일-제7문). 여기서 외국 출판물의 단속에 '처단'이라는 단어가 주목되며, 출판물역시 엄중한 사찰대상임을 알 수 있게 한다.

종교와 관련하여 "유사종교란 무엇인가"에 대해 "정식적으로 등록이 안 된 즉 종교 아닌 종교, 악하게 해석하면 타인의 재산물을 침해하기 위하여 술책으로서 합법성이 없이 명칭만을 내걸고 있는 종교 즉 일심교,[33] 보천교,[34] 보화교,[35] 백백

---

31 1946년 5월 1일 군산에서 군산일보로 창간되었으며, 1949년 3월 1일 삼남일보로 개제하였다. 그 후 전북매일신문으로 개제하였다가 1973년 6월 1일 전북일보와 호남일보와 통합하여 전북신문으로 창간되었다. 1983년 6월 1일 제호를 전북일보로 변경하였다. 『두산백과』, https://terms.naver.com/entry.nhn?docId = 1109124&cid = 40942&categoryId = 31755(2020년 4월 26일 검색).

32 이를 사업장이나 공공기관을 제외하고 당시 가구 수와 주민수가 각각 14,850호, 88,188명임을 감안하여 단순하게 계산할 때 전체 가구의 9.56%, 주민의 16.84%가 신문을 구독하고 있음을 알 수 있다.

33 1945년 강대성이 창시한 종교로, 일심교(一心敎)라고 부르기도 한다. 대체로 교단 명칭은 종래의 유교를 갱정한다는 의미를 담고 있으나 유교계의 신종교라 보기 힘들다. 인터넷(https://namu.wiki/w/%EA%B0%B1%EC%A0%95%EC%9C%A0%EB%8F%84, 2020년 4월 26일 검색).

34 차경석이 강일순을 도조로 하여 일제강점기에 세운 증산교 계통의 종교이다. 한국학중앙연구원, 『한

교[36] 등을 말한다"고 규정하고 있다(2월 18일[날짜 중복] – 제9문). 또한 "비구승(比丘僧)이란 무엇인가"에 대해 "비구승은 어리서부터 머리를 깎고서 심산에서 수양을 하는 승려를 말한다. 여기에는 비구승과 대처승이 아니다"고 기재하여(2월 18일[날짜 중복] – 제13문) 모든 종교에 관해 정보 수집을 하고 있다. 특히 "불교정화란 어떠한 말인가'에 대한 답안이 "심산유곡에서 불교를 믿는 것인데 대통령 각하에게서 유시를 내린 것을 말한다"고 기재한 점을 볼 때 종교마저 이승만과 직접적으로 연계하고 있다(2월 20일 – 제13문).

5. 외형적으로는 중립, 실제로는 정권에 대한 무조건적인 충성

최근 금산경찰서의 한 경찰관이 1955년 5월 19일부터 1956년 7월 22일까지 기록한 『교양수부』와 참고자료인 『교양자료집』이 발견되었다. 본 자료가 작성된 때는 이승만의 영구 집권을 위한 발췌개헌안이 가결된 헌정 유린사태와 사사오입 개헌파동의 결과로 야기된 정족 수 미달에 따른 위헌적인 개헌 등으로 인해 정치·사회 등 각 방면으로 반이승만 정서가 심각하게 고조되어 가던 중이었다. 그 결과 조봉암, 장건상 등이 혁신정당인 진보당을 창당하고, 이승만 정권에 정면 도전하던 시기로, 정부통령선거와 지방선거를 앞두고 있던 때였다. 이와 국가 중대사를 앞두고 금산경찰서는 '사찰실무'와 지방선거에 관한 교양을 집중적으로 실시하였다.

본 자료에 나와 있는 사찰 활동의 비중은 정보, 사찰, 외사, 출판 순이다. 다시 '정보'는 정치 부분이, '사찰'은 주민 부분이 많았고, '외사'는 상대적으로 그리 많지 않았으며, '출판' 역시 그 비중이 상당히 낮았다. 또한 일반 경찰활동에 비해 사찰 활동이 우월적이었고, 관내 '사찰정보망'의 구축도 주민과 외국인을 가리지 않고 세밀하게 구축되었다. 그 결과 1955년 금산군의 전체 주민 가운데 빨치산 전력이 있는 주민을 '생포, 자수와 귀순, 부역자'로 구분하였고, 이들을 "사찰전과자"로 명

국민족문화대백과』,https://encykorea.aks.ac.kr/Contents/SearchNavi?keyword＝보천교&ridx＝0&tot＝6(2020년 4월 26일 검색).

35 1930년 김환옥이 창시한 증산교 계열의 신종교이다. 한국학중앙연구원, 『한국민족문화대백과』, https://encykorea.aks.ac.kr/Contents/SearchNavi?keyword＝일심교&ridx＝25&tot＝595(2020년 4월 26일 검색).

36 동학 계통의 백도교(白道敎)에서 파생된 것으로 1923년 우광현이 창시하였으며, 전용해가 교주가 되면서 범죄단체화 되었다. 한국학중앙연구원, 『한국민족문화대백과』, https://encykorea.aks.ac.kr/Contents/Search/Navi?keyword＝백백교&ridx＝0&tot＝1(2020년 4월 26일 검색).

명하여 관리하고 있었음을 알 수 있다. 또한 사찰 감시대상으로 '특수 요시찰인'과 '보통 요시찰인'으로 구분하였다. 그러나 사찰 활동은 구체적인 법적 근거가 없는 가운데 일반 경찰작용법에 근거해 일반 경찰활동과 아무런 차별성이 없이 자연스럽고 일상적으로 이루어졌으며, 집회에 관한 사찰도 미군정기 때 하달된 경무부의 통첩을 그대로 이어받아 적용하였다. 사찰활동 운영경비 역시 당시 주민에게 비공식적으로 금품을 거둔 관행이 경찰관서는 물론 일반 행정기관까지 만연되었던 점을 감안할 때 자연스럽게 주민들로부터 충당되었을 것으로 추정할 수 있다.

사찰 실무에 있어 정보 수집은 당시 '선거'에 관한 것이 가장 많았고, 금산경찰서는 공식적으로 분명하게 선거 개입을 부정하고 있었다. 그러나 단순한 선거정보 수집활동이 아닌 선거 결과까지 예상하였고, 이를 전북경찰국 사찰과에 보고한 것으로 추론할 수 있다. 다음으로 가장 많은 비중을 차지한 것은 '정당'정보이다. 이 가운데 자유당에 관해서는 다른 야당에 비해 상당히 우호적이며 상세하게 기술하고 있었다. 야당에 대해서는 진보당과 조선민주당에 관해 간단한 내용만 있는 점을 볼 때 관심도가 크게 낮은 것으로 보인다. 지방의회의 선거에 관해서는 그 결과를 자세하게 파악하고 있었으며, 이는 전국의 모든 일선경찰서의 경우와 동일하다고 판단된다. 이와 함께 금산경찰서는 신원조사를 통한 사상조사도 주관적으로 행하였고, 국민반이 유숙신고제도보다 사찰 활동에 있어 활용성이 높았다. 또한 주민들을 반공을 국시로 하는 국가시책에 순응하도록 지도하기 위하여 결성한 민중조직을 통해 이승만의 사상을 그대로 전달하였고, 그 근저에는 극우반공사상이 자리 잡고 있었다. 다만 노동·사회·종교정보 수집은 그리 많지 않았으나 단순히 종친회 모임도 사찰대상임을 알 수 있다. 그리고 당시 사찰 활동의 범위는 지방 언론까지 확대되었고, 종교마저 이승만의 숭배사상과 연계되고 있었다는 것을 알 수 있다.

따라서 금산경찰서의 사찰 활동은 외형적으로 선거에 대한 경찰 활동의 중립적인 태도를 보여주지만 실제로는 이승만 정권에 대한 무조건적인 충성과 자유당과의 밀접한 연관성을 갖고 있었다. 또한 당시 경찰조직이 치안국-지방경찰국-경찰서로 연계되는 중앙집권적인 경찰제도에 근거한 것임을 감안할 때 전국의 다른 경찰서에서도 같은 사찰 활동이 행해졌다고 추론할 수 있다. 그리고 이와 같은 정치경찰 활동은 향후 지배정권에 반대하는 세력에 대한 강력한 탄압책으로 이어져 1960년 4월혁명이 촉발하는 원인의 하나가 되었다고 볼 수 있다.

김창열의 1950년대 발굴 작품과 세계
– 『警察新潮』의 표지화를 사례로[1]

1. 경찰관 김창열과 한국 현대미술사

한국 현대미술사에서 김창열은 앵포르멜(Informel) 화풍을 추구했던 핵심인물로서 중요한 위치를 차지하고 있다. 그의 작품세계를 보면 1960년대에는 미국의 팝아트와 미니멀리즘의 영향을 받아 반복되는 형태로 구성되는 기계적이며 추상적인 작품들로 이루어져 있었다. 이후 파리로 이주한 1970년대부터 '물방울'을 소재로 한 작품이 주를 이루며 오늘날까지 그 흐름이 이어졌다. 그 후 자연스럽게 '물방울 작가'로 알려지면서 작품 소재인 물방울을 통해 예술관과 전후(戰後) 경험이 연계되는 '관념과 현실'의 작가로 인식되어 왔다.[2]

한 작가의 작품은 그가 살아오면서 자연스럽게 형성되어 왔다고 볼 수 있다. 이를 알기 위한 김창열의 일반적인 생애사는 잘 알려져 있다. 그러나 1950년대 삶은 아주 간략하다. 물론 그에게는 한국전쟁기의 상흔은 되살리고 싶지 않은 기억일지도 모른다. 그럼에도 우리는 그 때로 거슬러 가 그의 삶과 작품세계를 보려고 한다. 그 이유는 작가 스스로 '서정적 추상'이라고 부르기 이전인 1950년대의 작품이

---

[1] 본 글은 2019년 10월 16일 경찰대학 한국경찰사연구원이 개최한 학술세미나 '문학, 미술 그리고 음악의 경찰사'에서 발표한 논문을 수정·보완하여 근대서지학회의 ≪근대서지≫ 제21호(2020년 6월)에 게재한 것이다. 필자는 김별다비 경찰청 수사국 수사구조개혁단 경감, 전 아르코미술관 큐레이터, 한국경찰사연구원 연구위원(1저자); 이영미 경찰인재개발원 인권감성교육센터 교수, 한국경찰사연구원 연구위원(2저자); 본서 저자(교신 저자)이다.

[2] 윤진섭, 「관념과 현실: 김창열의 물방울이 의미하는 것」, ≪2016년 제주도립 김창열미술관 개관기념 심포지엄 자료집≫. 2016.

현재까지 거의 알려지지 않아 그의 습작 세계를 알 수 없기 때문이다. 누구다 알다시피 화가의 습작은 작품세계에 관한 원초적인 영감을 주는 의미가 있다고 할 것이다. 게다가 1950년대는 김창열이 장성순, 김서봉, 김청관 등과 함께 '현대미술가협회'라는 동인회를 결성한 시기이다. 이 모임은 '현대미술가협회전'이라는 동인전을 연속 개최함으로써 한국 앵포르멜운동을 본격 전개하는 계기를 마련하였다. 그러므로 당시 그의 습작은 동인회 시절의 작품에 영향을 줄 수도 있었다는 점에서 가치가 크다고 할 수 있다.

우리가 처음으로 시도한 김창열의 1950년대 작품 발굴과 세계에 관한 분석은 먼저 경찰전문학교의 경력을 살펴보는데서 시작하여 연표를 바로 잡고자 한다. 이어 그의 작품이 연재된 『경찰신조』를 서지학적으로 고찰하면서 이 잡지에 관한 소장현황도 공개하여 많은 이들이 직접 열람할 수 있는 기회를 제공하려고 한다. 그리고 당시 작품을 세밀하게 분석하여 초기 창작세계를 이해하고자 한다. 이를 통해 한국전쟁부터 1960년 초까지 김창열의 청년 시절이 향후 그의 작품세계를 심화시키는 중요한 시기임이 확인하고자 한다. 이 논문을 계기로 향후 김창열의 작품세계에 관한 연구가 활발하게 진행되어 한국 현대미술사가 새로이 써지길 바란다.

그러나 본 논문은 『경찰신조』가 현재까지 모든 권호가 발굴되지 않았고, 주로 목차를 장식하던 컷도 다루지 않아 본 그의 1950년대 모든 작품세계를 이해하는 데 한계가 있을 수 있다. 또한 김창열은 경찰전문학교에서 근무하면서 『경찰신조』의 표지화만 담당하지 않았다. 당시 경찰전문학교가 발간한 『경전학보』(1956년 8월), 『경찰과 공중』(1956년 8월) 등의 서적 대부분의 장정도 담당하였다. 우리는 본 글의 주제 함축성을 위하여 『경찰신조』 이외의 표지화와 컷에 관한 연구는 다음 기회로 미루고자 한다.

2. 1950년대 김창열의 시간

(1) 한국전쟁과 김창열의 경찰 입직

한국전쟁이 발발하자 치안국은 즉시 전시경찰체제로 전환하였다. 그 일환으로 치안국은 기존 치안조직을 전투경찰대 조직으로, 교육기관은 전시경찰교육대로 급격히 전환하였다. 이와 함께 병력 확보도 중요하게 추진하였다. 이는 한국전쟁 초기 국군 병력이 전쟁 발발 전 98,000여 명 가운데 44,000여 명이 전사, 포로, 행방불명 또는 낙오 등으로 약 50%가 상실[3]된 점을 감안할 때 경찰도 비슷할 것으로 추정되기 때문이다. 이에 따라 각 지방경찰국은 신임 경찰관을 긴급모집하였는데, 그 수는 일제강점기 남한지역 경찰관 수의 3배를 넘었다. 구체적으로 1950년 48,010명에서 1951년과 1952년의 정원이 63,427명으로 크게 증가하였다.[4]

김창열의 경찰입직에 관한 자료는 먼저 동생 김창활이 "월남한 아버지가 이미 경찰에 투신, 당시 경위 계급으로 있으면서 양주경찰서 후생주임을 하였고",[5] "고모부가 대천경찰서의 경무 주임"[6]이었다고 회고한 내용이 있다. 또한 "6·25사변 당시 스물한 살이던 김창열이 군장교에 응모하였으나 설사병으로 신체검사에 떨어진 후, 외가 친척이 알려준 경찰간부후보생을 지원하였다"[7]는 점에서도 확인할 수 있다. 그리고 임두빈이 김창열과 인터뷰를 한 글에서 "1949년 서울대학교 미술대학 입학한 후 6·25전쟁으로 경찰전문대학에 입교하여 공비토벌 작전에 참가하였다"[8]는 내용에서도 알 수 있다.

이외에 더욱 정확하고 상세한 내용은 필자가 김창열과 인터뷰를 함으로써 알 수 있다. 하지만 고령과 건강상 등의 이유로 면담하지 못하였다.[9] 따라서 앞에서 쓴 자료 이외의 것을 통해 알아보기로 한다.

경찰전문학교가 발간한 『경찰교육사』에 실린 간부후보생 졸업자 명단을 보면 김창열이 간부후보생 제6기로 졸업했음을 알 수 있다.[10] 이 기록에 의하면 그는 1951년 4월 3일 입학, 같은 해 9월 3일 졸업하였고, 당시 졸업생 수는 97명이었다. 동기로는 정석모(제28대 치안국장, 제43대 내무부 장관, 제10·11·12·15대 국회의원 등 역임), 박재식(제3대 경찰대학장) 등이 있다. 이에 관해 김창활은 회고록에서 "(김창열은)경찰전문학교에서 평생의 친구가 된 박재식과 정석모를 동기로 만나게 되었다"[11]고 기술하였다.

3 남정옥, 『6·25 전쟁시 예비전력과 국민방위군』, 한국학술정보, 2010, 106–107쪽.
4 경우장학회, 『국립경찰 50년사』, 1995, 237쪽.
5 김창활, 『형님과 함께 한 시간들』, 문예바다, 2016, 273쪽.
6 앞의 책, 288쪽.
7 김창활, 『형님과 함께 한 시간들』, 문예바다, 2016, 293쪽.
8 임두빈, 『고흐보다 소중한 우리미술가 33인』, 가람기획, 2008, 46쪽.
9 그는 2021년 1월 5일 작고하였다.
10 경찰전문학교, 『경찰교육사』, 청구출판, 1956, 105쪽.
11 김창활, 『형님과 함께 한 시간들』, 문예바다, 2016, 293쪽.

당시 경찰교육을 보면 치안국은 1950년 7월 5일 대전에 '전시경찰교육대'를 설치하여 교육을 실시하였다. 이후 정부가 대구로 이전하자 경찰전문학교는 대구시에 있는 경북특별경찰대 청사로 이전하였다. 이곳에서 조직을 '전투경찰대편성사령부'로 개편하고, 8개의 전투경찰대대를 편성하여 중화기교육 등 긴급군사교육을 실시하였다. 1950년 9월 28일 서울 환도 후 복귀한 경찰전문학교는 교사가 전소되어 있자 교육장을 조선전기공업고등학교로 이전하였다.[12] 그러나 10월 중공군의 참전하고 전황이 심각해지자 경찰전문학교가 다시 교사를 부산으로 이전하여 전시교육을 계속 이어나갔다.

따라서 김창열은 경찰전문학교가 부산으로 이전한 시기에 신임경찰관 교육을 받은 것으로 추정된다. 이를 다시 보면 치안국은 1950년 12월 30일 부산 경남경찰학교에 본부를 두고 제1분교 영도 동산국민학교는 제5기 간부후보생 95명을 수용하고, 제2분교 동래 금사국민학교는 치안요원 특별훈련생을 수용하여 전시교육을 실시하였다. 이후 1951년 3월 1일 제1분교를 철수하고, 제2분교인 동래 금사국민학교로 합병하였다. 이때 김창열이 제2분교가 통합된 동래 금사국민학교에서 신임교육을 받은 것으로 보인다.[13]

(2) 김창열의 경찰전문학교 근무 시절

한국전쟁이 정전되기 전 1953년 7월 15일 정부환도와 함께 치안국은 경찰전문학교를 복귀시켜 계동 중앙고등학교 별관을 일부 빌려 사용하였다.[14] 이때 한국전쟁이 전개되던 중 제주도에서 1년 6개월간 근무한 김창열은 경찰전문학교로 전보되었다. 그리고 도서관에서 근무하면서 경찰전문학교가 발간한 『경찰신조』 등 도서의 표지화를 그리게 되었다.

당시 경찰전문학교 도서관에는 한국전쟁으로 인해 기존에 소장되었던 약 5만 권이 소실되어 있었다.[15] 이후 경찰전문학교가 도서수증 운동을 전개하여 약 2천 권을 소장하게 되었다. 이어 1956년부터는 도서 구입에 대한 국가예산을 확보하여, 국내외 신간서적을 대외적으로 매입하게 되었고, 도서 외에 미술품, 사진, 그

---

12 경찰전문학교, 『경찰교육사』, 청구출판, 1956, 77쪽.

13 경찰종합학교, 『경찰종합학교 50년사』, 정문사, 1994, 540쪽.

14 1954년 2월 10일 세종로 舊경찰기념관으로 임시 이전하여 간부급에 대한 재교육 등을 실시하였다.

15 경찰전문학교, 『경찰교육사』, 청구출판, 1956, 81쪽.

림 화서, 도표, 지도, 포스터, 기타 전시물 실물·모형 등 시각 교육 자료 및 레코
드 등을 보관하기 위해 도서실 부속 문화관을 별도로 설치하여 경찰도서관 설립을
추진하고 있었다.[16] 특히 김창열이 『경찰신조』 등 경찰전문학교의 기관지의 컷과
표지화 등을 그렸을 당시 김창열의 간후부보생 동기인 정석모가 경감으로 있으면
서 도서관을 관할하는 교재계[17] 계장직을 맡고 있었다.[18] 김창열은 1962년 12월
퇴직할 때까지 이 부서에서 근무하면서 초기 작품을 그렸다.

이에 관해 김창활은 "전쟁 이후 김창열이 서울대에 복학하고자 했으나 월북한
이쾌대 미술연구소 조수 경력으로 받아들여지지 않아 계속하여 경찰 초급간부로
월급을 받았으며, 경찰신문이며 잡지에 삽화를 그려 화료를 받았다"[19]고 회고하였
다. 또한 "비교적 한직이었던 경찰전문학교 도서관의 도서담당 책임자로 사복을
입고 근무하였으며, 도서관내 김창열 방을 하나 가지고 있었다"면서 당시 "도서관
에 많은 책이 있어 끊임없는 독서를 하였다"고 술회하였다.

3. 경찰잡지 『경찰신조』의 발간 특성과 폐간

먼저, 『경찰신조』는 경찰전문학교가 1954년 11월 1일 승진시험을 대비한 잡지
인 『수험신조(受驗新潮)』를 창간하였다. 창간 배경을 보면 먼저 1954년은 한국경찰
사에 있어 중요한 연도에 해당한다. 즉 4월 일제강점기하에 제정된 「경찰범처벌규
칙」이 폐지되고 이를 대신하는 「경범죄처벌법」이 제정, 공포되는 등 경찰관련 법
령이 정비되었다. 게다가 이 해부터 경찰 예산이 '전란수습비 특별회계'에서 '일반
회계'로 환원됨으로써 전후 외국원조로 인한 경찰의 시설과 장비 확충에 큰 전환
을 이루게 된 시기였다.[20]

다음, 발간 취지는 "1954년 10월 실시된 제2회 경위승진시험[21] 채점 결과 평가

---

16 앞의 책, 81쪽

17 교재계 업무는 아래와 같다. ① 교재발간 및 교육기자재의 관리 ② 도서관 및 어학실 관리 ③ 인쇄실
운영 ④ 기타 교육자료의 연구 개발 보존관리. 경찰종합학교, 『경찰종합학교 50년사』, 정문사, 1994,
570−571쪽.

18 경찰전문학교, 『경찰교육사』, 청구출판, 1956, 93쪽.

19 김창활, 『형님과 함께 한 시간들』, 문예바다, 2016, 293쪽.

20 치안국, 『한국경찰사 1948. 8∼1961. 5』, 1973, 783쪽.

21 응시생은 416명, 합격자는 42명이다. 제1회 경위승진시험은 1953년 9월 28일 실시되었으며, 응시자는
775명, 합격자는 239명이었다. 경찰전문학교, 『경찰교육사』, 청구출판, 1956, 83쪽.

위원회에서 많은 수험자들이 고식적이고 구습에 의한 준비를 하였다는 의견이 개진되었고, 이에 대한 대책으로 승진시험 출제를 위한 새로운 수험지도서가 필요하다는데 의견을 일치"[22]한데 따른 것이라고 한다.

그리고 제호를 "수험신조"로 정한 이유는 '실력이 이루어 가는 역사를 위하여'라는 제목의 권두언에서 알 수 있다. 그 주요 내용은 다음과 같다.

> 해방에 겸하여 전란이 빚은 아국의 현실은 초창기의 무질서를 초래하고 있으니, 지위를 貪하는 자, 정실과 權變으로 그의 뜻을 이루려 하고, 영달을 꿈꾸는 자, 난세의 機에 乘하려 함이 現今의 실정인지도 모른다. 하나 이를 물거품과 같은 무리들로 하여 역사는 형성되지 않으며, 역사의 본류는 白尺水心이 이를 견지한다. (중략) 마침내 물거품은 살아지고, 실력이 움직여자는 역사의 새로운 潮流를 이끌어 가자는 것이다.[23] (밑줄은 인용자 강조)

이처럼 당시 경찰을 변화시키기 위한 "조류"는 '경찰에 대한 새로운 물결을 이루자'는 뜻의 "新潮"로 변하면서 제호가 "수험신조"가 되었다. 다음 해 1월 지명(誌名)이 『警察新潮』로 변경되면서도 "신조"는 계속 존속하였다.

그러나 1955년을 맞이하면서 잡지의 내용이 단순한 수험준비서가 아닌 또 다른 교양지로 편집하였다. 그 이유는 다음과 같다.

> 본지 출간의 처음 취지가 수험생들을 위하여 미약하나마 그의 노력의 길벗이 되자는 데 있었고 또 앞으로도 이 취지에 변동이 있을 리는 없다. 하지만 세간의 受驗誌類에서 탈피하여 좀 더 광범한 분야에 걸쳐 색다른 편집을 해보자는 것이 당사의 애초의 욕심이었다. 그런 욕망을 신년도에 들어 착착 실현해 가려는 처음 단계로서 題號나마 바꾸어 보자는 뜻이다.[24] (밑줄은 인용자 강조)

그 결과, 『경찰신조』의 내용은 대체적으로 경찰논단, 교양강좌(국사, 헌법, 행정법, 형법, 형사소송법, 경제학, 경찰법, 논문, 한글, 영어 등), 수사실화, 실무강의(행정경찰 실무, 실무와 법리, 비교실무-미국과 한국경찰 등), 범죄수사, 학생 수료 논문, 특별강좌(신민법 해설, 국제법 개

22 경찰전문학교, 『수험신조』 제1호, 편집후기, 1954년 11월, 86쪽.
23 앞의 책, 2쪽.
24 앞의 책, 86쪽.

설), 문예란 등으로 구성되었다.

현재까지 파악된 『경찰신조』의 발행 목록은 다음과 같다.

▍ 표 3-8-1. 『경찰신조』 발행 목록표

연번	통권호수	권호	월호	발행연월일	인쇄소	소장처 및 소장자	비고
1	통권1호	1권 1호	11월	'54. 11. 1.	미표기	이윤정	『수험신조』
2	통권2호	1권 2호	12월	'54. 12. 1.	미표기	이윤정	『수험신조』
3	통권3호	2권 1호	1월	'55. 1. 1.	이화인쇄소	이윤정	『경찰신조』
4	통권4호	2권 2호	2월	'55. 2. 1.	미표기	이윤정	이하 『경찰신조』
5	통권5호	2권 3호	3월	'55. 3. 1.	미표기	이윤정	
6	통권6호	2권 4호	4월	'55. 4. 1.	미표기	이윤정	
7	통권7호	2권 5호	5, 6월	'55. 5. 1.	미표기	이윤정	
8	통권8호	2권 6호	7, 8월	'55. 7. 1.	미표기	경찰대학 이윤정	
9	통권9호	2권 7호	9, 10월	'55. 9. 1.	미표기	이윤정	
10	통권10호	3권 1호	1월호	'56. 1. 1.	미표기	이윤정	
11	통권11호	3권 2호	2, 3월	'56. 2. 1.	미표기	이윤정	
12	통권12호	3권 3호	4월	'56. 6. 1.	미표기	경찰대학	
13	통권13호	3권 4호	5, 6월	'56. 5. 1.	미표기	경찰대학 이윤정	
14	통권14호	3권 5호	7, 8월	'56. 7. 1.	동아출판사	경찰대학 이윤정	
15	통권15호	3권 6호	9, 10월	'56. 9. 1.	동아출판사	경찰대학 이윤정	
16	통권16호	3권 7호	11월	'56. 11. 1.	미표기	경찰대학 이윤정	
17	통권17호	3권 8호	12월	'56. 12. 1.	청파출판사	이윤정	
18	통권18호	4권 1호	1, 2월	'57. 2. 1.	청파출판사	이윤정	
19	통권19호	4권 2호	3, 4월	'57. 3. 1.	영문사	경찰대학 이윤정	
20	통권20호	4권 4호	5월	'57. 5. 1.	영문사	경찰대학	권호 오타
21	통권21호	4권 4호	6월	'57. 6. 1.	영문사	이윤정	
22	통권22호	4권50호	7월	'57. 7. 1.	영문사	경찰대학 이윤정	
23	통권23호	4권 6호	8월	'57. 8. 1.	영문사	경찰대학 이윤정	
24	통권24호	4권 7호	9월	'57. 9. 1.	영문사	이윤정	
25	통권25호	4권 8호	10월	'57. 10. 1.	백조사	경찰대학 이윤정	
26	통권26호	4권 9호	11월	'57. 11. 1.	삼화인쇄 주식회사	경찰대학 이윤정	

연번	통권호수	권호	월호	발행연월일	인쇄소	소장처 및 소장자	비고
27	통권27호	4권 10호	12월	'57. 12. 1.	삼화인쇄 주식회사	경찰대학 이윤정	
28	통권28호	5권 1호	1월	'58. 1. 1.	삼화인쇄 주식회사	경찰대학 이윤정	
29	통권29호	5권 2호	2월	'58. 2. 1.	삼화인쇄 주식회사	경찰대학 이윤정	
30	통권30호	5권 3호	3월	'58. 3. 1.	삼화인쇄 주식회사	경찰대학 이윤정	
31	통권31호	5권 4호	4월	'58. 4. 1.	삼화인쇄 주식회사	경찰대학 이윤정	
32	통권32호	5권 5호	5월	'58. 5. 1.	삼화인쇄 주식회사	경찰대학 이윤정	
33	통권33호	5권 6호	6월	'58. 6. 1.	삼화인쇄 주식회사	경찰대학 고려대 연세대 이윤정	
34	통권34호	5권 7호	7월	'58. 7. 1.	민중서관	국회 경찰대학 연세대 고려대 동국대 이윤정	
35	통권35호	5권 8호	8월	'58. 8. 1.	민중서관	국회 경찰대학 연세대 동국대 이윤정	
36	통권36호	5권 9호	9월	'58. 9. 1.	민중서관	국회 경찰대학 연세대 이윤정	
37	통권37호	5권 10호	10월	'59. 10. 1.	민중서관	국회 경찰대학 연세대 고려대 이윤정	경찰대본 표지 낙장
38	통권38호	5권 11호	11월	'58. 11. 1.	민중서관	국회 경찰대학 연세대 이윤정	
39	통권39호	5권 12호	12월	'58. 12. 1.	민중서관	국회 경찰대학 연세대 동국대 이윤정	

연번	통권호수	권호	월호	발행연월일	인쇄소	소장처 및 소장자	비고
40	통권40호	6권 1호	1월	'59. 1. 1.	민중서관	연세대 동국대 이윤정	
41	통권42호	6권 3호	3월	'59. 3. 1.	세계일보사	동국대 이윤정	
42	통권43호	6권 4호	4월	'59. 4. 1.			미발굴
43	통권45호	6권 6호	6월	'59. 6, 1.	세계일보사	연세대 고려대 동국대	
44	통권46호	6권 7호	7월	'59. 7. 1.	세계일보사	국회 연세대 이윤정	
45	통권47호	6권 8호	8월	'59. 8. 1.	세계일보사	국회 연세대 동국대 이윤정	
46	통권48호	6권 9호	9월	'59. 9. 1.	선광인쇄 주식회사	국회 연세대 이윤정	
47	통권49호	6권 10호	10월	'59. 10. 1.			미발굴
48	통권50호	6권 11호	11월	'59. 11. 1	선광인쇄 주식회사	국회 연세대 고려대	
49	통권51호	6권 12호	12월	'59. 12. 1.	선광인쇄 주식회사	국회 연세대 이윤정	
50	통권52호	7권 1호	1월	'60. 1. 1.	선광인쇄 주식회사	국회 연세대 이윤정	
51	통권53호	7권 2호	2월	'60. 2. 1.	선광인쇄 주식회사	국회 연세대 동국대 이윤정	
52	통권54호	7권 3호	3월	'60. 3. 1.	선광인쇄 주식회사	국회 고려대 동국대 이윤정	
53	통권55호	7권 4호	4월	'60. 4. 1.			미발굴
54	통권56호	7권 5호	5월	'60. 5. 1.	선광인쇄 주식회사	이윤정	

※음영 부분은 미발굴본임을 강조한 것임

위의 표를 보면 현재까지 발행이 확인된 『경찰신조』의 통권은 56호로 파악되며, 이 가운데 54권이 전해지고 있다. 소장기관과 소장자를 보면 개인(이윤정) 47권, 경찰대학 25권, 연세대 16권, 국회도서관 14권, 동국대 9권, 고려대 도서관 6권으로 총 117권이다. 물론 필자가 모르는 공공기관 또는 개인 소장이 더 있을 수 있다.

이 가운데 김창열이 표지와 컷을 그렸다는 기록은 초기에 발간된 제5·6호, 제9·10·11호, 제15호에 간헐적으로 나타난다. 이는 당시 『경찰신조』의 편집이 어느 정도 안정되기 전이었기 때문으로 판단된다. 이후 제18호부터 제56호까지 목차에 빠짐없이 그의 이름이 등장한다. 다만 제54호에는 컷과 목차를 담당하였다는 내용이 아닌 다음과 같은 김창열의 시가 실려 있다.

동백꽃

악
소리치며 붉었을 꽃
너 동백이여

하늘이 푸르다 푸르다 못다 푸르러
초록색 이파리를 모두아
푸르러야
방긋이
타는
심사여
悲戀에 피묻은
네 얼에
황소가 풀 뜯다
목놓아 울었을 꽃이여

내 北國의 雪精을
두손 고여
너를 받으려다
얼에 시려
떨어 뜨렸노라

아아 이렇듯

이렇듯 사모친 憤怒이었으랴

네 피어린 歷史를 내가 아노니

네 心臟에 화살 처럼 박힌
너를 안고 죽기로서 노래함이로다

그리고 『경찰신조』의 발행 시기에 관한 특성을 보면 다음과 같다.

첫째, 불안정한 시기가 있었다. 그 시기는 1954년 11월호 『수험신조』 창간호부터 『경찰신조』 1955년 9·10월 합병호까지다. 앞에서 기술한 바와 같이 제호가 변경되었고, 컷과 표지를 김창열이 담당했다는 기록도 간헐적이었다. 게다가 통권 7호부터는 계속 5·6월, 7·8월, 9·10월 합병호를 발간하였고, 이마저 11·12월 합병호는 발행되지 못하였고, 바로 다음해인 1955년 1월호로 넘어갔다.

둘째, 판형의 변화이다. 1954년 11월 『수험신조』 창간호부터 1958년 6월호 『경찰신조』까지 '138mm×185mm'였으며, 이후 1958년 7월호부터 '147mm×206mm'로 확대되었다. 분량도 기존 150쪽 이내에서 150쪽 이상으로 늘었다.

셋째, 장정의 변화이다. 창간부터 1960년 4월호까지 기본적인 장정 형식을 보면 표지화가 대체적으로 전체 판형의 4/5를 차지하고, 제호가 중앙에 위치하였다. 이후 1960년 5월호부터 표지화가 3/5 크기로 정중앙에 위치하고, 호수 또한 표지화와 분리되어 맨 밑에 위치하여 있다. 제호 역시 이전보다 작게 우측에 치우쳐있다.

한편 『경찰신조』의 발간 부수와 관한 자료는 현재까지 발견하지 못하였다. 다만 『민주경찰』이 1948년 1월 이후 2,000부였고,[25] 『경찰신조』의 대금을 경찰관들의 봉급에서 강제적으로 갹출하여 경찰관들의 불만이 있었다는 신문기사[26]를 참조할 때 당시 경찰관 인원[27]의 10%를 감안하더라도 2,500부 이상으로 판단된다.

또한 『경찰신조』의 폐간호는 1960년 5월호(통권 56호)로 이후 『경찰고시』로 개제되어 출간되었다.[28]

[25] 경찰전문학교, 『경찰교육사』, 청구출판, 1956, 58쪽.
[26] 「경향신문」, 1960년 5월 20일.
[27] 치안국, 『1961 경찰연보』, 1962, 71쪽.
[28] 경찰전문학교, 편집후기, 『경찰고시』 6월호(창간호), 1960.

4. 표지화를 통해 본 1950년대 김창열의 작품세계

(1) 1950년대 전세계 미술의 흐름과 한국미술

1) 1950년대 서양 미술의 흐름

서양에서는 19세기 추상회화로부터 근대화가 시작되었고, 20세기에는 미술제작 및 미술에 대한 글쓰기나 말하기 방식에 커다란 변화가 있었다. 특히 현대 미술은 후기구조주의, 페미니즘, 마르크스주의, 탈식민주의와 같은 이론적 담론에 의하여 이끌려 나오곤 했다. 그러다 보니 서양미술의 경우에도 연대기적으로 하나의 미술로 설명하려고 하면 결국 서양현대미술에 대한 설명이 실패하게 된다. 즉 서양 현대 화단이라고 한다면, 이제 하나의 연대기로 설명할 수 없고 의미 있는 순간들을 발굴해 조명할 수밖에 없다는 것이다. 다만, 1950년대 동양에 영향을 미친 화풍은 동시대 현대미술도 있었겠지만 일전의 19세기 추상회화도 분명히 시간차적인 영향을 미쳤을 것이므로, 19세기 추상회화부터 살펴보는데 있어 상당할 것이라고 본다. 또한 여기서 조명할 1950년대 김창열 회화가 영향 받기 어려운 명백한 그 이후의 시간, 즉 1968년 포스트모더니즘이 발발하기 이전의 서양미술사까지만 보고자 한다.

서양에서 산업화와 도시화는 문화적 영역에도 변화를 가져왔다. 1800년대 중반 이후의 문화는 변화라는 이름으로 내내 등장한 불변항이었고, 그 시대 모든 이들에게 전진의 징표로 수용되었다. 음악 무용 소설 등 예술계 전반으로 살펴보면 19세기 말부터 20세기에 걸쳐 공통의 흐름이 있다. 그것은 각 분야의 고유한 특성을 재정의 하려는 움직임이다. 모더니즘이 발생하였고, 1895년 영화라는 분야가 나타났다. 모든 예술 중에 시각예술이 가장 극단적으로 변화하였다. 현대 서양미술은 수세기에 걸친 장인적 기술적 기법과 지식을 모두 포기하였다. 예를 들어 입체파는 묘사 대상과 전혀 닮지 않았고, 추상미술은 대상과 전혀 무관하게 보인다. 이시기 이전 예술의 기능이 세계의 겉모습을 사실적으로 재현하는 것이었다면 모더니즘 시기는 종래 예술의 기능을 새롭게 재정의 하는 것이었다. 즉 마르셀 뒤샹의 샘(1917년)이 그것이다. 이는 1863년 파리의 '낙선전'에서 시작된다. 제도권이 거부한 작품을 모아 즉석에서 이루어진 이 전시는 나중에 모더니즘의 표지로 높이 평가되었다. 사후의 이런 평가를 보건대 모더니즘의 성전에 입성하기 위하여 작품은 오히려 악명과 오명으로 축복받아 성스러운 갤러리에 입성할 수 있게 되었다.

서양 현대 미술은 이러한 성상파괴로부터 출발하였다. 말레비치의 검은 사각형은 무언가 시작도 하지 않은 것 같은 작품들을 보며 사람들은 당혹감을 느꼈다. 그러나 이러한 1915~1917년대 모더니즘은 1950년대까지 오래 지속되었다. 사람들은 회화를 전복하였지만 회화라는 매체를 포기하지는 않았다. 이로 인하여 실험적인 회화가 계속되었지만 회화가 아예 폐기되지는 않았다. 이러한 모더니즘은 낙선전에서 태동하여 1882년 마네의 폴리베르제르의 술집에서 시작하였다.

뒤에 중국 화단에서도 살펴보겠지만, 서양도 모더니즘 현대 미술이 등장한 계기는 사실 계몽의 기획으로부터 출발한다. 계몽의 기획은 미국혁명과 프랑스 혁명의 사상적 기반이 될 정도로 영향력이 있었다. 계몽적 사유에서 예술은 인간을 도덕적, 사회적으로 개선시켜나가는 일종의 도구였는데 19세기 이전의 미술과 차이가 있었다.

2) 1950년대 동양 미술의 흐름[29]

중국의 경우 19세기 후반부터 근대의 자각이 있었고, 1875년 상해에서 창간된 『소해월보(小孩月報)』에서 「논화천설(論畵淺設)」 시리즈를 게재함으로써 청대 말엽의 관념회화에서 정체된 미술계에 서양화 음영, 투시법 등이 소개되고 색채감각, 소재, 기법 등의 개방이 시작되었다. 또한 5·4 운동을 전후로 상해, 절강 등 미술학교가 창립되었고 1918년 북경미술전과학교가 국립북경미술학원으로 승격되는 등 근대적 체계를 갖추기 시작하였다. 이 때 1911년 리수둥(李叔洞, 1880-1942)이 일본 유학을 마치고, 쉬베이홍(徐悲鴻)(1895~1953)이 1919년에 프랑스 유학을 갔다 돌아오는 등 전통 예술에서 근대를 수용하는 가교역할을 했다.

그러다 사회적으로 반일 반봉건 운동이 심화되면서 중국화단도 1920년대 회화의 평민화를 주창하며 목판화가 널리 확산되었다. 1929년 항주에서 창립된 18예사(18藝社)는 목각화 운동을 전개하였다. 이어 1930년대와 1940년대에 이르러서도 화단은 안정되지 못하고 전통과 현대양식이 교차하는 일단의 과도적 혼란이 있었다. 학교에서도 서양인 교수에 의하여 당시 유럽에서 유행한 후기인상파 등의 교육과정이 병행되었다. 전통 중국화 분야에서는 치바이스(齊白石, 1863-1957)는 중국화의 제재를 폭넓게 확산시키며 초절의 기교를 보여주었다는 평을 받고 있다. 이후에 20세기 중국화단의 거인이라고 하는 장자오허(蔣兆和, 1904-1986)가 나타나 쉬베이홍의 영향을 강하게 받았다. 30년대는 변혁주의자들이 본격적으로 시대와 함께하는 공존

---

29 최병식, 『동양회화미학: 수묵미학의 형성과 전개』, 동문선, 1994, 158-163쪽.

의 나상을 화폭에 남기려던 현실주의적 의식과 표현방법이 충만하던 때였다.

1949년 당대 작가들 일부는 유럽과 미국 등 서구로 떠나고, 일부는 대만으로 이주하였다. 그러나 대부분은 대륙에 그대로 남아 공산화를 맞이하였다. 예를 들면 당시 국민당 정부에 의하여 남천(남쪽으로 피난) 운동이 전개되어 쉬베이홍도 두장의 비행기표를 받았으나, 공산세력에 의하여 북경 잔류가 결정된 것과 같다. 당시 남은 예술가들은 공산당에 협조하는 성향의 작품들을 제작하였고 공산당 문화부에서 그런 예술가들에게 '인민의 걸출한 예술가'라는 표징을 붙여 상징화시켰고, 작가들은 좌천되지 않기 위하여 전공인 회화와 군인 노동자간의 상호관계를 모색하느라 괴로운 나날들을 보내야 했고, 현실주의의 급격한 요구들이 많은 작가들의 고통스러운 과제가 되었다. 그 외의 상당수 작가들은 그저 무언(無言), 무작(無作)의 방법을 통하여 침묵을 지키는 식으로 최선의 항의와 반항을 하였을 뿐이었다. 1949년은 공산정권의 주도세력과 그에 협력해야 하는 피지배 그룹간의 급진적인 갈등이 교차되면서 유구한 중국화의 맥락이 어느 시대에서도 찾아 볼 수 없는 변신을 거듭하고 있는 시기였다.

1950년대 중국화단은 교조주의와 전통주의자들의 끊임없는 상쟁이었다. 교조주의자들을 통해 소묘 교육이 최우선으로 하는 현실주의가 팽배한 것도 정치적 소재의 인물화를 그리기 위해서였다. 그러한 두 파의 갈등 속에 중국당국은 1956년경 백가쟁명(百家爭鳴) 즉 자유자재로 기회나 색채로 자신의 의사를 토론할 수 있다는 정책을 발표하여 문화 학술계의 문호를 열어 많은 작가들이 논조를 전개하였다. 1957년에는 두 차례의 북경미협 주최 좌담회가 열려 6월호 '미술'지에 정리하여 게재하였다. 그러나 1958년 대약진을 거치면서 많은 예술가들이 숙청당해 노동자로 전락했고, 구체적인 좌파 회화를 당국으로부터 요구받았다. 첫째로 그리기 전에 미리 그릴 숫자를 정하고, 둘째로 걸출한 노동자가 진정한 예술가가 된다는 것을 긍정하고, 셋째로 전심을 다해 그림을 그리고 붉은 색을 강조할 것이었다. 당시 어느 작가가 그린 묵란(墨蘭)에 공장굴뚝을 추가하라는 지시도 내렸다고 한다.

이후 1966년 문화대혁명에 이르기까지 문혁파라는 혁명주도세력에 의하여 더욱더 이데올로기적으로 단일화된 회화양식을 강요하게 된다. 1976년 문혁이 끝나게 될 때까지도 중국 화단은 돌이키기 어려운 타격을 받게 되었다. 그리고 아시아에서 일본을 다음으로 빨리 수용한 근대 회화가 결국 1970년대에 이르러서야 개방된 것이다.

(2) 김창열의 작품세계

앞에서 1950년대 세계 미술에 대하여 먼저 서술한 것은 김창열의 1950년대 작품세계를 분석하기 위하여 동시대 한국미술, 동양미술, 나아가 서양미술의 중요한 흐름을 연계해서 보아야하기 때문이다. 그 이유는 전통 회화가 아닌 서양회화를 계수한 한국 현대 서양 화단은, 사실은 그 뿌리부터 모더니티와 계몽주의에 입각해 있었기 때문이다. 또한 동시대 중국화단도 참고하건대 이데올로기에 대한 수단으로 문화가 사용된 시기였다.

김창열에게 1950년대는 그야말로 격동의 시기, 세계대전과 한국전쟁, 그리고 그 이전의 일제강점기, 남북 대치상황, 이념의 포화상태의 시기에서 한 개인은 마치 연약하여 그 감수성을 지키는 것은 너무나 어려운 일이었을 것이라 생각된다. 더군다나 순수한 예술성을 시키는 섯이 아닌 서양에서부터 출발한 계몽주의적이고 성상파괴적인 이념적인 현대미술의 개념과, 한국과 동양의 특수한 이데올로기적 상황에서 예술에게 부여하는 이념의 강요에 천재의 예민한 감성을 고수하면서 작품을 연구한다는 것은 거의 불가능에 가까울 것이다. 특히 서양미술을 계수하면서 어떻게 자기화 하느냐는 중요한 화두였을 것이다.

1957년 동인그룹 형성당시를 회고한 작가의 인터뷰를 이를 확인해보자.

> 현대 미협을 창립할 때 우리가 가졌던 첫 번째 의도 중 하나는 서구 현대 미술사를 우리 모두에게 걸맞게 해석하는 것이었다. 그것은 우리에게 반드시 필요한 토대를 마련하는 작업인 것이었다. 우리는 우리 그룹의 활동에 미술사의 관점에서 의미를 부여하기 위해 필요한 시간과 에너지를 쏟아 부을 준비가 되어 있었다. 우리는 서구의 미술 운동을 논의의 주제로 삼았다. 서구 미술에서 중요한 것으로 여겨졌던 것은 모두 우리에게도 틀림없이 그 어떤 의미가 있었을 것이다. 우리 각자의 의견이 토론의 목적이 되기도 했다. 우리는 세잔느와 입체파에서 다다로, 초현실주의에서 추상 예술로 단계별로 토론의 장을 발전해 나갔다.[30]

이를 계기로 김창열은 현대 미협에서 계속 전시회를 개최함으로써 한국에 현대 미술의 뿌리를 내리는데 기여하였다. 하지만 경제적 성과 같은 것은 없었다고 한다. 1957년 5월 9일에 열린 현대 협회의 개막 전시회에서는 단 한 점의 작품도 팔

---

30 김달진미술연구소, 『변순철의 아티스트 데자뷰』, 2012.

리지 않았다.

하지만 현대 미협에서 연 전시회들은 회원들 각자의 경력에 도움이 되었다. 회원들은 한국에서 가장 새롭고 가장 대담한 작가로 인정받게 되었고, 그것은 그들에게 귀중한 경험이 되었다. 전시회를 연거푸 개최함으로써 회원들은 1950년대 한국의 특징인 그 고립감에서 벗어났다.

그 바로 직전시기였던 1950년대 표지화를 통해 살펴본 김창열의 초기 작품세계는 여러 가지 주제를 시도하고 표현 방식을 시도하는 고뇌와 번뇌, 그리고 상황에 대한 괴로움 등이 잘 나타나 있다.

김창열은 일제강점기를 거치면서 시대적인 불행감과, 이념간의 갈등으로 예술에 대한 박해를 예상하여 남한으로 내려왔으나 한국전쟁이 발발한 사실은 이 시기 경찰에 입직하여 표지화를 그리는 기간에도 역시 과거의 상처와 현재의 피로함에 심적으로 무척 괴로웠을 것이라는 쉽게 추측이 된다. 다음과 같은 그의 인터뷰에서도 이를 유추해 볼 수 있다.

> <u>뉴욕에서의 나의 삶은 거의 한국 전쟁 때만큼이나 힘들었다. 전쟁 기간 동안 나는 숱한 주검과 비참함을 목격했다.</u> 하지만 뉴욕 화단의 그 압도적 기세의 유행은 나로 하여금 거대한 바위에 짓눌린 초라한 아시아인이라는 느낌만을 주고 있었다. 꼭 꿈에서 가위눌린 상태의 계속인 것이었다. 당시 뉴욕에서는 팝아트가 전성기를 구가하고 있었다. 팝아트가 아닌 것은 있을 수가 없는 곳이 그곳이었다. 서울에서 그리던 그림을 가지고는 누구에게 보아 달라고도 할 수 없는 곳이 그곳이었다. 나는 한없이 울어야 했다. 나의 좌절감은 내가 한국전쟁 기간 동안 겪었던 모든 고통과 슬픔보다도 더 컸다. 나는 너무나 냉혹하고 너무나 기계적인 현대 사회 속에서 방향감을 상실한 채 막막함을 느끼고 있을 수밖에 없었다.[31] (밑줄은 인용자 강조)

다음 표에 예시한 작품들을 보면 그림에 나온 인물들은 우울하고 시선이 정확하게 처리되지 않고 있다. 또한 새와 개 등 동물을 보아도 그 표현이 매우 기괴하다. 그 마음을 표현한 것 같다. 나중에 미국 유학길에 올라 시도했던 작품들을 비교할 때 살바도르 달리(Salvador Dali)의 작품처럼 그 형태를 일그러뜨리는 추상적인 표현의 기초가 당시 이미 태동하고 있었던 것이다.

---

31 앞의 자료.

사진 3-8-1. **추상적인 표현**

통권 제4호   통권 제22호   통권 제28호

한국전쟁이 시작되고, 김창열은 가족과 헤어지게 되었고, 15세의 여동생도 잃었고 교우도 절반이나 잃었다고 한다. 이러한 전쟁의 외상이 초기 앵포르멜 작품에 <상흔>과 <제사> 연작으로 표현되었다. 먼저 '1960년 미술가협회 연립전 선언문'을 보기로 하자.

> 그러니까 그것은 모든 것이 용해되어 있는 상태다. 어제와 이제, 너와 나, 그리고 사물들의 전부가 철철 녹아서 한 곳으로 흘러 고여 있는 상태인 것이다. 산산이 분해된 나의 제 분신들은 여기 저기 다른 곳에서 다른 성분들과 부딪혀서 뒹굴고들 있는 것이다. 아주 녹아서 없어지지 아니한 모양끼리 서로 허우적거리고들 있는 것이다. 이 몸짓이 바로 나의 창조 행위의 전부인 것이다. 그러니까 그것은 고정된 모양일 수 없다. 이동의 과정으로서의 운동 자체일 따름이다. 파생되는 열과 빛일 따름이다. 이것이 나에게 허용된 자유의 전체인 것이다. 이 오늘의 절대는 어느 내일 결정(結晶)하여 핵을 이룰지도 모른다. 지금 나는 덥기만 하다. 지금 우리는 지글지글 끓고 있는 것이다.[32]

그러나 동인그룹을 형성하고 앵포르멜 화풍을 보여주기 이전에도 김창열의 추상 표현은 그의 표지화에서도 잘 나타나 있다. 1960년대 미국유학 이전까지 잠시 보여주었던 1950년대 말기 회화 즉 동인활동을 하면서 보여준 작품에 나타난 앵포르멜 화법이, 다음 표에 인용한 1950년대 표지화와 초기 앵포르멜 작품에서도 드러난다.

---

32 앞의 자료.

▋ 사진 3-8-2. 표현주의와 초기 앵포르멜 작품

표현주의

| 통권 제11호 | 통권 제15호 | 통권 제28호 | 통권 제42호 |

앵포르멜

| 통권 제30호 | 통권 제31호 | 통권 제33호 |

초기 앵포르멜 작품

| 1957, 〈무제〉 | 1958, 〈무제〉 | 1964, 〈제사〉 |

특히 여기서 1964년 작품 제례는 이후 미국에서 그린 작품 이전이 이미 그의 물방울의 원형이 나타난다고 평론가 윤진섭은 말하고 있다. 이는 다음 표를 통해 확인할 수 있다.

▌사진 3-8-3. 미국체류 시기 회화

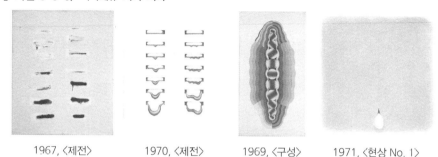

| 1967, 〈제전〉 | 1970, 〈제전〉 | 1969, 〈구성〉 | 1971, 〈현상 No. 1〉 |

그러면서도 김창열은 자신의 작품세계를 담는데 소홀하지 않았다. 다음 표를 통해 볼 때 『경찰신조』의 표지화를 통해 여러 가지 서양 사조들을 수용해 실험적으로 시도해 본 것도 눈에 띈다.

▌사진 3-8-4. 서양사조 수용 작품

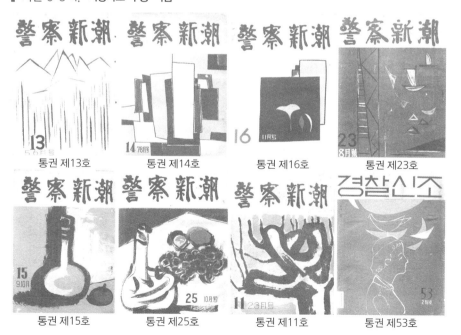

| 통권 제13호 | 통권 제14호 | 통권 제16호 | 통권 제23호 |
| 통권 제15호 | 통권 제25호 | 통권 제11호 | 통권 제53호 |

　게다가 그는 재직 중 표지화를 그리는 기간 동안(54.11.－60.5.)에 다음과 같이 전시에 참가하였다.

　　① 1955년 제4회 국전 <해바라기> 입선
　　② 1957년 현대미술가협회 창립전, 미공보원 화랑, 서울 제2회 현대미술가협회전, 화신, 화랑, 서울
　　③ 1958년 제3회 현대미술가협회전, 화신화랑, 서울, 제4회 현대미술가협회전, 덕수궁미술관, 서울
　　④ 1959년 제5회 현대미술가협회전, 중앙공보관, 서울, 제3회 현대작가초대전, 경복궁미술관, 서울

　또한 그는 경찰전문학교에 있으면서 경찰과 관련된 주제도 많이 그렸다. 아마 편집부의 요청이 있었을 것으로 생각된다.

❙ 사진 3-8-5. 3·1절 및 경찰의 날 등을 주제로 한 작품

| 통권 제5호 | 통권 제19호 | 통권 제30호 | 통권 제34호 |

| 통권 제35호 | 통권 제36호 | 통권 제39호 | 통권 제40호 |

| 통권 제42호 | 통권 제53호 | 통권 제54호 |

이와 함께 계절의 흐름을 맞춘 그림들도 있었다. 여름의 신록을, 겨울의 하얀 눈밭과 같이 자연의 아름다움을 풍성하게 표현하기도 하였다. 그 밖에도 순수한 예술로서 정물화 풍경화 동양화적인 것도 있었다.

▌사진 3-8-6. **계절을 표현한 작품**

| 통권 제3호 | 통권 제4호 | 통권 제6호 | 통권 제7호 |

| 통권 제16호 | 통권 제17호 | 통권 제33호 | 통권 제38호 |

| 통권 제51호 | 통권 제56호 |

■ 사진 3-8-7. 풍경화

| 통권 제2호 | 통권 제10호 | 통권 제13호 | 통권 제17호 |

■ 사진 3-8-8. 정물화

| 통권 제6호 | 통권 제15호 | 통권 제25호 | 통권 제46호 |

■ 사진 3-8-9. 꽃을 그린 작품들

| 통권 제8호 | 통권 제9호 | 통권 제18호 | 통권 제38호 | 통권 제48호 |

■ 사진 3-8-10. 나무를 그린 작품

| 통권 제7호 | 통권 제11호 | 통권 제12호 | 통권 제51호 | 통권 제56호 |

이어 새나 동물 그림도 꾸준히 그렸다. 특히 새 그림은 아주 많이 반복된 주제였다. 아마 자유로운 창공으로 날아가고 싶은 작가의 심정을 표현한 것으로 보인다.

▌사진 3-8-11. **동물을 그린 작품**

| 통권 세3호 | 통권 제22호 | 통권 세28호 | 통권 제36호 |

▌사진 3-8-12. **새를 그린 작품**

| 통권 제4호 | 통권 제24호 | 통권 제26호 | 통권 제29호 |

| 통권 제34호 | 통권 제40호 | 통권 제50호 | 통권 제53호 |

새 외에도 반복된 주제가 있었는데 해바라기가 그것이다. 표지화를 한창 제작했던 1955년 제4회 국전에서 <해바라기>라는 제명으로 입선한 바도 있었다 한다. 다만 안타깝게도 이때의 도판은 아직 발간되지 않았는데,[33] 1955년 9월호(통권 제9호)의 해

---

33 『국전도록』은 제6회~제30회(1957~1981)에 거쳐 발간되었다.

바라기를 통해 유추해 볼 뿐이다. 이후 그는 1957년 2월(통권 제18호)에도 해바라기를 그렸다. 따라서 1950년대 작품세계는 반(半)추상경향이었다고 생각할 수 있다.

┃ 사진 3-8-13. **해바라기**

통권 제9호   통권 제18호

한편 당대 작가들의 작품과 비슷한 것도 있었는데, 특히 김환기나 박수근·이중섭 풍으로 보이는 작품도 더러 있었다. 그가 제주도에서 근무하던 시절에 이러한 작가들과 교류했던 것으로 보인다. 혹은 지금의 <축전>처럼 교류한 지인들로부터 그림을 받았던 것은 아닌가 생각이 들기도 한다.

┃ 사진 3-8-14. **지인과 교류로 인한 작품**

통권 제1호   통권 제2호   통권 제4호   통권 제7호

통권 제20호   통권 제28호   통권 제46호   통권 제47호

　당시에는 책의 장정 표지에 작가들의 그림을 싣는 것이 유행이었다. 김창열의 경찰신조 표지화 외에도, 유명작가들이 그린 것들이 지금도 종종 발견된다. 김기창, 김환기, 박서보, 박수근, 윤형근, 천경자, 장욱진, 이대원 등이다. 어려운 시기에 작가들이 수입을 보충하던 방법이었다. 이러한 잡지표지에서도 영향을 받지 않았을까 한다.

　이후 앵포르멜이 미국 군화에 묻어왔다는 자조적 표현처럼 동인 작가들은 쏟아지는 서양의 다양한 화조 중 어느 하나를 자신의 작품세계에 도입하여 다양한 방면으로 분화해 나갔다. 그는 이후에도 앵포르멜 작업을 하다 1966년 미국 유학을 갔고, 아는 바와 같이 1969년 도불하여 물방울을 주제로 한 작품 세계를 완성하게 된다.

5. 그의 젊은 시절이 현대 미술의 큰 발전을 가져오다

　한국 현대미술사에서 앵포르멜(Informel) 화풍을 추구했던 핵심인물인 김창열의 일반적인 생애사는 잘 알려져 있다. 그러나 1950년대 삶은 아주 간략하며, 당시 작품이 현재까지 거의 남아 있지 않아 그의 작품세계에 관한 원초적인 영감이 어디에 있었는지 알기 힘들다. 이런 가운데 최근 경찰전문학교의 기관지인 『경찰신조』가 발굴되어 그의 1950년대 작품세계를 분석할 수 있게 되었다.

　김창열의 1950년대 시간은 한국전쟁 발발과 깊은 관계가 있다. 한국전쟁은 그에게 깊은 정신적인 상처를 남겼으며, 그로부터 생겨나는 아픔은 오늘날까지 계속되고 있다고 볼 수 있다. 그가 투신할 당시의 경찰조직은 전시경찰체제로 전환되어 있었다. 동생의 회고록에 의하면 가족 가운데 경찰관이 있는 가운데 간부후보생으로 입직하였다. 이는 경찰의 공간사(公刊史)를 통해 간부후보생 제6기로 임용된 사실에서 확인된다. 또한 신임교육을 부산 소재 영도 동산초등학교에서 받은 것으로 판단된다. 그리고 제주도에서 1년 6개월간 근무한 김창열은 경찰전문학교로 전보되었다. 이후 도서관에서 근무하면서 1954년 12월 1일 발간한 『경찰신조』를 비롯한 경찰전문학교 발간 도서의 표지화를 1962년 12월 퇴직할 때까지 그렸다.

　『경찰신조』의 표지화에는 그의 다양한 주제와 표현방식 시도를 통한 고뇌와 번뇌, 그리고 상황에 대한 괴로움 등이 잘 나타나 있다. 그림의 인물은 우울하고 시선이 정확하게 처리되지 않고 있고, 새와 개 등 동물도 매우 기괴하다. 이와 같은 그림들을 후에 미국에서의 작품들과 비교할 때 달리의 작품처럼 그 형태를 일그러 뜨리는 추상적인 표현의 기초가 이미 태동하고 있었다. 게다가 1950년대 말기 회화 즉 동인활동을 하면서 보여준 작품에 나타난 앵포르멜 화법이 그대로 드러난다. 그리고 경찰과 관련된 주제, 계절의 흐름을 맞춘 그림들도 있었다. 그 밖에도 순수한 예술로서 정물화 풍경화 동양화적인 것도 있었다. 특히 1955년 제4회 국전에서 <해바라기>라는 제명으로 입선한 바도 있었다. 이때의 도판은 아직 발간되지 않았는데 『경찰신조』 1955년 9월호에 게재된 해바라기를 통해 유추해 볼 수 있다. 이와 함께 김환기나 박수근, 이중섭 풍으로 보이는 작품도 더러 있었다. 이는 제주도 시절 이러한 당대 작가들과 교류했기 때문으로 보인다.

오늘날 김창열의 물방울 그림은 1950년대 조국의 쓰라린 현실에서 목격한 여러 가지 상흔에서 비롯된 심리적 고통을 치유하고자 한 데서 나온 자기 승화의 과정이었다. 그리고 이 시기를 통하여 그 작품의 밑거름이 된 '쓰라림'과 '인간 본연에 대한 고뇌'를 엿볼 수 있었다. 물은 영롱한 물방울 하나가 되기까지, 얼마나 많은 어두운 공간과 우주를 거쳐 습기처럼 날아다니다 어느 순간 그 온도와 상태가 맞아 하나의 물방울로 맺히게 되었는가? 맑고 투명하고 깨끗한 그 물방울 하나를 맺히게 하기 위하여 작가는 이러한 고통과 번민의 시간을 지나왔다고 말할 수 있다.

09

경찰교육사를 통해 본 경찰교과서의 변천
- 해방부터 1970년대까지[1]

1. 사료 부족의 한계를 극복하기 위한 시도

한국경찰사 연구를 위한 여러 주제 가운데 하나를 선택하여 연대적으로 고찰한다는 것은 많은 한계를 전제로 한다. 모든 자료가 온전히 보존되어 있다면 큰 문제가 없으나 시간적으로 띄엄띄엄 있다면 연구 성과를 내기 어렵다. 게다가 납본되지 않은 특정기관의 자료라면 과연 변천 자체를 논할 수 있을까 하는 의구심마저 들게 된다. 바로 경찰교과서[2]의 연구가 그러한 경우다.

그럼에도 불구하고 연구를 시도하는 이유는 다음과 같다.

첫째, 경찰교과서가 시기별 경찰활동을 보여주는 가장 기본적인 자료가 되기 때문이다. 물론 경찰관들이 교과서에서 배운 데로 현장에서 다 실천하는 것은 아니다. 하지만 당시 경찰활동에 관한 전체적인 윤곽을 잡기 위해서는 교과서를 참고하는 것이 제일 좋은 방법이라 생각한다.

둘째, 해방 후 경찰이 일제경찰의 영향에서 벗어나는 모습을 변경된 경찰교과서의 내용을 통해 알 수 있기 때문이다. 모두 알다시피 현행 경찰제도는 갑오개혁 이후 일본경찰의 영향을 많이 받았다. 게다가 일제강점기를 통해 민중의 대(對)경찰이미지가 부정적으로 굳어지게 되었다고 볼 수 있는데, 이의 기반에는 일제의 경찰교육이 있었다.[3] 따라서 해방 후 미군정이 경찰을 변화시키기 위해 가장 노력

---

[1] 본 글은 근대서지학회의 ≪근대서지≫ 제8호(2013년 12월)에 게재된 내용을 수정·보완한 것이다.

[2] 교과서는 "학교의 각 교과 과정에 맞도록 편찬된 도서(동아 새국어사전, 1999, 251쪽)"이다. 여기서 말하는 학교는 초·중·고등교육기관만을 말하지는 않는다. 경찰학교도 교육기관에 포함된다고 본다.

한 부분은 바로 교육이었다. 교육을 통해 경찰관들에게 '민주경찰'과 '친절과 봉사'를 강조하였던 것이다.

셋째, 경찰교과서는 현행 한국경찰사 연구의 방향을 바꿀 수 있는 좋은 자료가 되기 때문이다. 현재 한국경찰사 연구는 주로 제도사를 중심으로 이루어지고 있다. 물론 경찰제도는 경찰에 관한 가장 기본적인 체제로서 우선적으로 연구가 되어야 한다. 그럼에도 불구하고 이제는 경찰관과 주민간의 관계, 지휘부의 지침과 현실간의 괴리 등을 교과서 분석을 통해 미시적으로 연구할 필요가 있다.

그러나 안타깝게도 경찰교과서에 관한 자료는 그리 많지가 않다. 무엇보다 경찰교육기관이 소장한 교과서가 한국전쟁으로 인하여 대부분 소실되었기 때문이다.[4] 남아 있는 자료는 국립중앙도서관, 국회도서관, 서울대 도서관 등에 산재되어 있으나 1960년대까지 발간된 경찰교과서는 모두 30권이 채 되지 않는다. 이러한 상황에서 필자는 근현대사 경찰교과서를 모두 아우르기에 너무나 권수가 적다는 것을 강조할 수밖에 없다. 그래도 다행스러운 것은 각 시대별 대표적인 교과서가 남아 있어 큰 윤곽을 잡을 수 있다는 것이다.

따라서 본 글은 해방 1970년대까지 실물로 확인된 경찰교과서를 중심으로 기술하고자 한다. 또한 교과서의 변천은 경찰교육사와 직접적인 관계가 있기 때문에 경찰교육사도 함께 고찰하고자 한다. 비록 한정된 자료이지만 이를 통해 경찰사를 새롭게 연구하기 위한 초석이 되고자 한다.

---

3 1911년 2월 28일 (졸업식에서: 인용자) 나카노(中野) 경찰관연습소장의 연설은 경찰의 마음가짐은 바로 사무라이의 마음가짐, 그것도 사무라이가 아니라 일본 戰國時代의 사무라이의 그것이라고 규정하였다. Christopher Liao, 1910~1920년대 조선총독부의 경찰교육, 서울대 대학원 석사논문(사학과), 2006, 22-23쪽.

4 경찰전문학교가 소장한 서적은 한국전쟁이 발발하기 전에는 약 5만권이었으나 전쟁으로 완전 소실되었으며, 경찰간부로부터 1인 1권이상의 기증운동을 전개하거나 공보원, 국방부, 기타 기관·출판사 등으로부터 매입과 수증 등을 통하여 1956년 약 2천권을 소장하였다. 경찰전문학교, 『경찰교육사』, 1956, 81-82쪽.

2. 미군정기

미군은 1945년 9월 13일 조선경찰관강습소를 복구(復舊)하고 청년 2천명을 대상으로 신임 순경 교육을 실시하였다.[5] 그 후 11월 25일 학교명을 조선경찰학교로 변경하고 신임순경 교육을 중지하는 대신 각 도에서 선발된 경사 계급의 경찰관을 교육하였는데 이는 최초로 간부급[6]을 대상으로 실시한 교육이었다.[7]

이어 미군정은 1946년 2월 1일 조선경찰학교를 국립경찰학교로 교명을 변경하였다. 다시 조선경찰학교는 같은 해 8월 15일 국립경찰학교에서 국립경찰전문학교로 교명을 바꾸고, 경무부장 직속으로 승격시켜 교육국장이 교장을 겸직하였다.[8] 이 학교는 행정과, 전문과, 수사과로 나누어 교육하였다.[9] 이를 자세히 보면 먼저 행정과는 제1부(舊職 경감)와 제2부(경위)로 구성되어 운영되었다. 다음으로 전문과는 신임경찰간부를 양성하기 위한 것으로, 같은 해 6월 19일 개설되어 훗날 간부후보생 과정의 선구가 되었지만 교육기간은 1개월이었고, 1947년 3월 15일 제4기까지 배출된 후 폐지되었다.[10] 1947년 9월 30일 본 전문과가 본과로 변경되어 제1기생 293명이 입교하였는데 이는 오늘날의 간부후보생 과정을 말한다.[11] 끝으로 수사과는 1946년 4월 5일부터 다음해 7월 30일까지 수사경찰의 대민태도 개선과 인권보호를 위하여 개설되었고,[12] 관련 교육기간과 수료자 수는 알 수 없다.

또한 같은 해 6월 10일에는 초등과(初等科) 제1기생으로 여자경찰관을 대상으로

---

5 경찰전문학교, 『경찰교육사』, 1956, 43쪽.

6 경찰조직에서 '간부'라는 개념을 이해하기 위해서는 이해가 필요하다. 일반적으로 간부는 해방 후 경위 이상의 계급을 가진 자나 일제강점기 동안 경부보 이상을 말한다. 그러나 일제강점기 경찰은 해방 후 경사에 해당하는 순사부장이 일선서 계장을 담당했기 때문에 간부급으로 인정하였다. 인용한 『경찰교육사』도 이와 같은 맥락에서 '간부급'으로 표현한 것으로 보인다.

7 앞의 책, 44쪽.

8 『한국경찰사 II』(1973, 87쪽)는 경찰전문학교의 승격 일을 1946년 8월 15일로 기술하고 있다. 그러나 『한국경찰사 I(1972, 958쪽)』은 그 날짜를 1948년 8월 15일로 고치고 있으며 그 근거자료를 '국립경찰전문학교에 관한 건'으로 두고 있지만 이 역시 공문 날짜를 1946년 8월 15일로 기재하고 있어 혼란이 있다. 본 글에서는 경찰교육사(1956), 한국경찰사 II(1973), 경찰종합학교 50년사 1945~1994(1994)를 근거로 하여 1946년 8월 15일을 승격일로 하기로 한다.

9 치안국, 『한국경찰사 II』, 1973, 86쪽.

10 앞의 책, 88쪽.

11 앞의 책, 90−91쪽.

12 앞의 책, 89쪽.

한 교육이 이루어져 보통과(초등과) 14기(제1, 2부 포함) 및 특과 2기에 걸쳐 700여 명의 여자경찰관이 교육을 받았다.[13] 이외에 관련 교육기간과 교과목은 자료가 없어 알 수가 없다.

이와 함께 지방에서는 1946년 2월 1일 각 관구경찰청 산하에 경찰학교를 개설[14]하였다. 각 학교는 교습과, 보습과, 강습과를 두었다. 교습과는 신임 순경 교육을, 보습과는 재래(在來) 및 특수한 경과의 경사와 순경의 재교육을, 강습과는 오늘날 말하는 전문 직무교육을 담당하였다.[15]

▌사진 3-9-1. 『제3관구(충남) 경찰청 경찰교과서-경찰법』(1945년 10월 이전 발간 추정)

제3관구 경찰청은 오늘날 충청남도경찰청으로 산하에 제1구 경찰서(서산),[16] 제2구 경찰서(당진), 제3구 경찰서(온양), 제4구 경찰서(천안), 제5구 경찰서(홍성), 제6구 경찰서(예산), 제7구 경찰서(조치원), 제8구 경찰서(보령), 제9구 경찰서(청양), 제10구 경찰서(공주), 제11구 경찰서(서천), 제12구 경찰서(부여), 제13구 경찰서(강경), 제14구 경찰서(대전), 제15구 경찰서(태안), 제16구 경찰서(유성)를 두고 있었다. 제3관구 경찰

---

13 앞의 책, 90쪽.

14 앞의 책, 『한국경찰사Ⅰ』, 1972, 958쪽.

15 치안국, 『한국경찰사Ⅱ(1948. 8~1961. 5)』, 1973, 86쪽.

16 치안국이 1973년에 발행한 『한국경찰사Ⅱ(1948. 8~1961. 5)』 946쪽에는 소재지가 서천으로 되어 있으나 동 교과서의 14쪽에 있는 제3관구 경찰기구표를 확인한 바 서산이 바른 소재지이다.

학교는 1954년 3월 3일 경찰전문학교에 통합[17]되기까지 교습과 1,667명, 보습과 673명, 강습과 66명 총 2,406명을 교육하였다.[18]

본 교과서의 발간연도는 판권지가 없어 정확하게 알 수 없으나 내용을 보았을 때 1945년 11월 이후에 발간된 것으로 추정된다. 그 이유는 첫째, 교과서 내용에 있는 '경제경찰' 업무는 1945년 10월 24일 법령 제17호에 의해 경무국 경제경찰과가 폐지됨으로 없어졌기 때문이다. 둘째, '위생경찰' 업무도 1945년 11월 7일 각도에 보건 위생부가 설치되면서 관련 업무가 보건후생부로 이관[19]되었기 때문이다.[20] 목차는 다음과 같다.

▌표 3-9-1. 『제3관구 경찰청 경찰교과서-경찰법』 목차

편	장
제1편 총론	제1장 경찰의 관념
	제2장 경찰의 조직
	제3장 경찰법규
	제4장 경찰처분
	제5장 경찰강제
	제6장 경찰행정의 감독
	제7장 행정
제2편 각론	제1장 보안경찰
	제2장 풍속경찰
	제3장 교통경찰
	제4장 영업경찰
	제5장 경제경찰
	제6장 위생경찰

---

17 '국립경찰전문학교'는 1954년 3월 3일 대통령령 제875호에 의해 '경찰전문학교'로 변경되었다. 『경찰종합학교 50년사 1945~1994』, 1994, 117쪽.

18 경찰전문학교, 『경찰교육사』, 1956, 46쪽.

19 도경찰부 위생과, 경찰서 위생과, 도경찰부 지방공의, 도경찰부 군인원호과의 경찰업무를 말한다.

20 1945년 9월 24일 법령 제1호는 「위생국 설치에 관한 건」으로 경무국의 위생과를 폐지하고 동시에 위생국을 신설하여 그 업무를 이관하였다. 동년 10월 27일 위생국의 명칭을 보건후생국으로 변경하고 경무국 방호과 戰災民係의 업무도 이관하였고 11월 7일 각도에 보건 위생부가 설치되었다.

해방 직후에 발간된 교과서이기 때문에 경찰조직에 관한 내용을 제외하고는 장정은 물론 일제강점기 조선경찰관강습소가 발행한 교과서의 내용과 극히 유사하다.

제5관구 경찰청은 오늘날 경상북도경찰청으로 산하에 제1구 경찰서(문경), 제2구 경찰서(예천), 제3구 경찰서(영주), 제4구 경찰서(봉화), 제5구 경찰서(상주), 제6구 경찰서(의성), 제7구 경찰서(안동), 제8구 경찰서(영양), 제9구 경찰서(김천), 제10구 경찰서(선산), 제11구 경찰서(군위), 제12구 경찰서(청송), 제13구 경찰서(영덕), 제14구 경찰서(성주), 제15구 경찰서(율곡), 제16구 경찰서(영천), 제17구 경찰서(포항), 제18구 경찰서(고령), 제19구 경찰서(대구), 제20구 경찰서(경산), 제21구 경찰서(경주), 제22구 경찰서(청도), 제23구 경찰서(울릉), 제24구 경찰서(남대구)를 두고 있었다.[21] 교육인원은 1954년 3월 3일까지 교습과 1,112명, 보습과 9,655명 총 10,767명을 교육하였다.[22]

▌ 사진 3-9-2. 『제5관구(경북) 경찰청 경찰법 대의』(1947. 11. 5. 발행)

본 교과서의 목차는 다음과 같다.

---

21 치안국, 『한국경찰사Ⅱ(1948. 8~1961. 5)』, 1973, 78쪽.
22 경찰전문학교, 『경찰교육사』, 1956, 46쪽.

표 3-9-2. 『제5관구 경찰청 경찰법 대의』 목차

편	장
제1편 경찰법총론	제1장 경찰에 대한 개념
	제2장 경찰의 한계
	제3장 경찰작용
	제4장 경찰조직
	제5장 경찰강제
	제6장 경찰행정에 대한 관계

이 교과서는 경찰법 대의이기 때문에 경찰법 총론에 해당되며, 내용은 제3관구 경찰학교의 내용과 유사하다. 경찰법 각론에 관한 내용은 별도의 『경찰법』이라는 교과서에서 다룬 것으로 보인다.[23] 당시 지방경찰학교의 교육에 대해서는 비교 가능한 교과서의 수가 적어 종합적으로 보기에 다소 문제가 있겠지만 앞에 쓴 2권의 교과서를 볼 때 각 지방학교에서 독자적으로 교과서를 발간한 것으로 생각된다.

사진 3-9-3. 『제6관구경찰학교-경찰교련필휴』(1947년 발간 추정)

제6관구경찰학교의 『경찰교련필휴』는 경찰 제식 또는 사격훈련에 관한 자료로

---

23 경무부 교육국 연구과장인 홍순봉 총경은 1947. 1. 25 『경찰법 대의』를 발간하였다. 이 책에서 저자 는 "경찰전문학교 행정과학생에 대한 강의초안을 정리"하였다고 밝히고 있다. 이 책의 내용을 보면 일제강점기 '경찰법 대의'와 큰 차이가 없으며 단지, 미군정의 의의 등 경찰지휘에 관한 근거 등을 제시하고 있다. 홍순봉, 『경찰법 대의』, 동아출판사, 1947, 2쪽, 15-19쪽.

써 상당히 흥미롭다. 먼저 제5관구경찰청을 살펴보면 오늘날 전라북도경찰청으로 산하에 제1구 경찰서(군산), 제2구 경찰서(이리), 제3구 경찰서(금산), 제4구 경찰서(무주), 제5구 경찰서(김제), 제6구 경찰서(전주), 제7구 경찰서(진안), 제8구 경찰서(부안), 제9구 경찰서(정읍), 제10구 경찰서(임실), 제11구 경찰서(장수), 제12구 경찰서(고창), 제13구 경찰서(순창), 제14구 경찰서(남원)를 두고 있었다.[24] 교육인원은 1954년 3월 3일까지 교습과 1,098명, 보습과 935명으로 총 2,013명을 교육하였다.[25] 일반적으로 이 시기 경찰교과서의 출판사들은 판권지에 명시되지 않아 알 수 없으나 이 책은 전주소재 호남문화사 프린트부가 철필로 인쇄하였다.

그 목차를 보면 다음과 같다.

제1장 총칙
제2장 통칙
제3장 소총교련
제4장 사격
제5장 지휘관의 心得

이 교과서의 제2장 통칙에 있는 '제1절 구령법'을 보면, 각 구령을 "현구령, 倭語, 교정전 구령, 적용(방법)"으로 구분하여 도표로 설명하고 있다. 예를 들면 "뒤로 도라 가, 廻ㄴ右前 進メ, 半오른(원)편으로 도라 가, 原則으로 右足에 動令이 내림(左足도 可)"의 순으로 되어 있다. 이렇게 일본어와 대조한 것은 당시 경찰관들이 이미 일제강점기 경찰관으로 있었거나 일본어에 익숙하였기 때문으로 보인다. 또한 이 교과서의 마지막장에 『총에 이름 우리말』이라는 것이 있다. 경찰 총기 용어를 우리말로 바꾼 것인데 그 예를 보면 M1소총의 부분을 기준으로 하여 "겨늠쇄(가늠쇄), 겨늠자(가늠자), 겨눔구멍" 등 순수 우리말로 표기하였다. 이 이름들은 '(조선어)학회'를 통하여 정하였다고 한다.[26]

---

24 치안국, 『한국경찰사Ⅱ(1948. 8~1961. 5)』, 1973, 78쪽.

25 경찰전문학교, 『경찰교육사』, 1956, 46쪽.

26 제6관구경찰학교, 『경찰교련필휘』, 1947년(추정), 19쪽.

3. 대한민국

(1) 한국전쟁기

치안국은 한국전쟁이 발발하자 7월 5일 대전에 '전시경찰교육대'를 설치하여 전시교육을 실시하기로 하였다. 그러나 정부가 대구로 이전하자 국립경찰전문학교를 대구시에 있는 경북특별경찰대 청사로 그 본부를 옮기었다. 이곳에서 '전투경찰대 편성사령부'로 개편하고, 8개의 전투경찰대대를 편성하여 중화기 교육 등 긴급군사 교육을 실시하였다.[27] 또한 당시는 전시상황이었기 때문에 군 위탁교육이 이루어졌다. 예를 들면 1951년 경사와 경위 각각 10명이 육군정보학교에서, 1952년 경위 79명이 육군보병학교에서, 경사 40명이 육군정보학교에서 위탁교육을 받는 등 4년 동안 총 397명이 군에서 교육을 받고 경찰관들에게 전수교육을 실시하였다.[28] 그런데 한국전쟁 동안 경찰전문학교는 경찰관만을 대상으로 전시교육을 하지 않았다. 학도 606명과 대한청년단 330명에게 군사교육을 실시한 것이 그러한 예이다.[29]

1950년 9월 28일 서울 수복 후 경찰전문학교 교사가 전소되고 서울여자경찰서에 있던 경찰참고관만이 남아 있자 교사를 조선전기공업고등학교 일부로 이동하였다. 이후 중공군의 참전으로 인하여 정부가 부산으로 다시 이전하자 1950년 12월 28일 부산 관수동에 있던 경남경찰학교에 본부를, 영도 동삼국민학교에 제1분교, 동래 금사국민학교에 제2분교를 설치하여 전시교육을 실시하였다. 이어 서울 환도 후 1953년 7월 16일 중앙고등학교 별관 일부를 경찰전문학교 교사로 사용하다가 그 다음해 2월 25일 경찰참고관으로 이동하여 교육을 계속하였다.

한국전쟁기 지방경찰학교 교육에 관한 내용은 치안국 발행 『한국경찰사 I』이나 경찰 전문학교 발행 『경찰교육사』에서 찾을 수가 없다. 그러나 1952년 6월 17일 경상북도 지방경찰학교가 발행한 『경찰관점검규칙·경찰예법』을 보면 전쟁 중에도 지방경찰학교 교육이 여전히 이루어졌음을 알 수 있다.

---

27 「6·25 동란이 경찰교육에 미친 영향—주로 경전을 중심으로」, 『민주경찰』제35호(1953. 7. 15. 발행), 14쪽.

28 경찰전문학교, 『경찰교육사』, 1956, 70—74쪽.

29 「6·25 동란이 경찰교육에 미친 영향—주로 경전을 중심으로」, 『민주경찰』제35호(1953. 7. 15. 발행), 14쪽.

▌사진 3-9-4. 『경상북도 지방경찰학교 경찰관점검규칙 · 경찰예법』(1952. 6. 17. 발행)

▌사진 3-9-5. 『경상북도 지방경찰학교 경찰관점검규칙 · 경찰예법』(내용)

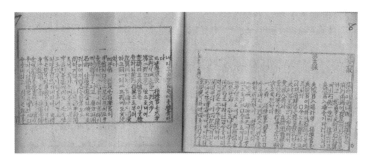

　　이 교과서가 철필 인쇄로 된 것임을 볼 때 당시의 어려운 상황을 알 수 있다. 크기는 가로 170mm, 세로 130mm, 총 쪽 수는 22쪽으로 정상적인 교과서로 보기 힘들 수도 있지만 판권지에 '경상북도경찰학교 교무계 제공'으로 되어 있어 전시(戰時)교과서로 볼 수 있다.

▌사진 3-9-6. 『경상북도 지방경찰학교 경찰관점검규칙 · 경찰예법』(판권지)

1953년 1월은 한국경찰사에 있어 통일된 경찰교과서가 출간된 중요한 해이다. 또한 교과서의 종류도 『헌법』, 『법제대의』, 『행정법』, 『형법』, 『경찰법』, 『사법경찰』, 『범죄감식학 대의』, 『경찰복무』 등 8개 과목에 따라 나뉘었다. 이에 대해 치안국은 통일된 교과서의 '서(序)'에서 다음과 같이 말하고 있다.

> 8·15광복 이후 신출발한 국립경찰은 국가의 모ー든 제도와 법령이 민주주의의 토대에 입각한 기본원칙에 조차 민주경찰의 확립을 목표로 한 경찰관의 육성을 급선무로 하고 이것을 실천 구현하는 단계로 중앙에 경찰전문학교 지방에 경찰학교를 각각 설치하고 각급 경찰관의 교육을 계속적으로 실시하여 왔으나 초창기에 一定한 교과서의 제정이 없음으로 인하여 경찰교육의 실효를 거양함에 중대한 지장이 있음을 통감하고 단기 4282년(1949년: 인용자) 11월 28일 내무부훈령 제22호로써 경찰교과서편찬위원회직제를 제정하고 위원회구성을 순비 중 突如 6·25동란의 발생으로 인하여 그 계획이 좌절되었든 바 본년(1952년: 인용자) 3월 31일 동 직제에 의하여 주로 법조계 및 실무가로 구성된 완전한 위원회를 설치하고 우선 신임경찰관의 교육에 긴급 필요한 헌법, 법제대의, 행정법, 형법, 경찰법, 사법경찰, 범죄감식학대의, 경찰복무 등 8과목의 편찬에 착수하여 동년 7월 상순 이래 「사법경찰」을 위시로 遂次編纂이 완료되었음으로 최종적으로 各 斯界 권위ー 이 감수를 빌어 동년 11월부터 15일부터 上梓을 전개되어 여기에 다년의 현안이 비로소 일부의 해결을 보게 된 것이다.

그렇다면 통일된 경찰교과서가 어느 정도 교육에 활용되었는지 알아보자. 1954년도 경위급 미교육자에 대한 재교육과정인 별과 교육과목과 시간을 보면 총 447시간(3개월)중 보통학과(윤리, 국어, 국사, 영어, 경제학)은 72시간(16.1%), 법률학과(헌법, 행정법, 형법, 형사소송법, 국제공법, 민법총칙) 99시간(22.1%), 군사학과(일반군사학, 전술학, 병기학, 화생학) 54시간(12.1%), 경찰학과(경찰법, 행정실무, 사법실무, 법의학, 지문학) 72시간(16.1%), 술과(구급법, 교련, 유도, 점검예식, 자동자학) 141시간[30](31.6%), 기타(특별훈련) 9시간(2%)이다. 따라서 교과서 과목이 차지하는 비중은 그리 많지 않다. 이 과정의 교육생들이 빨치산들과 전투를 하여야 하는 당시 시대적 상황[31]에 처해 있음을 감안해 볼 때 다른 과정도 군사학과와 술과 교과목에 밀려 통일 교과서가 큰 성과를 거두지 못한 것으로 판단된다.

---

30 자동자학이 96시간으로 술과 시간의 68%를 차지하고 있다. 경찰종합학교, 『경찰종합학교 50년사 1945~1994』, 1994, 255쪽.

31 앞의 책, 254쪽.

▌사진 3-9-7. 『경찰교과서-경찰복무』(1953. 1. 1. 발행)

그 목차를 보면 다음과 같다.

▌표 3-9-3. 『경찰교과서-경찰복무』 목차

	제1장 경찰기구
	제2장 기율
	제3장 경찰경례법
	제4장 복장
	제5장 점검 및 휴대품
	제6장 상벌
	제7장 문서처리
	제8장 복무상의 願 신고
	제9장 사무분장과 근무
	제10장 담당구역내의 근무
내용	제11장 순찰
	제12장 교통정리
	제13장 불심검문
	제14장 호구조사
	제15장 무기사용
	제16장 영업감사
	제17장 유치장 간수
	제18장 경호
	제19장 비상경계
	제20장 호송
	제21장 검시

지금까지 남아 있는 통일된 경찰교과서는 『헌법』, 『법제대의』, 『행정법』, 『형법』, 『사법경찰』, 『범죄감식학 대의』, 『경찰복무』로 한국전쟁 중에 발간되었음에도 이전 교과서보다 훨씬 더 전문적이고 체계적으로 구성되어 있다.

(2) 한국전쟁 이후

1954년에는 경찰교과서가 획기적으로 발전하게 된다. 먼저 교과서의 종류가 이전과 비교할 수 없을 정도로 다양해졌다. 1954년 11월 30일에 『국사』, 『경제학』, 『형법(총론)』, 『형사소송법』, 『영어(상, 하)』 등 6개 과목이, 1955년 5월 10일에 『국어』, 『헌법』, 『국제법』, 『형법(각론)』, 『교통경찰』, 『경찰교육사』 등 6개 과목이, 1955년 6월 20일에 『통솔감독의 원리』, 『방범학』, 『범죄감식학』, 『자동차학』, 『경찰제도사』, 『철하개론』, 『논리학』 등 7개 과목이, 1955년 11월 3일에 『경찰복무』, 『경찰법』, 『행정법』, 『법학대의』 등 4개 과목 등 총 23개 과목의 교과서가 발행되었다.[32]

▌ 사진 3-9-8. **『경찰교과서-형법』**(1955. 5. 10.)

---

32 경찰전문학교, 『경찰교육사』, 1956, 91쪽.

▌ 사진 3-9-9. 『경찰교과서-철학개론』(1955. 6. 20.)

여기에는 다음과 같이 경찰전문학교의 직제 변경과 깊은 관련이 있다고 보인다.

첫째, 1954년 3월 3일 공포된 경찰전문학교직제는 지방경찰학교를 폐지하는 대신 보통과를 신설하였다. 다시 말하면 이 학교는 교육생에 따라 본과, 보통과, 특과로 나누어 교육을 실시하였다. 본과는 제1부(경위 임용교육), 제2부(현직 경사로 경위 승진후보자), 제3부(현직 경위), 제4부(현직 경감 이상), 제5부(현직 소방사 이상)[33]로 나누어져 있었다. 보통과는 제1부(신임 순경), 제2부(현직 순경 및 경사), 제3부(소방원 및 소방사보)로 구분되었다. 특과는 특수 근무에 종사하거나 장래 특수 근무를 할 현직경찰관을 대상으로 하였다.[34] 따라서 교육생의 종류와 그 수가 이전보다 더 많아져 이에 부응하기 위해 많은 종류의 교과서가 발간된 것으로 보인다.

둘째, 한국전쟁 이후 본격적인 경찰교육이 시작되었기 때문으로 보인다. 1954년 경찰전문학교는 경찰기념관에서 간부급에 대한 재교육과 정보학 특과, 수사사찰 강습, 공보특과 강습, 소방특과, 군사(兵事) 특과, 교통특과, 위생 특과 등 전문분야에 대한 직무교육을 광범위하게 실시하였다.[35] 게다가 1954년도에 신임경찰관이 전혀 없다가 1955년 하반기에 재개한 신임 순경교육과, 간부후보생 교육도 이에

---

33 1975년 7월 23일 정부조직법개정(법률 제2772호)과 같은 해 8월 26일 내무부 직제개정(대통령령 제7760호)으로 민방위 본부가 발족하면서 민방위본부 소방국이 설치되면서 소방이 경찰(치안본부 소방과)로부터 분리되었다.

34 치안국, 『한국경찰사 Ⅱ(1948. 8~1961. 5)』, 1973, 725−726쪽.

35 앞의 책, 739−740쪽.

영향을 미쳤을 것으로 보인다.

1955년 경찰전문학교는 인천시 부평구 부평동 소재 구(舊)박문여자중학교로 교사를 이전하여,[36] 간부후보생, 신임순경 및 직무교육을 담당했다. 그리고 1959년 2월 경찰전문학교 서울 분교, 1961년 1월 지방경찰학교가 부활하였다. 그 이유에 대해서 『한국경찰사 II』는 "대다수의 지방출신 국회의원들이 지방고유의 특색을 역설한바 크게 작용하였다"고 설명하고 있다.[37] 그럼에도 이 『한국경찰사 II』는 경찰전문학교의 '분교설치안'을 인용하면서 지방경찰학교 부활 이유를 "신규순경의 교육 및 현직 순경, 경사급의 재교육을 분담시키는 분교를 설치함으로써 일선실정에 적합한 교육을 시키는 동시에 피교육자로 하여금 거리관계를 연유(緣由)하는 제반부담의 감소를 기하는 등 분교교육의 장점을 취함으로써 경찰교육의 능률화를 도모코저함"으로 부연하고 있다.[38] 지방경찰학교는 서울(소재지는 서울로 서울, 경기도, 강원도를 담당), 제1분교(소재지는 대전으로 충청남·북도), 제2분교(소재지는 부산으로 경상남·북도 담당), 제3분교(전라남·북도, 제주도를 담당)이다.[39] 이때부터 지방경찰학교에서도 중앙에서 제작한 교과서로 교육을 실시하여 경찰교육 내용의 통일이 이루어졌다.

1960년대 교과서는 경과(警科) 또는 경찰전문학교 학과별로 출간된 것이 특징이다. 1961년 5·16 군사정변 이후 경전은 초등교육반, 보통교육반, 고등교육반, 특수교육반으로 구분하여 교육을 실시하였다. 초등교육반은 신임과 보수과정으로 다시 나누어지고, 신임순경의 교육기간은 12주, 현직 순경과 경사는 4주(초등 보수반)였다. 보통교육반은 초등교육반과 유사하게 신임경위(52주), 현직 경위(8주)를 대상으로 하였다. 고등교육반은 현직 총경과 경감에 대한 교육과정으로 8주간 실시하였다. 특수교육반은 경무, 보안, 수사, 정보, 경비, 체육, 소방 등 경과별로 2~4주간 실시하였다.

교과목으로는 초등신임반과 초등보수반의 경우 교양, 『헌법』, 『행정법』, 『형법』, 『형사소송법』, 『경찰실무』 등이, 보통교육반의 경우 교양, 『헌법』, 『형법』, 『형사소송법』, 『행정법』 등이, 보통신임과정의 경우 교양(법률, 행정, 정치, 경제, 사회, 영어), 경찰실무, 일선실무 등이, 그리고 고등교육반의 경우 교양(국제정치, 법률경제, 사회,

---

36 경찰전문학교, 『경찰교육사』, 1956, 70-79쪽.

37 앞의 책, 734-745쪽.

38 앞의 책, 735쪽.

39 앞의 책, 735쪽.

종교), 치안행정 분석 및 정책발표 등이 있었다.[40]

▌ 사진 3-9-10. 『경찰교과서-경무학과』(1961. 12. 30.)

▌ 사진 3-9-11. 『경찰교과서-경찰정보총설』(1967. 4. 5.)

　　1970년대는 1960년대와 유사하다. 단지 1972년 2월 22일 경찰전문학교가 경찰
대학으로 승격되어 '경찰대학' 명의로 발간되었다는 점이 다르다. 이 '경찰대학'은
현재 충청남도 아산에 있는 4년제 경찰대학이 아니라 경찰전문학교가 1972년 2월
22일 그 이름을 바꾼 것이다. 이를 한국경찰사에서는 '(구)경찰대학'이라 부른다.
(구)경찰대학은 1972년 7월 13일 부설 교통·형사·형사·소방학교를 설치하였다.

40 경찰종합학교, 『경찰종합학교 50년사 1945~1994』, 1994, 279-280쪽.

1975년 5월 30일 다시 부속 종합학교를 설치하면서 지방경찰학교와 교통·형사·형사·소방학교를 통합하였다.[41] 1975년 12월 24일 부속 종합학교를 경찰종합학교로 개칭하고 1979년 12월 28일 4년제 경찰대학 설치법이 공포되자 1982년 1월 1일 경찰대학과 경찰종합학교가 분리되었다. 경찰종학학교는 2009년 11월 25일 충남 아산으로 이전하면서 교명을 경찰교육원으로 변경하였고, 다시 2018년 3월 30일 경찰인재개발원으로 개칭하였다.

▎ 사진 3-9-12. 『**경찰교과서-경무**』(1970. 12. 5.)

▎ 사진 3-9-13. 『**경찰교과서-경무경찰**』(1977. 12. 31.)

---

41 앞의 책, 연혁.

(구)경찰대학은 교육과정을 신임교육(간부후보생, 순경, 경사), 기본교육(경위, 경감, 경정, 총경), 직무교육(행정보통−교관·교통·민방공, 행정초등−경호, 교통, 형사초등−조사전문, 범죄감식, 형사보통−화재감식, 정보, 통신초등반)으로 더욱 세분화하였다.[42] 교육기간은 간부후보생(52주)을 제외하고 신임순경 7~16주,[43] 직무과정 2~8주였다. 발간된 교과서는 『경무실무』, 『보안실무』, 『교통실무』, 『경비실무』, 『소방실무』, 『통신실무』, 『수사실무』, 『정보실무』, 『외사실무』 등 현재 경찰대학, 경찰인재개발원과 중앙경찰학교 등에서 활용하고 있는 것과 동일하다.[44]

4. 교과서의 변천을 통해 경찰교육의 발전을 보다

미군정기 출간된 경찰교과서는 경찰교육기관 소장본이 한국전쟁 때 많이 소실되었기 때문에 현재 국립중앙도서관, 국회도서관, 서울대 도서관 등에 남아 있는 것은 30권이 채 되지 않는다. 따라서 본 글은 실물로 확인된 각 시기별 대표적 교과서를 중심으로 경찰교육사와 연계하여 그 변천을 기술하였다.

미군정기 경찰교과서는 일제경찰의 교과서를 그대로 이어 받았다고 볼 수 있다. 이는 당시의 경찰행정이 이전과 크게 변하지 않은 상태에 따른 것으로 자연스러운 것이었다. 경찰교육기관도 중앙과 지방으로 나누어져 각각 자체 제작한 교과서를 발간하였다. 대한민국정부가 수립된 후 치안국은 1949년 11월에 경찰교과서편찬위원회를 설치하여 통일된 교과서를 출간하려고 하였으나 한국전쟁으로 인하여 중단되었다. 1953년 1월은 한국경찰사에 있어 전국적으로 통일된 경찰교과서가 출간된 중요한 해이다. 또한 교과서의 종류도 『헌법』, 『법제대의』, 『행정법』, 『형법』, 『경찰법』, 『사법경찰』, 『범죄감식학 대의』, 『경찰복무』 등 8개 과목으로 세분화되었다. 1954년부터 1955년까지 『국사』, 『경제학』, 『형법(총론)』, 『형사소송법』, 『영어』 등 총 23개 과목의 교과서가 나옴으로써 이전과는 비교가 안 될 정도로 다양해졌다. 이후 1960년대 부터는 경과별, 학과별, 직급별 등 다양한 교과서가 출간됨에 따라 보다 전문적인 경찰교육을 실시할 수 있었다.

필자는 한정된 자료를 통해 근·현대 경찰교과서의 변천을 살펴보았다. 하지만

42 경찰종합학교, 『경찰종합학교 50년사 1945~1994』, 1994, 285−286쪽.
43 일반 순경 16주, 여경 순경 8주이다. 앞의 책, 286쪽.
44 앞의 책, 292−295쪽.

본 글은 다음과 같은 아쉬움을 남기고 있다. 첫째, 일제강점기 교과서의 내용을 담지 못해 당시 경찰교육을 고찰하지 못했다. 둘째, 이를 통해 해방 후 경찰이 일제 경찰의 영향에서 벗어나는 모습을 경찰교과서에서 찾으려고 하였으나 필자의 연구시간과 지면 부족으로 그렇게 하지 못했다. 앞으로 각 시기별 경찰교과서가 더 많이 발굴되면서, 더욱 상세하게 경찰활동의 변화를 밝힐 수 있는 연구 성과가 나오길 기대한다.

실습

1. 교지(1848년)

▌ 사진 3–10–1.

[原文]

1) 敎旨
2) 預差內禁衛具榮魯, 爲宣略
3) 將軍·行忠武衛副司正者.
4) 仍資
5) 道光二十八年六月 日.

(1) 교지란?

(2) 구영노는 어떤 인물인가?

(3) '내금위'란?

(4) '예차내금위'란?

(5) '금군, 겸사복, 우림위, 세자익위사, 세손위종사'란?

(6) '충무위, 선략장군, 부사정'이란?

(7) 종합 해석

2. 해유 문서(1858년)

▌ 사진 3-10-2.

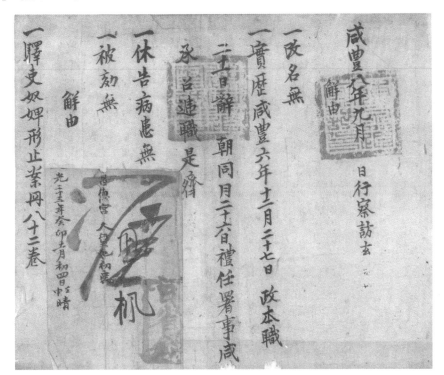

[原文]

1) 咸豊八年九月 日, 行察訪玄(着名)

2) 一, 改名無.

3) 一, 實歷, 咸豊六年十二月二十七日政本職,

4) 二十一日辭__朝, 同月二十六日禮任署事, 咸

5) 承__召遞職是齊.

6) 一, 休告病患無.

7) 一, 被劾無.

8)   解由

9) 一, 驛吏奴婢形止案册八十二卷.

[小籤紙]
1) 昌德宮大行王妃初喪
2) [道]光二十三年癸卯十一月初四日壬申晴
3) 憑, 楓.

(1) 해유 문서란?

(2) '찰방'이란 어떤 기관인가?

(3) 위 문서는 관직 역임 날자가 맞지 않는다. 그 이유는 무엇으로 추정할 수 있는가?

(4) 위 문서에는 오류가 있는 부분이 있다. 무엇인가?

(5) 위 문서는 해유 문서의 전부에 해당하지 않는다. 근거는 무엇인가?

(6) 종합 해석

3. 상서문(1874년)

■ 사진 3-10-3.

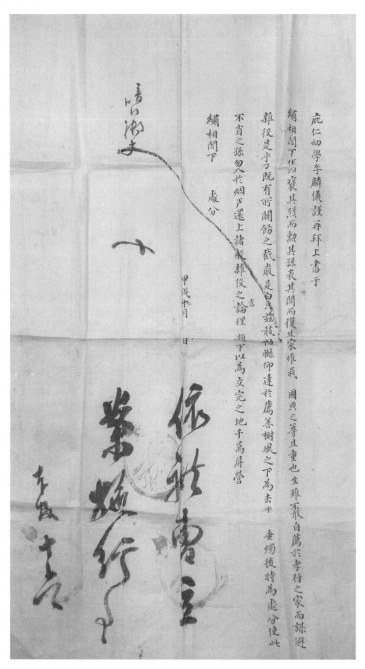

[原文]

1) 庇仁幼學李麟儀, 謹再拜上書于

2) 繡相閣下. 伏以, 襃其烈而勳其孫, 表其閭而復其家, 惟我＿國典之尊且重也. 生雖不敢自薦於孝行之家而謀避

3) 是乎, 旣有所關飭之截嚴是白只, 玆敢帖聯, 仰達於薦善樹風之下爲去乎, ＿垂燭後, 特爲處分, 使此

4) 不肖之孫, 勿入於烟戶還上諸般雜役之意, 論理＿題下, 以爲立完之地, 千萬屛營,

5) 繡相閣下＿處分.

6) 甲戌十月 日.

[題辭]

7) 依禮曹立

8) 案, 施行事.

9) 本官, 十六日.

10) 暗行御史(署押)

▌사진 3-10-4. 암행어사 처결문

▌ 사진 3-10-5. **암행어사 마패인**

(1) 상서문이란?

(2) 상소문과의 차이는?

(3) 암행어사란?

(4) 당시 출도한 암행어사와 서천 군수는 누구였는가?

※ 한철민, 「고종 친정 초(1874) 암행어사 파견과 그 활동-지방관 징치를 중심으로」, ≪사학지≫
제31집, 1998년 12월.

(5) 이인의는 왜 상서문을 올렸는가?

(6) 암행어사의 신중한 면은 어디서 알 수 있는가?

(7) 고종의 암행어사 파견의 의미는 무엇인가?

(8) 종합 해석

4. 순경아저씨 보초를 서요-동시(1954년)

▌사진 3-10-5. **순경아저씨 보초를 서요**

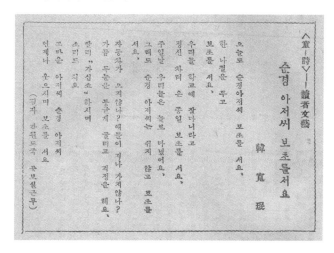

▌사진 3-10-6. **동시가 게재된 『민주경찰』 제42호**

▋ 사진 3-10-7. 『민주경찰』 제38호(1954년 4월)에 실린 삽화

▋ 사진 3-10-8. 초등학교 2학년 교과서 『사회생활』(1958년)

▌사진 3-10-9. 교과서 『사회생활』에 나온 '고마운 순경' 내용

(1) 동시가 발표된 사회적 배경은?

(2) 『민주경찰』 제38호(1954년 4월)에 실린 삽화의 의미는?

(3) 초등학교 2학년 교과서 『사회생활』(1958년)에 실린 내용의 의미와 그 영향은?

(4) 1950년대 경찰의 역할은?

(5) 종합 해석

PART

결론
'한국사 속의 경찰사'를
지향하며

　오늘날 '국민의 생명과 재산을 보호하고 사회 공공의 질서를 유지하기 위하여 일반통치권에 의거, 국민에게 명령·강제하는 행정작용'이라는 '경찰'의 발전 과정을 역사적으로 기술한 것을 '경찰사'라 할 수 있으며, 우리나라 경찰에 관한 역사를 '한국경찰사'라 한다. 이와 같은 '경찰'은 선사시대에 인류가 속한 사회에서 '내부 질서를 유지하는 활동'과 외부로부터 오는 각종 위험을 막아내는 전반적인 '집단보호 활동'으로 시작되었다. 이후 고대국가가 형성되면서 중앙집권적인 체제가 구축되고, 국가권력이 분화되면서, 당시 경찰활동은 일반행정, 사법행정, 군사행정이 혼합된 구조 속에서 '국가보위', '권력유지', '치안'을 위한 수단으로 복잡하게 발전하여 갔다. 이를 담당한 기관들도 당시 시대상에 따라 국왕, 군대, 중앙·지방행정기관, 지방자치기관 등으로 다양하고 중첩되게 나타났다.

　이에 관해 현재까지 '한국경찰사'를 출간한 발행기관 또는 저자는 그 개념을 설명하지 않았거나 "한국사의 범주에 들어가는 특수사의 일분야", "경찰의 역사적 연구는 그 작용과 조직의 변동을 주대상", "경찰학의 한 분야로 그 내용에는 경찰의 조직·제도 및 경찰활동(업무)에 대한 역사와 경찰사상에 관한 역사가 포함", "한국경찰사가 한국사 연구의 한 분야로 아주 중요" 등으로 간략하게 기술한 이유는 '우리나라 경찰활동의 사실(史實)을 기록한 것이 한국경찰사'라는 공감대가 형성되어 별다른 이견이 없었기 때문으로 보인다.

　해방 후 처음 '경찰사'로 발간된 것은 수도관구경찰청의 『해방후 수도경찰발달사』이다. 이후 한국전쟁 발발이 발발하고, 1952년 당시 경찰전투사를 정리한 치안국의 『대한경찰전사 제1집 민족의 선봉』을 시작으로 전사 중심의 '경찰사'가 출간되었다. 1972년 통사인 『한국경찰사 I』을 시작으로 '한국경찰사'가 본격 발행되었다. 이어 1985년부터 「경찰역사 편찬 업무규칙」에 의해 10년을 주기로 발행되었음을 알 수 있다. 지방경찰사는 1958년 경기경찰국이 발행한 『경기경찰 10년사』가 최초이다. 이후 많은 시간이 지난 후 1990년부터 제주경찰국을 시작으로 다시 출간되었다. 그 내용은 각 지방경찰국 또는 지방경찰청이 지역사와 연계하여 기술하는 성과가 있었다. 경찰서사는 2001년부터 마산동부경찰서를 시작으로 발간되었으나 대부분 기술 연대가 해방 이후부터이다. 내용 역시 대부분 발간당시의 조직과 인원을 소개하는 데 치중하고 있다. 그 이유는 대부분 경찰서 인력으로만 이루어진 발간팀을 구성하다보니 역사학적 연구방식을 따르지 못한 문제점 등이 있었기 때문이다. 그러나 경찰서나 지역경찰관서의 『기본대장』을 근거로 작성되어 1차 자료를 주로 참고하였다는 가치가 있으며, 지역사 연구에도 도움이 되고 있다. 그리고 경찰전사는 1952년 치안국이 『대한경찰전사 민족의 선봉 제1집』을 시작으로 전투사를 정리하여 연속 발간하려 하였으나 단 1권 밖에 발행하지 못하였다. 이에 반해 강원도경찰국은 1952년과 1954년 『영광의 서곡』 1·2권을 발간하였다. 이는 오늘날 강원 지역의 경찰전사가 비교적 타 지역에 비해 상세하게 정리되었던 기반이 되었다. 그 후 2015년 경찰청이 창경 70주년을 기념하여 『구국경찰 연구총서』 발간을 계획하여 『구국경찰사1: 편찬방향, 개관 그리고 자료』를 출간하였으나 1권 밖에 발행하지 못했다.

2018년 4월 발족한 경찰청의 임시정부 100주년 기념사업추진팀은 대한민국 임시정부의 경찰활동을 대한민국 경찰의 시원으로 보고, 대내외적으로 활발하게 홍보를 전개한 바 있다. 그 학술적 근거는 "대한민국 임시정부가 영토를 점령당한 상태에서 수립된 망명정부였기 때문에 여러 가지 제약 속에서 정부역할을 수행할 수밖에 없는 가운데 국민주권을 실현하고, 임시정부를 수호하며, 교민을 보호한다는 목적에서 이루어졌다"는데 있다. 이와 같은 연구경향의 기반에는 치안국의 『한국경찰사Ⅰ』이 자리 잡고 있다고 볼 수 있다.

이를 위해 『한국경찰사Ⅰ』을 분석하면 시대·시기별 일반·군사·사법행정 제도 그리고 법제사, 형사제도사 등에 관한 출처인 사서, 문헌 등을 각주로 처리하면서 방대한 규모로 기술되었다. 또한 원시사회의 경찰활동 변천을 자세하게 다룬 점도 높이 평가할 만하다. 그러나 경찰제도나 기구를 중심으로 기술되었기 때문에 조직사의 범위를 크게 벗어나지 못하였다. 또한 근현대 시기부터는 대부분 법령 인용을 기반으로 한 제도사 중심으로 서술되었다. 또한 개인이 집필한 『한국경찰사』에 임정의 경찰활동이 수록된 내용을 보면 박범래, 허남오, 김성수 외 7인 그리고 김형중이 치안국의 『한국경찰사Ⅰ』의 내용을 요약하는 정도로 기술하였고, 현규병,

서기영 그리고 이현희는 기술하지 않았다. 이윤정은 각주로 간단하게 소개하는 정도였으나 그 역시 치안국의 『한국경찰사Ⅰ』의 내용을 간략하게 서술하였다. 따라서 향후 관련 학자들에 의한 활발한 연구가 필요하며, 이를 위해 경찰청 내 한국경찰사연구소 설립 및 연구 용역 발주를 위한 적극적인 재정 지원 등이 절실하다.

그리고 다음과 같이 근현대경찰사의 사료를 분석하고 해석하였다.

먼저, 근대경찰사를 재조명하기 위하여 전남 목포시에 있는 '총순 구종명 영세불망비'를 조사하였다. 그 결과 1894년 갑오개혁으로 우리나라 최초의 서구식 경찰제도가 탄생되었으나 일본 제국주의의 침략으로 인해 경찰권이 정상적으로 발동하기 어려운 시기였다는 것을 알 수 있었다. 특히 목포에서는 한국인 부두 노동자들과 일본인들 간에 분쟁으로 상호 갈등이 극심하였다. 이러한 시기에 구종명 총순은 후지키 살인사건을 신속하고 합리적으로 처리한 점을 고찰할 때 대한세국 경찰이 적극적인 대국민 보호에 앞장섰다는 것을 알 수 있었다.

이후 현대경찰사를 보기 위하여 해방 후 최초로 발간된 경찰잡지로 추정되는 『새벽종』 창간호를 분석하였다. 이 잡지는 1946년 4월 12일 이후에 발행된 것으로 보인다. 수록된 내용에서 재충원된 일제강점기 근무 경찰관들의 불안, 미군정 초기 경찰학교의 교육, 해방 직후 한글 사용에 대한 혼란과 혼돈스러운 역사관, 갑자기 찾아온 해방과 혼란, 그리고 이에 적응하려는 경찰관들의 모습 등을 통해 해방직후의 경찰상을 알 수 있었다.

다음, 경무부가 정립한 '민주경찰상'을 전파하기 위해 교양지로 창간된 『민주경찰』을 고찰하였다. 이를 통해 그간 경찰사가 해방 후 경찰은 친일 경찰관의 청산 실패, 보수 우익세력을 위한 정치활동 지원, 반공 이데올로기 정착을 위한 전위대 역할 등 수많은 오점으로 점철되었다는 시각에서 벗어나 당시 경찰은 모든 경찰관에게 민주주의를 전파하고 경찰혁신을 주장하면서 새로이 출발하려는 강한 의지가 있었다는 사실을 발견할 수 있었다.

이어 경찰전사로 『1950년 11월 관내상황』(전라북도경찰국)과 『관내상황』(김제경찰서)을 중심으로 한국전쟁 동안 전북지역에서 형성된 제2전선과 경찰작전을 조명하였다. 그 결과 1950년 9월 15일 인천상륙작전이 성공을 거둔 후 북상하지 못한 전북지역의 북한군과 좌익세력은 일단 전략적으로 빨치산 활동을 하기 좋은 조건을 가진 김제군의 모악산으로 집결하였다. 그리고 11월 초 부안군의 해안 산악지대로 다시 이동한 것으로 추정된다. 이후 치안국은 1950년 12월부터 지리산지구전투사령부와 태백산지구전투사령부를 창설하여 제2전선에서 빨치산 진압작전을 수행한 것을 알아보았다.

그러나 한국전쟁기 경찰은 전투 외에 지역사회 내 사찰이라는 활동을 통해 반공국가 유지를 위하여 지역사회에서 큰 영향력을 행사하게 된다. 이를 구체적으로 알기 위한 사례로 든 김제경찰서 사찰계가 지역경찰관서를 제외한 경찰서 자체조직에서 가장 인원이 많고, 조직력이 월등한 부서로서 많은 주민을 부역 또는 빨치산의 활동에 동조하였다는 이유로 조사한 것을 확인하였다. 또한 사찰계가 중심이 되어 활동한 '민중계몽대'는 주민을 '반공국민'으로 존속시키기 위한 경찰서의 강력한 조직임을 보여준다.

그리고 경찰문화사적 측면에서 『민주경찰』 제39호에 게재된 '고마운 순경'과 '민주경찰행진곡'을 분석하였다. '고마운 순경'은 치안국이 한국전쟁 이후 어려운 사회여건 속에서 언제라도 국민에게 도움의 손길을 요청할 수 있는 따뜻한 경찰의 이미지를 전하기 위하여 1954년 어린이날을 한 달 앞두고 발표한 것으로 보인다. 또한 '민주경찰행진곡'은 당시 여전히 접전하고 있던 경찰관들의 사기 충전에 기여하고 조직의 안정을 기하기 위하여 제정되었고, 각종 대내외 행사에 이 곡을 널리 활용된 것으로 판단된다.

하지만 1955년부터 1956년까지 금산경찰서 한 경찰관이 참고·작성한 사찰자료를 분석한 결과, 당시 금산경찰서가 반이승만 정서가 각 방면에서 심각하게 고조되어 가던 시기에 외형적으로 선거에 대한 경찰 활동의 중립적인 태도를 보여주지만, 실제로는 이승만 정권에 대한 무조건적인 충성과 자유당과의 밀접한 연관성을 갖고 있었음을 알 수 있었다. 또한 당시 경찰조직이 치안국-지방경찰국-경찰서로 연계되는 중앙집권적인 경찰제도에 근거한 것임을 감안할 때 전국의 다른 경찰서에서도 같은 사찰 활동이 행해졌다고 추론할 수 있다.

이와 함께 인물사의 하나로 연구한 김창열은 한국 현대미술사에서 앵포르멜(Informel) 화풍을 추구했던 화가이다. 그는 1951년 9월 간부후보생 제6기로 임용된 후 1953년 7월부터 경찰전문학교 도서관에서 근무하면서 이 학교에서 『경찰신조』를 비롯한 도서의 표지화를 1962년 12월 퇴직할 때까지 그렸다. 또한 그는 이 잡지의 표지화를 완성하기 위해 다양한 주제와 표현을 시도하였고, 그 바탕에는 고뇌와 번뇌, 그리고 당시 시대 상황에 대한 괴로움 등이 잘 나타나 있었다. 따라서 이와 같은 작품들은 후에 물방울을 주제로 한 작품 세계를 완성하게 되는 기반이 되었음을 알 수 있었다.

한편, 경찰교육사와 연계하여 교과서의 변천을 보면 미군정기 경찰교과서는 일제경찰의 교과서를 그대로 이어 받았다고 볼 수 있다. 이는 당시의 경찰행정이 이전과 크게 변하지 않은 상태에 따른 것으로 자연스러운 것이었다. 대한민국정부가 수립된 후 치안국은 통일된 교과서를 출간하려고 하였으나 한국전쟁으로 인하여 중단되었다. 1953년 1월 통일된 경찰교과서가 출간되었고, 이후 1960년대부터는 경과별, 학과별, 직급별 등 다양한 교과서가 출간됨에 따라 보다 더 전문적인 경찰교육이 이루어졌다는 것을 알 수 있었다.

이상을 고찰해 볼 때 한국경찰사는 한국사 속에서 전개되었음을 확인할 수 있다. 인류가 집단 내외부의 질서유지와 각종 위협 등에 대비하거나 대응한 '경찰 활동'은 선사시대 인류의 생활상으로, 점차 시간이 지나면서 국가 또는 왕권을 유지하기 위해 정치적·군사적 성격을 가진 기능으로 작동하였다. 근대에 들어서 갑오개혁으로 오늘날 '경찰'로 새로이 출발하게 되었으나 경찰이 당시 복잡한 국내외 정세 등으로 인해 제대로 그 역할을 하지 못하였다. 반면, 일제강점기에는 주민의 일상사에 깊숙이 관여하고 폭력적으로 경찰 활동을 함으로써 일제의 식민지 정책 실행에 크게 기여하였다. 그리고 해방 이후 미군정기에 있었던 극단적인 이데올로기 대립에 있었던 경찰활동에서부터 대한민국 정부 수립 후 한국전쟁을 거치면서 민주주의의 발전에 반대하는 세력에 의해 활용되었거나 국체를 보존하기 위해 극대화된 경찰력은 한국현대사의 한 어두운 면이 되고 있다.

그럼에도 불구하고 경찰은 국민의 생명과 재산을 보호하며, 사회 공공의 질서를 유지하는 등의 본연의 역할도 수행하였다. 다만 '한국경찰사' 외의 사서(史書)에 자세하게 기록되지 않았을 뿐이다. 우리나라에서 다양한 시대·시기별로 나타난 역사상(歷史像)이 하나로 모여진 것이 바로 '한국사'일 것이다. 앞으로 '한국사' 속에 '경찰사'의 내용이 더욱 많이 기술되어 '역사 단순화'를 경계하고, 종합적인 역사관을 갖는데 큰 도움이 되길 바란다.

참고문헌

II. 한국경찰사 총론

1. 근대이전 경찰

• 사료(史料)

『경국대전(經國大典)』

『고려사(高麗史)』

『고려사절요(高麗史節要)』

『고종실록(高宗實錄)』

『사기(史記)』

『삼국사기(三國史記)』

『삼국지(三國志)』

『세조실록(世祖實錄)』

『육전조례(六典條例)』

『전률통보(典律通補』

『한서(漢書)』

• 선사시대

김원룡, 『한국 고고학연구』, 일지사, 1992.

김정배, 『한국고대사 입문1 한국문화의 기원과 국가형성』, 신서원, 2010.

김철준, 『한국고대사 연구』, 서울대학교 출판부, 1990.

이기백, 『한국사 신론』, 일조각, 2005.

이융조, 『한국 선사문화의 연구』, 평민사, 1980.

윤내현·박성수·이현희 공저, 『새로운 한국사』, 삼광출판사, 1998.

조태섭, 『한국사 통론』, 삼영사, 1990.

• 고대국가의 형성

김원룡, 『한국 고고학연구』, 일지사, 1992.

권오영, 「삼한사회 '國'의 구성에 대한 고찰」, 『삼한의 사회와 문화』, 한국고대사연
　　구회, 신서원, 1995.

노태돈,『단군과 고조선사』, 사계절, 2001.

박경철, 「부여사의 전개와 지배구조」,『한국사 2 : 원시사회에서 고대사회로 2』, 한길사, 1994.

서영수, 「위만조선의 형성과정과 국가적 성격」,『고조선과 부여의 제문제』, 한국 고대사연구회, 신서원, 1996.

송호정, 「고조선의 지배체제와 사회성격」,『한국사 1 : 원시사회에서 고대사회로 2』, 한길사, 1994.

조법종, 「삼한사회의 형성과 발전」,『한국사 2 : 원시사회에서 고대사회로 2』, 한길사, 1994.

이기백·이기동,『한국사 강좌I』, 일조각, 1983.

최광식,『고대한국의 국가와 제사』, 한길사, 1995.

한국역사연구회,『한국역사입문1』, 풀빛, 1995.

한영우,『다시 찾는 우리역사』, 경세원, 2001.

• 고대국가의 발전

노중국, 「대가야의 정치·사회구조」,『가야사연구 – 대가야의 정치와 문화』, 한국 고대사연구회, 1995.

_____,『백제정치사 연구 – 국가형성과 지배체제의 변천을 중심으로』, 일조각, 1994.

박시형 저 송기호 해제,『발해사』, 이론과 실천, 1989.

_____, 「삼국의 통치체제」,『한국사 3 : 고대사회에서 중세사회로 1』, 한길사, 1994.

신형식,『신라사』, 이화여대 출판부, 1985.

_____,『통일신라연구』, 삼지원, 1990.

신호철,『후백제 견훤정권 연구』, 일조각, 1993.

주보돈, 「남북국시대의 지배체제와 정치」,『한국사 3: 고대사회에서 중세사회로 1』, 한길사, 1994.

최근영,『통일신라시대의 지방세력 연구』, 신서원, 1993.

• 남북국시대

박시형 저 송기호 해제,『발해사』, 이론과 실천, 1989.

신형식,『통일신라연구』, 삼지원, 1990.

신호철,『후백제 견훤정권 연구』, 일조각, 1993.

주보돈,「남북국시대의 지배체제와 정치」,『한국사 3: 고대사회에서 중세사회로 1』, 한길사, 1994.

최근영,『통일신라시대의 지방세력 연구』, 신서원, 1993.

• 고려시대

김갑동,「고려 전기 정치체제의 성립과 구조 」,『한국사 5: 중세사회의 성립 1』, 한길사, 1994.

김갑동,「고려시대의 호장」, ≪한국사학보≫ 제5집, 1998.

김낙진,「고려 초기의 내군과 금군」, ≪역사학보≫ 제176집, 2002.

김은경,「고려시대 공문서의 전달체계와 지방행정운영」, ≪한국사 연구≫ 제122집, 한국사연구회, 2003.

김운태,『고려 정치제도와 관료제』, 박영사, 2005.

김현라,「원간섭기 호군 직제의 편성과 역할─왕권강화의 일면」, ≪역사와 세계≫ 제45집, 2014.

권영국,「고려전기 군정·군령기구의 정비」, ≪역사와 현실≫ 제73호, 2009.

_____,「고려 초기 병부의 기능과 지위」, ≪사학연구≫ 제88호, 한국사학회, 2007.

_____,「고려 초 순군부의 설치와 기능의 변화」, ≪한국사 연구≫ 제135호, 한국사연구회, 2006.

류주희,「고려전기 중추원의 설치와 그 성격」, ≪역사와 현실≫ 제72호, 한국역사연구회, 2009.

박용운.『고려시대사』, 일지사, 2005.

_____,『고려시대 중추원 연구』, 고려대 민족문화연구원, 2001.

_____,「고려시대의 어사대」,『감사제도의 역사와 교훈』, 감사원, 1998.

박용운 외,『고려시대사의 길잡이』, 일지사, 2009.

박진훈,「고려시대 개경 치안기구의 기능과 변천」,『고려시대의 형법과 형정』, 국사편찬위원회, 2002.

송인주,『고려시대 친위군 연구』, 일조각, 2007.

전경숙,「고려초의 순군부」, ≪한국중세사 연구≫ 제12호, 한국중세사학회, 2002.

최선종, 고려 충렬왕대의 홀치, 전남대 교육학석사(역사), 1992.

원영환, 조선시대 한성부연구─행정·치안·방위를 중심으로, 성균관대학교 박사논문(사학과), 1985.

윤훈표, 「고려시대 관인범죄와 행형 운영과 그 변화」, 『고려시대의 형법과 형정』, 국사편찬위원회, 2002.

이권배, 무신정권집권기의 사병집단 – 도방과 마별초를 중심으로, 고려대학교 교육대학원(역사학), 1988.

이병도, 『한국사 중세편』, 을유문화사, 1961.

이수건, 『조선시대 지방행정사』, 민음사, 1989.

이종훈, 「고려시대 체제변화와 중국율의 수용」, 『고려시대의 형법과 형정』, 국사편찬위원회, 2002.

이미숙, 「고려시대 율관의 소임에 관한 일고찰」, ≪한국사상과 문화≫ 제54집, 한국사상문화학회, 2010.

이영균, 현행 보석제도의 개선 방안, 고려대 석사논문(법학), 2010.

임선빈, 「조선초기 외관제도의 운영구조와 특징 – 동반(東班) 외관직을 중심으로」, ≪한국행정학회 하계학술발표논문집≫, 2005.

임용한, 「고려후기 수령의 사법권 및 행형범위의 확대와 그 성격」, 『고려시대의 형법과 형정』, 국사편찬위원회, 2002.

채웅석, 「고려시대 향촌지배질서와 신분제」, 『한국사 6: 중세사회의 성립 2』, 한길사, 1994.

• **조선시대**

고동환, 『조선시대 서울도시사』, 태학사, 2007.

_____, 「조선후기 한성부 행정편제의 변화 – 방·리·동계의 변동을 중심으로」, ≪서울학 연구≫ 제11호, 서울학연구소, 1998.

권기중, 『조선시대 향리와 지방사회』, 경인문화사, 1994.

김무진, 「조선 전기 촌락사회의 구조와 농민」, 『한국사 8 : 중세사회의 성립 2』, 한길사, 1994.

김순남, 「조선 성종대 어사의 파견과 지방통제」, ≪역사학보≫ 제192집, 역사학회, 2006.

김종수, 『조선후기 중앙군제 연구 – 훈련도감의 설립과 사회변동』, 혜안, 2003.

민현구, 『조선초기의 군사제도와 정치』, 한국연구원, 1983.

서일교, 『조선왕조 형사제도의 연구』, 한국법령편찬회, 1968.

심재우, 『조선후기 국가권력과 범죄 통제 : 『심리록』』, 태학사, 2009.

서울특별시 시사편찬위원회,『서울 2천년사 14: 조선시대 한성부의 역할』, 2013.

조지만,『조선시대의 형사법－대명률과 국전』, 경인문화사, 2007.

앙드레 슈미드,『제국 그사이의 한국』, 휴머니스트, 2007.

유승희,「조선초기 한성부의 화재발생과 금화도감의 운영」,《서울학 연구》제19
호, 2001.

원영환, 조선시대 한성부연구－행정·치안·방위를 중심으로, 성균관대학교 박사
논문(사학과), 1985.

이수건,『조선시대 지방행정사』, 민음사, 1989.

이존희,「조선 전기 지방행정제도의 정비 」,『한국사 7: 중세사회의 성립 1』, 한길
사, 1994.

임병준,「암행어사의 운영 성과와 한계」,《법사학연구》, 1984년 제24호, 2001.

임선빈,「조선초기 외관제도의 운영구조와 특징 － 동반(東班) 외관직을 중심으로」,
《한국행정학회 하계학술발표논문집》, 2005.

오종록,「조선시기의 관료제도 및 그 운영의 특성－부정부패의 구조적 원인과 관련
하여」,《한국사 연구》제130호, 한국사연구회, 2005.

＿＿＿,「조선시대 정치·사회의 성격과 의사소통」,《역사비평》제89호, 2009.

＿＿＿,「조선전기 경아전과 중앙행정」,『고려－조선전기 중인연구』, 신서원, 2001.

＿＿＿,「조선후기 수도방위체제에 대한 일고찰－오위영의 삼수병제와 수성전」,
《사총》제33권, 1988.

윤훈표,『여말초기 군제개혁연구』, 혜안, 2000.

서일교,『조선왕조 형사제도의 연구』, 한국법령편찬회, 1968.

차인배,「조선후기 포도청의 치안활동의 특성 연구－공간배치와 기찰구역을 중심
으로」,《사학연구》제100호, 2010.

천병학,「이조경찰 운영의 실제－공인된 노비제도 및 형벌의 등차등을 들어서」,
『경찰』추계호, 1966.

최효식,『조선후기 군제사 연구』, 신서원, 2007.

한충희,『조선초기 관직과 정치』, 계명대학교 출판부, 2008.

2. 근현대 경찰

• **한국사**

• **조선시대**

조지만, 『조선시대의 형사법 – 대명률과 국전』, 경인문화사, 2007.

앙드레 슈미드, 『제국 그 사이의 한국』, 휴머니스트, 2007.

이토 순스케(伊藤俊介), 갑오개혁기 경찰기구 연구, 경희대 대학원 박사논문(한국사), 2010.

서일교, 『조선왕조 형사제도의 연구』, 한국법령편찬회, 1968.

장경호, 「갑오개혁 이후 한성부 순검의 역할과 실무(1895 – 1897)」, ≪한국근현대사 연구≫ 제91집, 한국근현대사학회, 2019.

Christopher Liao, 1910~1920년대 조선총독부의 경찰교육, 서울대 대학원 석사논문(사학과), 2006.

• 대한제국

『경찰학 · 주해 형법연구(영인본)』, 일조각, 2014.

강창석, 『조선 통감부 연구』, 국학자료원, 1995.

_____, 『조선 통감부 연구2』, 국학자료원, 2013.

김효전, 「구한말 경찰의 이론과 실제」, ≪대학원논문집≫, 동아대학교, 2001년.

_____, 『법관양성소와 근대한국』, 소명출판, 2014.

김정민, 구한말 경찰복 연구, 이화여대 대학원 석사논문(의류학과), 2011.

국사편찬위원회, 『한국사 42, 대한제국』, 탐구당, 2013.

도면회, 『한국 근대형사재판제도사』, 푸른역사, 2014.

박만규, 「보호국체제의 성립과 통감정치」, 『한국사 14: 근대민족의 형성 1』, 한길사, 1994.

장경호, 「갑오개혁 이후 한성부 순검의 역할과 실무 활동(1895 – 1897)」, ≪한국근현대사 연구≫ 제91집, 한국근현대사학회, 2019.

이토 순스케(伊藤俊介), 갑오개혁기 경찰기구 연구, 경희대 대학원 박사논문(한국사), 2010.

차문섭, 『조선시대 군사관계 연구』, 단국대학교 출판부, 1996.

하강진, 「진주 남강 절벽의 바위글씨로 읽는 근대 인물의 사회문화사」, ≪근대서지≫ 제8호, 근대서지학회, 2013.

Christopher Liao, 1910~1920년대 조선총독부의 경찰교육, 서울대 대학원 석사논문(사학과), 2006.

• 일제 강점기

강동진, 『일제의 한국침략정책사』, 한길사, 1985.

강만길, 『한국근대사』, 창작과 비평사, 1985.

김낙년, 「일본제국주의 식민지 지배의 특질」, 『한국사 13: 식민지시기의 사회경제 2』, 한길사, 1994.

김도형, 「농민항쟁과 의병전쟁」, 『한국사 12: 근대민족의 형성 2』, 한길사, 1994.

김민철, 「식민지 조선의 경찰과 주민」, 『일제 식민지 지배의 구조와 성격』, 경인문 화사, 2005.

_____, 일제 식민지배하 조선경찰사 연구, 경희대 대학원 석사논문(사학과), 1994.

김상범, 일제말기 경제경찰의 설치와 그 활동, 서강대 대학원 석사(사학과), 1995.

김정은, 「1920~30년대 경찰조직의 재편 ─ 내용과 논리」, ≪역사와 현실≫ 제39호, 한국역사연구회, 2001년 3월.

김용덕, 「헌병경찰제도의 성립」, 『한국제도사 연구』, 일조각, 1983.

김운태, 「무단통치의 확립」, 『한국사 47, 일제의 무단통치와 3·1운동』, 국사편찬위 원회, 2013.

김창록, 「제령에 관한 연구」, 『한국 근현대의 법사와 법사상』, 민속원, 2008.

노무라 미치오(野村美千代), 조선총독부와 일본 근대경찰복 연구, 한국학중앙연구 원 박사논문(한국학), 2014.

류상진, 일제의 보통경찰제 실시 이후 경찰인력 양성기구 개편, 건국대 대학원 석사 논문(사학과), 2010.

마쓰다 토시히코(松田利彦), 『일본의 조선식민지 지배와 경찰』, 경인문화사, 2020.

박경식, 「일제의 황민화정책」, 『한국사 14: 식민지시기의 사회경제 1』, 한길사, 1994.

박윤재, 「한말·일제 초 방역법규의 반포와 방역체계의 형성」, 『일제의 식민지배와 일상생활』, 혜안, 2004.

박찬승·고석규 공역, 『무안보첩』, 목포문화원, 2002.

서영희, 『일제침략과 대한제국의 종말』, 역사비평사, 2012.

송규진·변은진·김윤희·김승은, 『통계로 본 한국근현대사』, 아연출판부, 2014.

신주백, 『일제의 강점과 주선주둔 일본군(1919~1937년)』, 경인문화사, 2005.

지수걸, 「일제하 농민운동」, 『한국사 15: 민족해방운동의 전개 1』, 한길사, 1994.

장신, 「조선총독부의 경찰인사와 조선인 경찰」, ≪역사문제 연구≫ 제22호, 역사문 제연구소, 2009년 10월.

_____,「경찰제도의 확립과 식민지 국가권력의 일상 침투」,『일제의 식민지배와 일
　　상생활』, 혜안, 2004.

조선총독부,『시정30년사』, 1940.

조선총독부 경무총감부 보안과,『사법경찰법규류집』, 1912.

안용식,「일제하 한국인 경찰 연구」,≪현대사회와 행정≫ 제18집, 한국국정관리학
　　회, 2008.

이계형 · 전병무,『숫자로 본 식민지 조선』, 역사공간, 2014.

이선근,『대한국사 6』, 신태양사, 1976.

이승일,『조선총독부 법제정책』, 역사비평사, 2008.

염복규,「1910년대 일제의 태형제도 시행과 운용」,≪역사와 현실≫ 제53권, 한국
　　역사연구회, 2004.

이용식, 일제강점기 조선인 경찰의 인식과 처우에 관한 연구, 한국외대 대학원 석사
　　논문(사학과), 2015.

이윤정,「근 · 현대 경찰교과서의 변천」,≪근대서지≫ 제8호, 근대서지학회, 2014
　　년 1월.

임대식,「사회주의운동과 조선공산당」,『한국사 15: 민족해방운동의 전개 1』, 한길
　　사, 1994.

이태일,「식민지 통치기구의 정비와 운용」,『일제의 한국 식민통치』, 정음사, 1985.

이철우,「일제지배의 법적 구조」,『일제식민지 시기의 통치체제 형성』, 혜안, 2006.

최경준, 식민지 근대성 – 일제시대 경찰을 통한 근대성과 식민지 국가 특성 연구, 서
　　울대 대학원 석사논문(외교학과), 2003.

Christopher Liao, 1910~1920년대 조선총독부의 경찰교육, 서울대 대학원 석사논
　　문(사학과), 2006.

Michael D. Shin,「'문화정치' 시기의 문화정책, 1919~1925」,『일제식민지 시기의
　　통치체제 형성』, 혜안, 2006.

• 미군정기

강혜경, 한국경찰의 형성과 성격 1945–1953년, 숙명여대 대학원 박사논문(사학
　　과), 2002.

김평일 · 이윤정 · 김승혜 · 원유만 · 김규화 · 신동재 · 임누리, 『구국경찰사1 – 편찬
　　방향, 개관 그리고 자료』, 경찰청, 2016.

류상영,「미군정 국가기구의 창설과정과 성격」,『한국사 17: 분단구조의 정착 1』,

한길사, 1994.

박찬표, 「대한민국의 수립」, 『한국사 52, 대한민국의 수립』, 국사편찬위원회, 2013.

신병식, 「분단정부의 수립」, 『한국사 17: 분단구조의 정착 1』, 한길사, 1994.

정병준, 『한국전쟁, 38선충돌과 전쟁의 형성』, 돌베개, 2009.

안진, 『미군정기 억압기구 연구』, 새길 아카데미, 2009.

이문교, 『제주언론사』, 나남출판, 1997.

이윤정, 「광복 후부터 1960년까지 경찰잡지의 변화」, 『사료(史料)를 통해 경찰을 다시 보다(도록)』, 경찰청, 2015.

_____, 「금산경찰서 한 경찰관의 '교양수부'와 '교양자료집'(1955~56년)을 통해 본 사찰 활동」, ≪한국근현대사 연구≫, 제93집, 한국근현대사학회, 2020년 6월.

_____, 「한국전쟁 초기 전북지역 뻴치신의 형성과 경찰 작전」, ≪한국연구≫ 제4집, 한국연구원, 2020년 6월.

_____, 「해방 후 경찰잡지 개관: 대표적 경찰잡지 '민주경찰'을 중심으로」, ≪근대서지≫ 제7호, 근대서지학회, 2013년 7월.

• 대한민국

고성국, 「1980년대의 정치사」, 『한국사 19: 자주·민주·통일을 향하여 1』, 한길사, 1994.

김동춘, 「4월혁명」, 『한국사 18 : 분단구조의 정착 2』, 한길사, 1994.

_____, 「1960, 70년대의 사회운동」, 『한국사 19: 자주·민주·통일을 향하여 1』, 한길사, 1994.

김성주·강석승, 『4월 학생민주혁명』, 지식과 교양, 2013.

김영택, 『5월 18일, 광주』, 역사공간, 2011.

국방부 군사편찬연구소, 『6·25전쟁사 1, 전쟁의 배경과 원인』, 국방부, 2004.

민주화운동기념사업회·한국민주주의연구소, 『한국민주화운동사 I』, 돌베개, 2008.

박명림, 「제1공화국의 수립과 위기」, 『한국사 17 : 분단구조의 정착 1』, 한길사, 1994.

『동아 새국어사전』, 두산 동아, 1999.

석청호, 순찰지구대 운영에 관한 연구-순찰활동의 효과성을 중심으로, 동국대 대학원 박사논문(경찰학), 2004.

중앙경찰학교, 『중앙경찰학교 20년사 1987~2007』, 2007.

엄동섭·염철,『박인환 문학전집 1』, 소명출판, 2015.

이윤정, 한국전쟁기 지역사회와 경찰활동: 전라북도 김제군을 사례로, 성신여대 대학원 박사논문(사학과), 2018.

이은진,「3·15 마산의거의 지역적 기원과 전개」,『4월혁명과 한국민주주의』, 선인, 2010.

이혜숙,『미군정기 지배구조와 한국사회』, 선인, 2008.

오유석,「서울에서의 4월혁명」,『4월혁명과 한국민주주의』, 선인, 2010.

유기홍,「1980년대의 민족민주운동」,『한국사 19: 자주·민주·통일을 향하여』, 한길사, 1994.

유재일,「제2공화국의 사회갈등과 정치변동」,『한국사 17: 분단구조의 정착 1』, 한길사, 1994.

치안국,『경찰통계연보(警察統計年報)』, 1954.

한국사전연구사,『국어국문학자료사전』, 1998.

한국예술종합학교,『한국작곡가사전I』, 1995.

한지수,「지배이데올로기의 형성과 변화과정」,『한국사 20: 자주·민주·통일을 향하여 2』, 한길사, 1994.

홍석률,「5.16 쿠데타의 원인과 한미관계」,≪역사학보≫ 제168집, 역사학회, 2000년 12월.

홍순봉,『경찰법 대의』, 동아출판사, 1947.

• 한국경찰사

경우장학회,『국립경찰 50년사(일반편)』, 1995.

경찰전문학교,『경찰교육사』, 1956.

경찰청,『한국경찰사 Ⅳ 1979. 10~1993. 2』, 1994.

_____,『한국경찰사 Ⅴ 1993. 3~2005. 12』, 2006.

_____,『한국경찰사 Ⅵ, 2005. 3~2014. 12』, 2015.

김성수·이운주·박기남·박영대·강욱·김석범·성홍재·백창현, 『한국경찰사』, 경찰대학, 2014.

박범래,『한국경찰사』, 경찰대학, 1988.

이윤정,『한국경찰사(증보판)』, 소명출판, 2021.

이현희,『한국경찰사』, 소명출판, 2015.

이현희,『한국경찰사』, 덕현각, 1979.

수도관구경찰청,『해방이후 수도경찰발달사』, 1947.

치안국,『경찰 10년사』, 1958.

_____,『대한경찰연혁사』, 1954.

_____,『한국경찰사 I』, 1972.

_____,『한국경찰사 II, 1948∼1961. 5』, 1973.

치안본부,『한국경찰사 III, 1961. 5∼1979.10』, 1985.

현규병,『한국경찰제도사』, 경찰전문학교, 1955.

III. 사료 해석과 실습

1. 한국 근대경찰사의 재조명-'총순 구종명 영세불망비'를 사례로

강만길,『한국근대사』, 창작과 비평사, 1985.

김정섭,『목포지』, 향토문화사, 1991.

박찬승·고석규 공역,『무안보첩』, 목포문화원, 2002.

전라남도지방경찰청,『전남경찰사』, 1992.

이선근,『대한국사 6』, 신태양사, 1976.

원용한·윤병익,『한국사 대계7』, 삼진사, 1973.

치안국,『한국경찰사 I』, 1972.

한국생활사박물관 편찬위원회,『한국생활사박물관 −조선생활관3』, 사계절, 2004.

2. 발굴 경찰잡지『새벽종』의 경찰사적 가치

김평일 외 7인,『구국경찰사 1−편찬방향, 개관 그리고 자료』, 경찰청, 2015.

경찰교과서편찬위원회,『검도 유도 교련』, 경찰전문학교, 1966.

「매일신보」, 1945년 9월 16일.

수도관구경찰청,『해방이후 수도경찰발달사』, 1947.

이현희,『한국경찰사』, 한국학술정보, 2004.

제6관구(전북)경찰학교,『경찰교련필휴』, 1947.

치안국,『한국10년사』, 1958.

_____,『한국경찰사 I』, 1972.

.3. 해방 후 경찰잡지 개관—대표적 경찰잡지『민주경찰』을 중심으로

• 신문 및 경찰잡지

「경향신문」.

『강원경찰』,『경성』,『경우』,『경찰신조』,『민주경찰』,『소리』.

• 참고 문헌

김정은,「1920~30년대 경찰조직의 재편–내용과 논리」,≪역사와 현실≫ 제39호, 한국역사연구회, 2001.

경찰전문학교,『경찰교육사』, 1956.

대한경제일보사,『한국경찰의 발자취』, 1989.

이문교,『제주언론사』, 1997.

치안국,『한국경찰사 I』, 1972.

_____,『한국경찰사 (1948. 8~1961. 5)』, 1973.

한국잡지협회,『한국잡지총람』, 1982.

4. 한국전쟁 초기 전북지역 빨치산의 형성과 경찰 작전

국방부 군사편찬연구소,『대비정규전사』, 서라벌인쇄주식회사, 1988.

국방부 군사편찬연구소,『6.25전쟁사: 인천상륙작전과 반격작전6』, 서울인쇄정보 산업 협동조합, 2009.

김득중,『'빨갱이'의 탄생: 여순사건과 반공국가의 형성』, 선인, 2015.

김경현,『민중과 전쟁기억』, 선인, 2007.

김광운,「북한의 비정규전 조직과 전개」,『역사학의 시선으로 읽는 한국전쟁』, 한 국역사연구회 현대사분과편, 선인, 2010.

김제경찰서,『관내상황』, 1953.

김제경찰서,「사령원부 1950–1957.

김동춘,「냉전, 반공주의 질서와 한국이 전쟁 정치: 국가폭력의 행사와 법치의 한 계,≪경제와 사회≫ 봄호, 제89호, 비판사회학회, 2011.

김형필,『들불을 찾아서: 돌아온 빨치산의 수기』, 한국출판사, 1952.

금산군지편찬위원회,『금산군지』 제1권 생명의 고향, 미래의 땅, 제일인쇄사, 2011.

무주군지편찬위원회,『무주군지』, 대흥정판사, 1990.

박동찬,「호남지구 게릴라 토벌작전 분석(1950. 6~1951. 4)」,≪군사≫ 제49호, 국

　방부 군사편찬연구소, 2003.

장수군,『장수군지』, 남원 중앙인쇄사, 1997.

육군본부,『공비토벌사』, 1954.

윤장호,『호국경찰전사』, 제일, 1995.

이광일,「한국전쟁의 발발 및 군사적 전개과정」,『한국전쟁의 이해』, 역사비평사, 1993.

이선아,「한국전쟁 전후 빨치산의 형성과 활동」,『역사학의 시선으로 읽는 한국전쟁: 사실로부터 총체적 인식으로』, 휴머니스트, 2010.

임실군,『임실군지』, 청웅제지 인쇄부, 1997.

윤충로,「20세기 한국의 전쟁 경험과 폭력」,≪민주주의와 인권≫ 제11호, 전남대학교 5.18 연구소, 2011.

전상인,「한국전쟁과 국가건설」,『아시아 문화』제16호, 아시아문화연구소, 2000.

전북경찰국,『1950년 11월 관내상황』. 1950.

전라북도경찰청,『전라북도 호국경찰사』, 인문사artCom, 2012.

전재곤,「銃聲 없는 武警小史」,『강원경찰전사』, 강원지방경찰청, 디자인 맑음, 2013.

전주시,『전주시사』, 신아출판사, 1997.

전쟁기념사업회,『한국전쟁사: 낙동강에서 압록강으로』제4권, 행림출판, 1990.

_____,『한국전쟁사: 중공군개입과 새로운 전쟁』제5권, 행림출판, 1990.

최용호,「한국전쟁시 북한군 제6사단의 서남부 측방기동 분석」,≪전사≫ 제4호, 국방부 군사편찬연구소, 2002.

한지희,「정부 수립 직후 극우반공주의가 남긴 상처 국민보도연맹의 조직과 학살」, ≪역사비평≫ 겨울호, 제37호, 역사비평사, 1996.

5. 한국전쟁기 경찰의 주민 감시와 계몽 - 전라북도 김제군을 사례로

경남경찰국,『경찰상식문답집 제1집』, 1955.

경찰전문학교,『주의보고 제요』, 경찰문고4, 관문사, 1958.

김영미,「대한민국의 수립과 국민의 재구성」,≪황해문화≫ 제60호, 2008.

김도원,『경찰실무요강(상)』, 수도관구경찰청 경무과, 1948.

김선호,「국민보도연맹의 조직과 가입자」,≪역사와 현실≫ 제45호, 한국역사연구회, 2002.

김제시사편찬위원회,『김제시사』, 학예사, 1995.

김제시사편찬위원회, 『김제시사』, 학예사, 1995.

김제경찰서, 『관내상황』, 1953.

박재우, 『신경찰법』, 대성출판사, 1949.

부안경찰서, 『사찰교양 자료집』, 1958.

브루스 커밍스, 김자동 역, 『한국전쟁의 기원』, 일월서각, 2008.

서중석, 『이승만과 제1공화국』, 역사비평사, 2010.

장신, 「경찰제도의 확립과 식민지 국가권력의 일상 침투」, 『일제의 식민지배와 일
      상생활』, 혜안, 2004.

전북경찰국, 『1950년 11월 관내상황』.

제5관구(경북)경찰청, 『건국과 경찰』, 1948.

＿＿＿＿, 『경찰법 대의』, 태성출판사, 1947.

제6관구(전북)경찰국, 『경찰교과서 경찰복무』, 1947(추정).

조승연, 「일제하 식민지형 소도시의 형성과 도시공간의 변화」, ≪민속학연구≫ 제
      7호, 국립 민속박물관, 2000.

지수걸, 「한국전쟁과 군(郡)단위 지방정치」, ≪지역과 역사≫ 제27호, 부경역사연
      구소, 2010.

육군본부, 『한국전쟁과 반공포로』, 국군인쇄창, 2002.

홍석률, 「이승만 정권의 북진통일론과 냉전외교정책」, ≪한국사 연구≫ 제85호, 한
      국사연구회, 1994.

6. '고마운 순경'과 '민주경찰행진곡'의 발굴과 그 함의

김광동 외, 『한국 현대사 이해』, 2007.

김대환, 「한국전쟁과 한국자본주의」, 손호철 외, 『한국전쟁과 남북한사회의 구조
      적 변화』1991.

김인걸, 『한국 현대사 강의』, 1998.

와다 하루끼, 『한국전쟁』, 2009.

치안국, 『한국경찰사 1948. 8~1961. 5』, 1973.

한국역사연구회, 『한국 현대사2』, 1993.

허은, 『미국의 헤게모니와 한국 민족주의』, 2008.

7. 금산경찰서 한 경찰관의 『교양수부』와 『교양자료집』(1955~56년)을 통해 본 사찰 활동

• **문헌**

경찰전문학교, 『경찰교육사』, 청구출판사, 1956.

_____, 『사찰실무제요』, 선광인쇄주식회사, 1959.

_____, 『최신 경찰육법』, 영문사 인쇄부, 1957.

김영미, 『동원과 저항』, 푸른역사, 2009.

민주화운동기념사업회, 『한국민주화운동사1』, 돌베개, 2010.

신기철, 『진실, 국가범죄를 말하다』, 도서출판 자리, 2011.

윤택림, 『인류학자의 과거여행: 한 빨갱이 마을의 역사를 찾아서』, 역사비평사, 2004.

이근갑, 『경찰복무』, 동아출판사, 1948.

이동진, 「한국전쟁과 제노사이드: 경북 영천군을 사례로」, ≪사회과학 담론과 정책≫ 4월호, 경북대학교 사회과학연구원, 2012.

이성호, 「반공국가 형성과 지역사회의 변화: '월파유고'의 한국전쟁기 기록을 중심으로」, ≪지역사회연구≫ 21, 한국지역사회학회, 2013.

이윤갑, 「한국전쟁기 경북 성주군의 부역자 처벌과 피학살자 유족회 활동」, ≪한국학 논집≫ 47, 계명대 한국학연구소, 2012.

이윤정, 「한국전쟁기 경찰의 주민 감시와 계몽−전라북도 김제군을 사례로」, ≪한국근현대사연구≫ 89, 2019.

정진아, 「한국전쟁기 좌익피해담의 재구성: 국가의 공식기억에 대한 도전」, ≪통일인문학≫ 56, 건국대학교 인문학연구원, 2013.

치안국, 『경찰10년사』, 1958.

_____, 『1953년 경찰통계연보』 창간호, 1954.

표인주 외 7명, 『전쟁과 기억: 마을 공동체의 생애사』, 한울 아카데미, 2003.

_____, 『전쟁과 사람들: 아래로부터의 한국전쟁 연구』, 한울 아카데미, 2003.

함한희, 「한국전쟁과 여성: 경계에 선 여성들」, ≪역사비평≫ 여름호, 역사비평사, 2010.

향토문화연구회, 『우리 고장 금산편』, 가림출판사, 1959.

• 기타 자료

『두산백과』.

한국학중앙연구원, 『한국민족문화대백과』.

8. 김창열의 1950년대 발굴 작품과 세계-『警察新潮』의 표지화를 사례로

경우장학회, 『국립경찰 50년사』, 1995.

경찰전문학교, 『경찰교육사』, 청구출판, 1956.

경찰종합학교, 『경찰종합학교 50년사』, 정문사, 1994.

김창활, 『형님과 함께 한 시간들』, 문예바다, 2016.

남정옥, 『6·25 전쟁시 예비전력과 국민방위군』, 한국학술정보, 2010.

김달진미술연구소, 『변순철의 아티스트 데자뷰』, 2012.

윤진섭, 「관념과 현실: 김창열의 물방울이 의미하는 것」, 2016년 제주도립 김창열
       미술관 개관기념 심포지엄 자료집, 2016.

이윤정, 『한국경찰사 근현대편』, 소명출판사, 2015.

임두빈, 『고흐보다 소중한 우리미술가 33인』, 가람기획, 2008.

최병식, 『동양회화미학: 수묵미학의 형성과 전개』, 동문선, 1994.

치안국, 『한국경찰사 1948. 8~1961. 5』, 1973.

9. 경찰교육사를 통해 본 경찰교과서의 변천-해방부터 1970년대까지

경찰전문학교, 『경찰교육사』, 1956.

경찰종합학교, 『경찰종합학교 50년사 1945~1994』, 1994.

『동아 새국어사전』, 동아출판사, 1999.

류상진, 일제의 보통경찰제 실시 이후 경찰인력 양성기구 개편, 건국대 대학원, 석
       사 논문(한국사), 2010.

장신, 「경찰제도의 확립과 식민지 국가권력의 일상 침투, 『일제의 식민지배와 일상
       생활, 2004.

치안국, 『한국경찰사 I』, 1972.

_____, 『한국경찰사 II (1948. 8~1961. 5)』, 1973.

홍순봉, 『경찰법 대의』, 동아출판사, 1947.

Christopher Liao, 1910~1920년대 조선총독부의 경찰교육, 서울대 대학원 석사논
       문(사학과), 2006.

사진 목록

표 목록

도표 목록

찾아보기

한국경찰사 연구 – 총론, 사료 그리고 함의

초판발행   2021년 2월 25일

지은이   이윤정
펴낸이   안종만 · 안상준

편 집   한두희
기획/마케팅   오치웅
표지디자인   Ben Story
제 작   고철민 · 조영환

펴낸곳   (주) **박영시**
             서울특별시 금천구 가산디지털2로 53, 210호(가산동, 한라시그마밸리)
             등록 1959. 3. 11. 제300-1959-1호(倫)

전 화   02)733-6771
f a x   02)736-4818
e-mail   pys@pybook.co.kr
homepage   www.pybook.co.kr
ISBN   979-11-303-1163-0 93350

copyright©이윤정, 2021, Printed in Korea

* 파본은 구입하신 곳에서 교환해 드립니다. 본서의 무단복제행위를 금합니다.
* 저자와 협의하여 인지첩부를 생략합니다.

정 가   19,000원